教育部人文社会科学重点研究基地重大项目"学校公共生活的建构与公民品格的教育"（17JJD880008）最终成果

国家社会科学基金一般项目"公民道德建设的学校实施机制研究"（20BZX124）的阶段成果

公民品格培育与公共生活建构

冯建军 著

GONGMIN PINGE PEIYU YU
GONGGONG SHENGHUO JIANGOU

人民出版社

责任编辑：宰艳红

图书在版编目（CIP）数据

公民品格培育与公共生活建构 / 冯建军 著 . —— 北京：人民出版社，2023.4
ISBN 978-7-01-025525-5

I. ①公… Ⅱ. ①冯… Ⅲ. ①公民教育—社会公德教育—研究—中国
Ⅳ. ① D648.3

中国国家版本馆 CIP 数据核字（2023）第 048078 号

公民品格培育与公共生活建构
GONGMIN PINGE PEIYU YU GONGGONG SHENGHUO JIANGOU

冯建军 著

人 民 出 版 社 出版发行
（100706 北京市东城区隆福寺街 99 号金隆基大厦）

环球东方（北京）印务有限公司印刷 新华书店经销

2023 年 4 月第 1 版 2023 年 4 月北京第 1 次印刷
开本：710 毫米 ×1000 毫米 1/16 印张：18.75
字数：245 千字

ISBN 978-7-01-025525-5 定价：65.00 元

邮购地址 100706 北京市东城区隆福寺街 99 号
人民东方图书销售中心 电话（010）65250042 65289539

目　录

第一章　公民品格及其时代价值

2019 年 10 月，中共中央、国务院印发《新时代公民道德建设实施纲要》，指出"中国特色社会主义进入新时代，加强公民道德建设、提高全社会道德水平，是全面建成小康社会、全面建设社会主义现代化强国的战略任务，是适应社会主要矛盾变化、满足人民对美好生活向往的迫切需要，是促进社会全面进步、人的全面发展的必然要求"。这是中共中央、国务院关于公民道德建设问题的重要文件，是在世界发生百年未有之大变局、中国特色社会主义进入新时代的背景之下作出的推动公民道德素质与社会文明程度达到新高度的时代回应和战略部署。公民道德是公民品格的核心，培育公民品格，建设美好生活，是新时代公民道德建设的重要主题。

一、公民：个体性与公共性的双重存在

从历史的视角来看，公民在不同的时代、不同的社会有不同的具体内涵，公民性是个体性与公共性的张力性存在。现代公民是公共性与个体性的双重统一。

任何社会的任何人，自出生起就从一个自然人转换为一个社会人，社会人的重要标志就是获得城邦或国家的公民身份。从词源学上考察，"公民"（Polites）源于古希腊"城邦"（Polis）一词，原意是"属于城邦的人"。英语中的 Citizen，其词源也为 City，意思为 a native or naturalized member of a state or other political community，即公民是共同体的成员，公共性是公民的首要特征。对此，亚里士多德早已关注到，人不仅过着个体的、私人的生活，同时也过着公共的、政治的

生活。[①]

古希腊的公民公共性和民主生活常为现代一些学者所推崇，但必须指出的是，古希腊的公民不是现代意义上的公民。一方面，从对象上说，在古希腊，并非所有的人都是公民，公民只是指社会成员中少数享有特权的自由民，不包括占社会成员绝大多数的劳动者，以及妇女、儿童和外邦人，而且公民与公民之间也并不是平等的，依据不同的标准，他们被划分为不同的等级；另一方面，古希腊的城邦是共同体，古希腊公民只有共同体的意识，没有个人的意识，个人完全依附于共同体，"我属于城邦，而不属于自己"，城邦共同体作为独立的存在，代替了每个人的存在，个人只不过是狭隘群体的附属物而已。因此，古希腊的公民生活是一种基于血缘和地缘关系的城邦公民的共同生活，并非城邦公民个体间的公共生活，只能说是公共生活的一种"虚幻"。

原始社会末期，随着生产力水平的提高，脑力劳动和体力劳动的分工，剩余产品的出现，剥削关系代替了原始的共同体关系，原始的共同体开始瓦解，出现了剥削与被剥削的统治关系，奴隶成为奴隶主的私有产品，完全失去了自主和自由，使原始共同体的自然关系转换为权力的人身依附关系。封建社会的农奴，虽然不再是封建主的私有财产，他们具有相对的人身自由，有一定的独立性，但是，土地所有权掌握在封建贵族、地主阶级手里，农奴并不直接占有土地，对贵族、领主、地主仍然有程度不同的人身依附关系。农奴在法律上仍然没有独立的人格和地位。同时，由于封建社会是一个具有严格等级的社会，不同等级的社会成员享有不同的权利。皇帝、国王享有至高无上的特权，尤其是政治方面至高无上的权力。因此，无论是奴隶社会和封建社会，都是以人身依附维护统治者与被统治者之间关系的，社

---

① ［古希腊］亚里士多德：《尼各马科伦理学》，苗力田译，中国人民大学出版社 2003 年版，第 173—176 页。

会也是一种共同生活，只不过这种共同生活不同于原始社会自然形成的共同生活，而是以权力阶梯和人身依附为纽带的共同生活。原始的共同生活强调公民的公共参与，谋求城邦的共同利益；但奴隶社会和封建社会则是将奴隶和农奴纳入统治者的统治之中，人被定格于社会阶梯形结构中的某一等级之中，失去自我，与统治者保持一体性，"他们只是作为具有某种规定性的个人而相互发生关系，如作为封建主和臣仆、地主和农奴等等"[①]，造成一种公共生活的假象。

现代意义上的公民随着商品经济的发展和资本主义生产关系而萌芽。商品经济本身的客观要求是人与人之间的平等、自由、独立、互利。为此，首先要打破封建等级特权制度和各种封建壁垒，把劳动者从人身依附关系中解放出来。在这种历史背景下，资产阶级启蒙者卢梭、孟德斯鸠等人提出了"天赋人权""主权在民""国家属于全体社会成员""法律面前人人平等"等一系列口号。在这种思想的影响下，资产阶级革命迅速兴起，建立了资本主义的社会制度，确立了以个人为主体的新型社会关系，使原始的公共生活开始分裂，出现了私人生活。现代意义的公民，是从资产阶级革命成功后开始的。资产阶级在夺取政权后提出的"公民"概念，不是对古希腊时期"公民"概念的简单复述和称谓上的沿用，而是赋予了新的内涵，它指那些具有特定的政治权利和经济权利（包括私人财产权）的人，而且公民的这种权利和义务受到法律的保护。这就成为现代意义上的公民。所以，只有当人的主体形态获得了一定的独立性，即只有当政治社会中存在着享有平等权利和承担平等义务的政治主体时，公民才算在现实中存在。[②] 不同于古希腊公民是部分人的特权，现代公民面向每一个人，

---

① 《马克思恩格斯文集》第 8 卷，人民出版社 2009 年版，第 58 页。

② 张青兰、李建生：《论公民人格的价值内涵》，《南昌大学学报》（人文社会科学版）2004 年第 2 期。

人人平等，公民之间是平等的契约关系。因此，近代以来，资产阶级以普遍的契约关系取代了古代社会的身份依附关系，走向"个体的社会"。

由此可见，现代公民与古代公民的不同体现为：古代公民立足于共同体，现代公民立足于个体。前者致力于城邦的共同生活，追求城邦的共同善。后者立足于公民个人主体，把个人的权利放在第一位，围绕着权利追求自由与平等，实现公民的独立、自由与平等。公民权利成为现代公民的标志，国家要保证公民的权利，公民依据权利履行相应的义务。公民与国家之间是一种契约关系，公民与公民之间是一种主体间关系。在这个意义上，个体的主体间性消解了共同生活、普遍的共同价值，导致了个体生活的无根化、个体化、离散化。[1]

以上通过对不同社会公民发展的简单回顾，揭示出公民形成过程中的两个维度：公共性与个体性。这两个维度不是抽象的，而是历史形成的。古代城邦公民没有个体自我，只有原始共同体的整体性；现代意义上的公民只有个体意识，缺少公共意识，公民对公共事务的热情降低，出现了"公民唯私综合征"和"公共人的衰落"，消解了共同体和公共生活的存在。公民发展的两种类型，恰与马克思所说的人类社会发展的两种形态相符合：第一种形态是"人的依赖关系（起初完全是自然发生的），是最初的社会形态，在这种形态下，人的能力只是在狭窄的范围内和孤立的地点上发展着"。这种形态的人是群体主体，人的意识是一种"无我"的集群意识，人的关系是一种"依附于"自然和他人的关系，维持着社会的一体化。"以物的依赖性为基础的人的独立性，是第二大形态，在这种形态下，才形成普遍的社会

---

[1]　袁祖社：《公共价值的信念与美好生活的理想》，《中国社会科学》2019 年第 12 期。

物质变换，全面的关系，多方面的需求以及全面的能力的体系。"① 第二种形态是以生产力的发展、商品和市场的出现为前提，每个人脱离对共同体或对他人的依附，成为市场交换中的独立主体，人与人以物质利益为核心结成了一种平等交换关系。但每个人也成为一个以占有物为追求的个人主体。马克思把以物的依赖性基础上的个人组成的社会称为"市民社会"。"市民社会是个人私利的战场"②，市民是利己的、反公共性的，而公民是关心共同体利益或公共利益的人。

近代资本主义的发展取代了原始共同体的同一性，使每个人获得了独立和自由，这是历史的进步。但近代以来，尤其是资本主义私有制，在发展个人主体性之时，也使其走向了极端。个体为了追求权利和利益的最大化，不顾他人的利益和公共的利益。个人利益和权利的极端化，消解了公共利益和公共生活，带来了人类社会的危机。为了走出个人主体性的危机，西方思想家提出了许多睿智识见和理智应对策略。譬如胡塞尔在认识论上，认为先验的世界是"自我"与"他者"共在的世界，是主体间的世界，"我"与他人"一道"经验了这个世界，所以，不是"我思故我在"，而是"我们思故我们在"。海德格尔在本体论上指出，每一个此在都是共在，"在之中"就是与他人共同存在。哈贝马斯的交往理论寻求一种以言语为中介的理解，伽达默尔的哲学诠释学寻求一种"视域融合"。20世纪后期的思想家都在反思个人主体性，寻找走向后个体主义的路标。

让个体回归公共生活，不仅是对个人主体性的反思，也是人性发展的需要。对于人来说，个体性和公共性是两个不可缺少的组成部分。马克思指出："人是最名副其实的社会动物，不仅是一种合群

---

① 《马克思恩格斯文集》第8卷，人民出版社2009年版，第52页。

② ［德］黑格尔：《法哲学原理》，范扬、张企泰译，商务印书馆1961年版，第309页。

的动物，而且是只有在社会中才能独立的动物。"① 合群是人的本性使然，这一本性使得个体必须与他人共在。对此，阿伦特指出："一个人过一种纯粹的私人生活，像奴隶一样不被允许进入公共领域，或者像野蛮人一样自愿选择不建立这样一个领域，就不是完整意义上的人"②。在阿伦特看来，公共生活是个体成为健全人的条件。马克思指出，每个人都是个体性存在，但又是"类存在物"，因为"人把自身当作现有的、有生命的类来对待，因为人把自身当做普遍的因而也是自由的存在物来对待"③。人的类存在即公共存在或公共性存在。公民具有个人主体性，以区别于臣民（臣民无我，没有个人的权利）；也具有公共性，以区别于私民（私民无他，没有对他人、社会的责任和义务）。公共性不同于共同性。古希腊城邦的共同性没有个体的存在，个体被共同体的"某种善"所规约；现代公民是个体的，也是公共的，个体寓于公共之中。因此，个体性必须转化或升华为公共性，这种转化不是抹杀个体性，而是让个体性在公共生活中更好地实现。正如马克思指出："只有在共同体中，个人才能获得全面发展其才能的手段，也就是说，只有在共同体中才可能有个人自由。"④ 在这个意义上，公共性是个人健全发展的条件。人类社会的发展历史就是不断协调公共性与个体性的关系，最终以"自由人的联合体"形式实现个体全面自由的发展。

现代公民隶属于特定的国家，不同国家，公民的权利和义务不同。但不管哪个国家，公民都具有公民性。公民性是公民的根本属性。公共性与个体性构成了公民性不可缺少的两维。人类社会的发展

---

① 《马克思恩格斯选集》第 2 卷，人民出版社 2012 年版，第 684 页。

② ［美］汉娜·阿伦特：《人的状况》，王寅丽译，上海世纪出版集团 2009 年版，第 24 页。

③ 《马克思恩格斯选集》第 1 卷，人民出版社 2012 年版，第 55 页。

④ 《马克思恩格斯文集》第 1 卷，人民出版社 2009 年版，第 571 页。

使公共性与个体性从分离走向统一，当代公民性正在把个体性融于公共性之中，在公共性中发展一种健全的个体性。

二、公民品格的内涵及其价值规定

对于公民，我们可以追问三个问题：第一，"你是公民吗？"你可能很快就说，"我当然是公民，而且是中国公民"。这是对的，公民的首要条件是国籍，凡具有中华人民共和国国籍的人都是中华人民共和国公民。第二，"你真是公民吗？"对于这个问题，你就会稍微迟疑一点，思考"我真是公民吗"，因为任何公民都享有宪法和法律规定的权利，同时必须履行相应的义务。迟疑就在于思考，我享有了宪法和法律规定的那些权利吗？履行了相应的义务吗？第三，"你配做公民吗？"对于这个问题，考量的就不是国籍、权利与义务，而是人格。当我们思考"我配做公民吗"这个问题时，实质上是在反思："我有公民的思想观念和行为吗？"如果仅仅有国籍，有法律规定的外在要求，没有将这些外在的要求内化为自身稳定的习性，公民就不具备与之相适应的品质，依旧不配做一个真正的公民。因为公民品格是成为公民的根本所在。

（一）公民品格的内涵

公民品格的核心词是品格，定语是公民。理解公民品格既与品格有关，也与公民有关系。品格（character）一词最早源自希腊语kharakter，本意是"刻下的印记"，用在人身上，它是指一个人所体现出来的一致的、可预测的、不能磨灭的标志性特点。[1] 品格虽然具有稳定性、深刻性，不能磨灭，但品格不是人性。人性是人之为人

---

[1] 李晓燕、刘艳、林丹华：《论儿童青少年品格教育》，《北京师范大学学报》（社会科学版）2019 年第 4 期。

的特征，是人的标志。在有的哲学家看来，人性是先天的。但品格是后天的，是个体在与环境，尤其是在与社会环境的相互作用中，适应社会生活发展而来的。从品格形成看，品格具有后天的获得性、生成性、稳定性。从性质上看，品格是一个中性词，可以说一个人品格优良，也可以说品格恶劣。品格不一定包含道德，但优良的品格一定包含道德。所谓道德品格是一种优良品格。品格除了道德之外，还包括社会生活中所形成、所需要的思想观念、行为习惯。所以，这里的品格既包括伦理学的道德品格，也包括良好的心理品质、行为习惯。

公民品格是公民性在个体品格方面的具体化，是成就公民身份或资格的德性、品质。它是公民在公共生活中所表现出来的必备品格、能力和良好素质。古代公民注重公共德性，近代公民注重个人权利。不过，当代社会，纯粹的共和主义和自由主义都不存在了，二者相互吸收，相互融合，尤其是自由主义作为西方公民的主流不断吸收共和主义观念，出现了共和主义的复兴和社群主义，矫正公民个体主义的问题，走向个体性与公共性的统一。[①]我国具有社会本位的传统，强调公民的公共意识和集体主义精神，"大公无私、公而忘私"等观念是中国共产党以人民为中心、全心全意为人民服务的体现。改革开放后，随着市场经济的发展，个人主体性的启蒙，个人的权利意识增强，在一定程度上出现了公共性的衰落，"精致的利己主义"成为一些人的行为方式。因此，我们今天再次强调公民的公共性和公共品

---

① 冯建军：《西方公民教育思想的论争与弥合》，《教育科学研究》2013 年第 9 期。

格，实现个体性与公共性的统一。① 在对公民性的认识上，中国和西方国家都在走向个体性与公共性的统一，只不过西方国家以个体性为根本，公共性是对极端个体主义的纠偏；我国以公共性为主，将个体融入集体之中，实现个体的价值。

与公民品格相关的还有公民道德、公民品德（德性）、公民精神、公共精神等，这些概念，在日常用语中几乎可以替代使用，但就概念本身来说，还是有细微的差别。

一般认为，道德是一种社会规范，是社会生活的规则。人是社会关系的总和，人的生活是一种社会交往的生活，人与人之间的交往必须遵守一定的社会规则、规范，才能保证交往的顺利有效进行。道德是调整人与人、人与社会相互关系的准则、标准和规范的总和。法律也是调整人与人之间的规范，在这一点上，道德与法律具有一致性，但法律是底线的道德，具有强制性；道德是一种高的境界，是内心的遵守。作为一种规范，道德是外在的，需要根据国家和社会的需要进行建设。道德作为社会行为规范，需要人们认同，并在社会生活中践行，从而转化为品德。所以，道德是外在的规范，遵循道德规范，才可能成为有品德的人。公民品格包含公民品德，是公民在社会生活中所必备的所有良好思想观念、品德、能力和行为习惯。公民品格除了公民品德，还包括公民的权利、义务、遵纪守法等方面的意识和要求。但也有学者认为，公民品格是公民在政治、公共生活中具备的优良道德品质，体现人在政治、公共生活中的优良品质。② 公民品格是公民在政治生活和公共生活中表现出来的获得性品质，是成就公民身

---

① 叶飞：《公共参与精神的教育——对"唯私主义综合症"的反思与超越》，《高等教育研究》2020年第1期；朱永新、汪敏：《教育如何不再培养精致的利己主义者》，《教育研究》2020年第2期。

② 叶方兴：《公民品格：一种存在论的澄明》，《理论与改革》2016年第6期。

份或资格的德性、品质，是个人成就现代公民的政治伦理要件。[①] 把公民品格定位为公民应该具有的道德品质。但这种道德品质必须是公民在政治生活、公共生活中的道德品质，不包括在家庭生活和个人生活中的道德品质。

也有学者使用"公民精神"一词，指出"公民精神是社会成员基于公民身份参与社会政治生活应具有的品性、能力与资质。包括如下要素：民主与法治意识；理性的政治参与意识和能力；思想上的创新与主体意识；宽容与妥协精神；权责意识与平等观念"。[②]"公共精神，是指处于社会生活中的公民在处理个人与他人、个人与社会、个人与国家的关系中所形成和展现的精神气质，是现代合格公民所具有的品质。它主要包括主体精神、平等精神、社会责任感、契约精神等。"[③]也有学者认为，公民精神包括积极地参与公共事务；追求更广大的共同利益；良好的公民美德；自治精神。[④] 从上述学者对公民精神的定义看，公民精神是公民在精神层面的综合素质，包括品质、能力和行为，不完全局限于抽象的精神。

公共精神是公民精神的一个组成部分，反映的是公民精神中"公共"的一面。"公共精神与公民的'公共'本性具有内在一致性，公共精神是公共生活及公共社会的基本属性与内在规定"，[⑤]体现在积极

---

① 叶方兴：《现代社会与公民品格》，《西南大学学报》（社会科学版）2014 年第 6 期。

② 曾宝珍：《论公民精神与构建社会主义和谐社会的关系》，《中北大学学报》（社会科学版）2007 年第 4 期。

③ 杜时忠、张敏等：《重构学校制度生活 培养现代公民精神》，华中师范大学出版社 2016 年版，第 15 页。

④ 刁爱辉：《论民主协商与公民精神的养成》，《江西行政学院学报》2007 年第 3 期。

⑤ 戚万学：《论公共精神的培育》，《教育研究》2017 年第 11 期。

参与公共事务、维护公共利益、具备公共理性等方面。①

在与上述概念比较的意义上，公民品格与公民精神同义。公民品格是个体基于公民身份，通过公共交往，在公共生活中所形成并表现出来的必备品格、能力和行为习惯。公民品德与公共精神反映了公民品格的不同要求，是公民品格中的一个组成部分，但公民品格不只是指公民道德和公共精神。有一点是明确的，公民品格是在公共生活中的表现，尤其是反映公民政治、公共生活中的道德习性。换言之，公民品格的社会母体是公共生活，是"公"的领域。② 公民品德和公共精神是公民品格的核心。

（二）公民品格的逻辑向度

公民是人在公共生活中的身份，公民的核心在于公共性。但公共性是在个人主体性基础上生成的，是先有个人主体性的发育，才可能有公共性的诞生。公民是个体性与公共性的统一，在于公共性由个体性发展而来。公民首先是作为个人主体，最后成为具有公共性的人。个体性怎样到公共性，这当中有一个过程，笔者认为这个过程体现为个人主体性—主体间性—他者性—公共性。每一步都是对前者的超越，是向公共性的一种迈进。这里按照个人主体性到公共性的发展逻辑，建构四个层次的公民品格。

第一类，公民个人主体品格。公民是公共生活中的人，公共性是公民的核心特征。但没有个体性，就没有公共性。个体独立性是公民参与社会生活最基本的条件。人类社会发展的第一个阶段——"人的依赖关系阶段"，就是没有个体的抽象的公共性阶段。近代以来，随

---

① 任仕君：《培养公共精神是公民教育的主旨》，《大学》（研究与评价）2008年第5期。

② 叶方兴：《公民品格：一种存在论的澄明》，《理论与改革》2016年第6期。

着商品和市场经济的出现，个人主体意识的觉醒，人类社会进入第二个阶段——"以物的依赖性为基础的个人独立性阶段"，这才有了个人主体的出现。公民不是臣民，就在于公民是有独立人格的个人主体。独立人格显示着公民的自我存在，公民个体应当具有自由、权利观念以及自尊、自强、自爱、自由等独立人格。

第二类，公民主体间的品格。每个公民都是公共生活中的个体，公民之间具有一种平等的主体间性。主体间性不是对主体性的否定，而是以个人主体为前提，强化主体之间的平等关系，即每个人都是平等的主体。公民的公共生活应该是主体间民主的、平等的生活。在民主平等的生活中，构建契约性的伦理关系，尊重和遵守公共规则，公平分配人与人之间的利益，培育公民的团结协作态度及宽容意识、同情、关怀意识，形成民主、协商、尊重、正义等公民品格。

第三类，公民他者性品格。无论是主体性，还是主体间性，都是基于个人主体。个人主体是站在个人立场上，争取个人的利益最大化。主体间关系是一种平等的关系，也是一种以契约为中介的关系，是一种陌生人的关系，这就形成了人与人之间的情感冷漠。现代社会也容易因此成为一个只有公正、法治，而没有道德、温情的冷冰冰的理性社会。改变这种状况，根本上在于改变公民个体的观念，公民不仅要考虑自己的利益，还要考虑他者。在人的生活中、社会关系中，离不开他者，个体要为他者负责，服务于他者，才能使个体走向公共性。没有从自我到他者观念的转变，尽管可以用契约维持人与人之间的平等和社会团结，但不可能真正生成公共性。所以，走向公共性的公民，必须超越自我，走向他者，不仅要尊重他者，以平等的态度对待他者，还要关心他者，对他者负责。

第四类，公民公共性的品格。公共性是公民品格的根本。马克思把共产主义作为"自由人的联合体"，就是把最后的落脚点放在公共性上。"公共性是公共生活的本质属性，公共性的存在是通过特定共同体成员之间理性、自觉的交互主体性行为与结构性活动而建立起来的"。① 公共性超越了个人的私利，它以公共善为归旨，关怀公共事务，参与公共生活，谋求公共福祉，包括公共意识、公共道德和公共参与等公共品格。

本书正是在上述逻辑向度上，深入探讨了基于公民主体性、主体间性、他者性和公共性的品格，并基于学校公共生活建构分别提出了公民品格的培育策略。

（三）公民品格的价值规定

公民既是独立的个体，又是共同体的一员。个体性和共同体性的张力是公民品格存在的依据。这种张力统一在公民身上，构成了公民品格的价值规定，即公民个体多元性与共同体一元性的统一、主体性与主体间性的统一、契约精神与德性精神的统一、公民个人品德、社会公德和国家、人类大德的统一。

1. 个体多元性与共同体一元性的统一

古代社会虽然有共同体，但共同体是以个体的依附关系而出现的，这种共同体是对个体的压制，因此是虚假的共同体。公民孕育于现代社会的市场经济下，市场经济为公民的独立提供了前提。因此，市场经济下的公民首要的是具有独立性。现代社会是基于公民个体独立基础上的共同体，是经过充分分化基础上形成的多元的社会。社会的多元性不仅在于社会主体是由差异性的个体所组成，差异主体之间是平等的，而且为了保证每个个体的权利和自由，其社会价值评价体系也是多元化的、相互包容的，社会不应该压制个体的言论和自由，这就决定了现代社会公民品格的独立性、自由性和多样性。公民品格

---

① 袁祖社：《"公共性"的价值概念及其文化理想》，《中国人民大学学报》2007 年第 1 期。

的独立性、自由性和多样性，是公民权利及其平等身份的保证，内含着公民的平等性。

公民固然要尊重个人的独立性，谋求人格独立和多元的平等，但如果仅仅有公民个体的多元性，就难以保证公民社会的和谐统一和共同体的存在。多元个体的统一或者说多元个体的共同体存在，不能像古代社会那样采取压制的方法，而是谋求一种为多元主体之间共同接纳和信奉的一元价值标准。一元价值标准是公民之间协商的结果，是公民公共生活的底线标准，它并不否定和排斥公民私人生活的自由价值与人格追求，但它限定了公民的私人生活权限不能越过这条基准线。① 一元的价值既基于保护每个公民个人的利益，使之不侵犯他人的利益，又保障公共生活的和谐统一。一个社会，既尊重个人的独立性和自由，又能够做到和谐稳定，靠的就是社会公共规则和国家法律的维护，它们都是公民一元价值标准的具体体现，也是公民公共生活的最基本要求。

所以，公民品格是主体的多元性与共同体一元性的统一，一元性建立在多元性的基础上，不是对公民个人主体的限制，而是为了保护其在公共生活中的独立性，保护公民公共生活中的平等地位。也正是公民公共生活的一元价值限制了公民的"唯私"性，使公民不致于蜕变为"私民"。

2. 主体性与主体间性的统一

德国著名社会学家马克斯·韦伯曾经指出："现代化就是建立在主体性上的合理化和本土化，主体性是现代化的基础和前提"。② 主

———————

① 张青兰、李建生：《论公民人格的价值内涵》，《南昌大学学报》（人文社会科学版）2004 年第 2 期。

② 叶赋桂：《现代化：合理化与本土化》，《清华大学学报》（哲学社会科学版）1998 年第 1 期。

体性是现代性的核心维度。笛卡尔的"我思故我在"、康德的"人为自然立法",从思想上开启了高扬人的主体性的现代性。工业社会后,市场经济出现,个体摆脱了人的依附关系,主体性真正从观念变为现实。主体性是公民品格的首要条件,它从根本上把现代公民与古代臣民区分开来。主体性是公民品格最基本的价值规定之一,它使公民具有了独立的人格。若公民没有主体性品格,处于依附状态,就不可能确立公民的权利、自由,获得现代公民的身份。因此,主体性是确证公民摆脱依附性,获得公民身份和自主人格的前提。

马克思讲"主体是人",这里所说的"人",不只是单子式的人。人在社会中以群体的方式存在,社会性是人的本质属性。公民是人与人的社会关系而非自然关系的产物。在社会关系中,每个人都是主体,这就是康德所说的:"你的行动,要把人性,不管你身上的人性,还是任何别人身上的人性,永远当作目的看待,绝不仅仅当作手段使用"。① 每个人都是目的,都是主体,而不是他人的手段,不能把他人作为客体利用。因此,人与人之间的关系是一种主体间关系。主体间性既是对每个人主体性的保护,也是对主体性的约束,个人的主体性不能侵犯别人的利益。这也是公民自由的限度。主体间性,使每个人都具有自己的主体性,也使人与人之间相互制约、相互共在,形成了和谐的公共生活。主体间性保证了公民之"公",避免异化为"私民",因此,主体间性也是公民品格的另一个基本价值维度。

主体性与主体间性之间不是矛盾的、否定关系,主体间性以主体性为前提,没有主体性,谈何主体之间的关系。主体间公民性使公民处于人与人之间的交往中,即处于公共生活中。没有他人的存在,

---

① 北京大学哲学系外国哲学史教研室编译:《西方哲学原著选读》(下册),商务印书馆 1982 年版,第 318 页。

也就没有公民。公民不是单子式的，不是整数的单位，"是一个分数的单位，是依赖于分母的，它的价值在于他同总体，即同社会的关系"①。主体间性是公民公共性品格的要求，公民公共性是建立在公民个体的多元性基础上的，是基于公民多元性基础上的价值共同性、统一性。

3. 契约精神与德性精神的统一

公民这一概念源于个人的独立性，它以权利和自由为标志，尤其是现代西方自由主义的公民观，就是要最大化地保持个人的权利和自由，实现个人利益的最大化。公民与公民之间基于自我，但又不得不合作共在，因此，为防止公民个人利益的相互侵犯，就必须以契约来约束公民个体的行为。契约不是一方对另一方的强制，而是双方协商的结果。这种约束，既是对公民个人利益的保护，也是为了防止公民由于出身和社会关系的差异而产生的先在的人格不平等，最大限度地保护公民共同体的公共利益。契约既有成文的法律、制度，也有不成文的公共伦理、规则。契约约束着个人的私利，保证了公民主体人格的平等性。契约是公民处理个体间关系的首要遵循，正因为有契约的存在，公民在享有权利的同时，必须承担义务，实现公民的权利和义务的统一。②公民遵循契约规则，并将其内化为个人的品格，构成了契约精神，成为公民的精神品格和性格特征。

现代公民观在强调公民权利、利益的同时，强调公民的道德。德性成为现代公民必不可少的一种品格要求。德性与伦理不同，伦理具有普遍性，是一种不成文的、隐性的契约；德性原发于主体内在情感

---

① ［法］卢梭：《爱弥尔——论教育》，李平沤译，商务印书馆1996年版，第3页。

② 张青兰、李建生：《论公民人格的价值内涵》，《南昌大学学报》（人文社会科学版）2004年第2期。

世界的对美德与崇高人格范型的笃志与追求 ①，德性追求一种人格的高尚，这种高尚常常以牺牲个人的利益，甚至是生命为代价。在这个意义上，契约是防"小人"的，德性是做君子的。在一个利益还不能完全满足每个人需要的时代，防"小人"具有优先性。因此，契约精神先于德性精神。契约基于人与人之间的私己性，契约精神重在保护自我，不关心他人，势必造成人与人之间的疏离和人际淡漠，"事不关己高高挂起"，出现了"公民唯私综合征"和"精致的利己主义者"，导致了公共人的失落。仅有契约精神的社会，尽管有序，但它是冷冰冰的，缺少温情，尤其是缺少对弱势群体的关爱和帮助。所以，公民品格在优先强调契约精神与公共伦理之时，以德性精神弥补契约精神的不足，彰显德性精神的崇高，从而建立和谐有序、充满温情的公共生活。

4. 公民个人道德、社会公德和国家、人类大德的统一

中国社会不同于西方，西方社会是理性的社会，中国社会是伦理社会。理性社会注重法治，伦理社会注重道德。因此，西方公民是消极的公民，偏重于权利和契约精神。中国公民是积极的公民，偏重于道德和责任。当然，在当代，无论是西方，还是中国，都强调公民的契约精神、法治意识与美德伦理、德性精神的统一，只是重视的程度不同。

人无德不立，国无德不兴。我国社会特别强调公民道德。公民是个体性和公共性的统一，因此，公民道德也可以分为公民个人道德和公民公共道德。公民的公共道德，可以依据其适用范围，分出适用于公共生活的社会公德和适用于民族、国家和人类的公共大德。所以，公民道德是个体道德、社会公德和国之大德的统一。个体之德是己之

---

① 张青兰、李建生：《论公民人格的价值内涵》，《南昌大学学报》（人文社会科学版）2004 年第 2 期。

操守，社会公德是众之航标，国之大德是国之旋律，三者相辅相成，构筑为完整的公民道德。

公民的个人道德不同于私德。私德是个人在私人领域中从事私人生活（包括家庭生活）所具有的品德、修养、习惯等，比如憨厚、老实、勤俭、善良、尊老爱幼、夫妻和睦等。公民的公共生活，不是私人生活。公民个人美德是公民在公共生活中对个人的道德要求和行为约束，诸如自尊、自爱、诚实、正直等。私德指向私人生活和私人关系、私人利益；公民的个人美德指向公共生活、公共关系和公共利益。孔子曰："克己复礼为仁。""克己"就是对自己的道德约束，克己不是自我慎独，而是要复归于"礼"，礼是社会伦理，是公共生活的道德。儒家思想的"修身、齐家、治国、平天下"，也是强调"修身"的目的在于"治国""平天下"。公民个人道德与私德有一致的地方，如善良、诚实，但也有不一致的地方，因为私德要体现个人利益，公民个人道德要体现公共利益。对于私德中的利己主义者，要做到克己奉公，戒贪止欲。

公民的公共道德指向公共领域和公共生活，是在公共生活中发生的道德行为和道德要求。公共生活是与私人生活相对的，私人生活具有私密性、情感性，公共生活具有开放性、平等性、无差别性。公民在公共生活中是契约性的伦理关系，因此，公民在公共生活中要遵循公共规则、公共伦理，具有社会公德。对应公民的契约精神和德性精神，社会公德也包含两个层面：公共理性和公共关怀。公共理性是基于平等的、无差异的理性规则，诸如合作、民主、平等、公正、法治、协商、尊重、正派；公共关怀是基于伦理关怀和同理心，诸如同情、仁慈、体谅、关怀、友谊、友爱、责任。

公民的公共道德，既指向公民的社会公共生活，表现为社会公德，还指向民族、国家的政治生活和超国家的人类命运共同体的交往生活，表现为公民对民族、国家和人类命运共同体的公共道德。相对于社会生活、社区生活的公德而言，对待民族、国家和人类命运共同体的道德，是大德。明大德，就是引导公民不断增强道路自信、理论自信、制度自信、文化自信，把共产主义远大理想与中国特色社会主义共同理想统一起来，把实现个人理想融入实现国家富强、民族振兴、人民幸福的伟大梦想之中。①

三、培育公民品格的时代价值

人作为社会性、精神性的存在，品格是一种人格，人格是规定个人之为人的根据。公民是现代社会的主体，公民品格是公民的标志。因此，培育公民品格对于公民及现代社会具有根本的价值和意义。

（一）培育公民品格是新时代公民道德建设的内在需要

人的本质是社会关系的总和，人的社会性本质决定了人的生活是一种以交往为中介的社会生活。交往需要规范、规则，用来调节人与人之间的社会关系。这种规范是人们共同生活及其行为的准则，表现为道德与法律。道德与法律都是调节人与人之间关系的规范，只是调节的程度不同，法律是刚性的，道德是柔性的。法律是最低层次的道德，是不能违背的道德底线。马克思认为，道德的本质在于人类精神的自律，立足于通过个人德性的提高来实现对行为的调控。尽管道德对人的约束是柔性的，但道德也是外在的规范，外在的道德必须内化为人的品德。品德是自律、自觉，是一种"仰望天空"的精神追求。

中国特色社会主义进入新时代，公民道德建设是全面建设社会主义现代化强国，促进社会全面进步、人的全面发展的必然要求。所以，新时代不仅重视外在的公民道德规范建设，更把公民道德建设的

---

① 《新时代公民道德建设实施纲要》，《人民日报》2019 年 10 月 28 日，第 1 版。

落脚点放在提高公民道德素质上。《新时代公民道德建设实施纲要》的总体要求指出：要"在全民族牢固树立中国特色社会主义共同理想，在全社会大力弘扬社会主义核心价值观，积极倡导富强民主文明和谐、自由平等公正法治、爱国敬业诚信友善，全面推进社会公德、职业道德、家庭美德、个人品德建设，持续强化教育引导、实践养成、制度保障，不断提升公民道德素质，促进人的全面发展，培养和造就担当民族复兴大任的时代新人"。① 习近平总书记在党的二十大报告中指出：提高全社会文明程度，实施公民道德建设工程，弘扬中华传统美德，加强家庭家教家风建设，推动明大德、守公德、严私德，提高人民的道德水准和文明素养。

新时代的公民道德建设把社会公德、职业道德、家庭美德、个人品德建设作为着力点。在社会公德上，推动践行文明礼貌、助人为乐、爱护公物、保护环境、遵纪守法等，鼓励人们在社会上做一个好公民；在职业道德上，推动践行爱岗敬业、诚实守信、办事公道、热情服务、奉献社会等，鼓励人们在工作中做一个好建设者；在家庭美德上，推动践行尊老爱幼、男女平等、夫妻和睦、勤俭持家、邻里互助等，鼓励人们在家庭里做一个好成员；在个人品德上，推动践行爱国奉献、明礼遵规、勤劳善良、宽厚正直、自强自律等，鼓励人们在日常生活中养成好品行。

学校是公民道德建设实施的重要阵地，青少年是重要群体。公民道德建设必须加强青少年公民品格的培养。习近平总书记多次指出，青少年阶段正处于人生的"拔节孕穗期"，"要抓住青少年价值观形成和确定的关键时期，引导青少年扣好人生第一粒扣子"②。如果

---

① 《新时代公民道德建设实施纲要》，《人民日报》2019年10月28日，第1版。
② 《习近平出席全国宣传思想工作会议并发表重要讲话》，《人民日报》2018年8月22日，第1版。

第一粒扣子扣错了，剩余的扣子都会扣错。人生的扣子从一开始就要扣好。①2018 年 9 月 10 日，在全国教育大会上，习近平总书记发表重要讲话，提出加强青少年教育要在六个方面下功夫，即要在坚定理想信念上下功夫，要在厚植爱国主义情怀上下功夫，要在加强品德修养上下功夫，要在增长知识见识上下功夫，要在培养奋斗精神上下功夫，要在增强综合素质上下功夫。②2019 年，在纪念五四运动 100 周年大会上的讲话中，习近平总书记再次指出，新时代中国青年要树立远大理想，要热爱伟大祖国，要担当时代责任，要勇于砥砺奋斗，要练就过硬本领，要锤炼品德修为。③新时代党和国家对青少年的要求，就是为了使他们成为能够担当民族复兴大任的时代新人，成为德智体美劳全面发展的社会主义建设者和接班人。为此，要把立德树人贯彻到教育教学全过程，通过公民品格培育，把公民道德建设的内容和要求体现到各门学科教育中，把社会主义核心价值观和道德规范有效传授给学生。

（二）培育公民品格是新时代以德治国与依法治国的需要

现代社会以现代性为核心，现代性不仅表现为主体性，而且表现为理性。现代社会，人与人之间以契约、制度为交往中介。契约对于规范个体的自私行为，保证人与人之间平等交往，规避交往冲突，维系社会稳定，具有决定性意义。现代社会依靠契约，维护社会关系，使我们共同生活"在一起"。但这种"在一起"是单子式的，靠外力

---

① 《习近平谈治国理政》（第一卷），外文出版社 2018 年版，第 172 页。

② 《习近平出席全国教育大会并发表重要讲话》，2018 年 9 月 10 日，http://www.gov.cn/xinwen/2018-09/10/content_5320835.htm，2021 年 7 月 10 日。

③ 习近平：《在纪念五四运动 100 周年大会上的讲话》，2019 年 4 月 30 日，http://cpc.people.com.cn/n1/2019/0430/c64094-31059998.html，2021 年 7 月 10 日。

来维护的生活，缺乏内聚力。公民是因为制度的约束，遵守制度、法律，而不是因为道德自觉而遵守之。仅靠外力和制度维护的社会可能一时稳固，却蕴含着风险。"对现代社会来说，冷冰冰的规则只能保证社会的基本秩序，而要实现和谐、良善与幸福，还需要公民品格来充当缔结维系社会团结的情感纽带"①。这就需要公民有发自内在的道德品格，有对他人的爱与责任，有对政治共同体的忠诚以及对社会公共生活的参与和奉献。因此，"现代民主制的健康和稳定不仅依赖于基本制度的正义，而且依赖于民主制下公民的素质和态度"②。制度与品格相互统一，制度需要品格的支撑，品格为制度提供伦理保障。

　　传统中国社会是伦理本位的社会，重视传统伦理是中国传统文化的特征。中华人民共和国成立后，我们继承和发扬了这一伦理本位的传统，重视公民道德建设，加强社会主义精神文明建设，人民思想觉悟、道德水准、文明素养不断提高，道德领域呈现积极健康向上的良好态势。但仅靠以德治国是不够的，2014 年 10 月，《中共中央关于全面推进依法治国若干重大问题的决定》颁布，将依法治国作为中国共产党领导全国各族人民治理国家的基本方略。2016 年 12 月 9 日，习近平在中共中央政治局第三十七次集体学习时强调，法律是准绳，任何时候都必须遵循；道德是基石，任何时候都不可忽视。在新的历史条件下，我们要把依法治国基本方略、依法执政基本方式落实好，把法治中国建设好，必须坚持依法治国和以德治国相结合，使法治和德治在国家治理中相互补充、相互促进、相得益彰，推进国家治理体

---

　　①　叶方兴：《现代社会与公民品格》，《西南大学学报》（社会科学版）2014 年第 6 期。

　　②　叶方兴：《现代社会与公民品格》，《西南大学学报》（社会科学版）2014 年第 6 期。

系和治理能力现代化。[①]

法律和道德都具有规范社会行为、调节社会关系、维护社会秩序的作用。习近平总书记强调，法律要发挥作用，首先全社会要信仰法律；道德要得到遵守，必须提高全体人民道德素质。[②]这就是要把外在的法律和道德规范转变为法治意识和道德修养。所以，加强法治教育，引导全社会树立规则意识、法治精神；同时加强道德建设，提升全社会思想道德水平。通过法治教育和公民道德建设，培育良好的公民品格，从而不断提升公民的法治意识和道德修养，满足以德治国和依法治国对公民的要求。

（三）培育公民品格是对现代社会病的有效救治

任何社会在发展过程中，都会生病。生病不可怕，关键是找到治疗的药方。现代社会有通病，尤其成为很多西方国家的病。就现代性发展所带来的通病而言，现代社会是一个脆弱的社会、一个冷漠的社会、一个缺少公共性的社会，而培育公民品格，是治疗现代社会病的有效疗方。

现代社会是一个脆弱的社会。现代性往往基于个人的主体性，个人把自己作为主体的同时，把他者作为客体。为了规避个人主体性可能导致的自我中心，又将个人主体性转变为主体间性，主体间的平等主要是以制度来约束个体可能的自私行为，但骨子里依然是个人主体性的根基。以制度维持的社会，看似平静，实则隐藏着冲突和不稳定。鲍曼称之为"风险社会"。风险社会是现代社会的通病。在风险

---

① 习近平：《坚持依法治国和以德治国相结合　推进国家治理体系和治理能力现代化》，《人民日报》2016年12月11日，第1版。

② 习近平：《坚持依法治国和以德治国相结合　推进国家治理体系和治理能力现代化》，《人民日报》2016年12月11日，第1版。

社会中，人与人在一起是以制度联系的，因此社会就缺少内聚力，是脆弱的社会。公民的品格不仅内化了法治和道德规范，而且从关注主体自我到关注他者，转变了主体的观念，从他者性走向公共性。为他者负责，为公共谋福祉，成为主体存在的依据和价值。因此，培育公民品格尤其是公民的公共品格，能够有效促进公民的交往与合作，增强社会凝聚力，修复社会可能存在的"断裂"风险。

现代社会在某种程度上又是竞争的、"冷漠"的社会。传统社会是整体的社会，个人镶嵌在社会之中，没有自我。现代社会以物的依赖性为基础获得了个人的独立，个人以占有物的多少衡量其主体性的高低，这就造成了人与人之间的竞争。针对资本主义社会的竞争关系，马克思指出："它使人和人之间除了赤裸裸的利害关系，除了冷酷无情的'现金交易'，就再也没有任何别的联系了。"[1] 竞争是残酷的，导致社会出现了"人性冷漠"症。"个人主义造就了原子化、孤岛式的个人，致使社会关系内聚所需的社会资本流失以及社会成员之间情感冷漠。这些都需要充满仁慈、温情、关怀等道德情感的公民品格加以补救"[2]。公民品格尤其是他者性品格蕴含着个体对他者的道德关怀和社会责任。正因为公民的他者性品格，使人与人之间超越了个人利益的纷争，超越了道德的冷漠，增强了道德关怀，使社会充满着温暖。

现代社会是缺少公共性的社会。现代社会借助于市场经济，打破了对他人和共同体的依附，个人凭借着对物的依赖获得了自主和独立，这是人性的解放，也是公民走出臣民，获得独立人格的重要一步。个人主体性是人类发展的进步，但正如乌尔里希·贝克（Ulrich

---

① 《马克思恩格斯选集》（第 1 卷），人民出版社 2012 年版，第 403 页。

② 叶方兴：《现代社会与公民品格》，《西南大学学报》（社会科学版）2014 年第 6 期。

Beck）所说的，现代社会虽然促进了人的自主和解放（这也正是启蒙现代性的承诺），但是它也无情地分割了个体与共同体的交融关系，导致人们在个体化的生存状态中更愿意"为自己而活"①。现代社会以获取个人的利益彰显自我的主体性，这就导致精致的利己主义出现和公共人的衰落。公民品格的核心是公共性，公共性使公民走出了自我利益，成为一个对他人负责、具有公共精神和共同体意识的公民，从而更好地参与公共生活、公共治理，服务于公共福祉的提升，促进人与人之间的平等、相融，形成一个有机对话、协商的和谐社会。

就我国社会而言，由于市场经济的影响和国外自由主义思想的影响，一些公民在道德上还存在着拜金主义、享乐主义、极端个人主义；在公私观念上，一些人唯利是图、损人利己、损公肥私；有些人甚至突破公序良俗底线、妨害人民幸福生活、伤害国家尊严和民族感情，这些问题已经引起了全党全社会的高度重视。《新时代公民道德建设实施纲要》指出，加强公民道德建设是一项长期而紧迫、艰巨而复杂的任务，为了适应新时代新要求，必须坚持目标导向和问题导向相结合，进一步加大公民道德建设力度，培育公民品格，既把握规律、积极创新，又持之以恒、久久为功，从而不断促进新时代公民道德建设的深化与完善，推动提升全民族全民道德素质和社会文明程度达到一个新高度。

---

① ［德］乌尔里希·贝克，伊丽莎白·贝克－格恩思海姆：《个体化》，李荣山等译，北京大学出版社 2011 年版，第 16 页。

第二章　主体性公民品格及其培育

　　主体和公民都是现代社会的产物，在历史发展过程中具有一致性。公民首先要成为主体，具有主体性。没有主体性，没有独立的意识、独立的人格，就不可能有公民的出现。所以，人的主体性是古代社会人摆脱依附状态，成为现代公民的前提和基础，也是公民品格的基本价值维度。

一、人的主体性

　　主体性是人作为主体的特性。对于人作为主体的认识，要确立两个基本的前提：第一，主体是一个关系概念。主体是相对于客体而言的，没有客体，也没有主体。马克思指出："主体是人，客体是自然"①，这是在人与自然的关系中，确立人的主体地位。人是主体，不仅是自然的主体，也是社会的主体、自身发展的主体。人与自然、与社会、与自身都可以构成主客体关系。第二，主体是一个历史的概念，是在历史发展过程中形成的，是工业社会商品经济发展的产物。即便是在人与自然的关系中，人也不是先天的主体，主体对于自然和对于人类都是随着生产力发展，人类改造自然的能力增强之后才出现的。这是理解主体的两个基本前提。

　　主体性是指人的主体性。人是否能够具有主体性？马克思主义之前，哲学家有两派不同的认识：一个是旧唯物主义，另一个是唯心主义。

　　17 世纪英国哲学家培根是近代唯物主义的第一个创始人。培根

---

　　① 《马克思恩格斯选集》第 2 卷，人民出版社 1995 年版，第 3 页。

的"知识就是力量"，彰显了人类掌握知识对世界的改造能力，所以，培根是承认人的主体性的。但18世纪唯物主义哲学家却"变得片面"了，他们只承认世界的客观性，否定人的主体性。例如18世纪法国唯物主义哲学家霍尔巴特指出："世界不是创造物；世界之所以不是被创造的，因为它不可能被创造。世界永远存在；它的存在是必然的。它是自身的原因"。[①] 在他看来，世界先于人类而在，世界有自身的运动规律，人类无法改造自然，不存在着改造世界的主体。马克思描述了英国哲学家霍布斯的唯物主义观点："物质是一切变化的主体"[②]，也就是说，物质是物质变化的主体，不会为其他所改变。这种"见物不见人"的唯物主义，马克思称其为"纯粹的唯物主义"。18世纪以爱尔维修为代表的唯物主义，也是只看到环境对人的制约作用，把人视为环境的产物，没有看到"环境正是由人来改变的"[③]，忽视了人对环境的改造作用，马克思称其为"机械的唯物主义"。

与旧唯物主义否定人的主体性相反，唯心主义夸大了人的主体性，把主体性等同于主观性，如笛卡尔的"我思故我在"，康德的"人为自然立法"，费希特的"绝对自我"，黑格尔的"绝对精神"，等等。主观唯心主义抽象地发展了人的主体性的"能动"方面，他们所说的主体性不是从事活动中现实的人的主体性，而是抽象的人的主观、精神和意志。就如黑格尔所说："人是自由的，自由是人的本性"。[④]

旧唯物主义和唯心主义是两个极端。旧唯物主义是"唯客体主

---

① ［法］霍尔巴赫：《健全的思想》，王荫庭译，商务印书馆1966年版，第39页。

② 《马克思恩格斯全集》第2卷，人民出版社1957年版，第164页。

③ 《马克思恩格斯选集》第1卷，人民出版社2012年版，第134页。

④ ［德］黑格尔：《哲学史讲演录》（第1卷），贺麟、王太庆译，生活·读书·新知三联书店1956年版，第26页。

义"，没有主体的地位。唯心主义只注重主体的主观能动性，忽视了客体对主体的制约。二者看似相反，实则根源相同，因为他们都没有看到现实的人，没有从现实的人的活动入手。马克思在《关于费尔巴哈提纲》中对此进行了评论："从前的一切唯物主义（包括费尔巴哈的唯物主义）的主要缺点是：对对象、现实、感性，只从客体的或者直观的形式去理解，而不把它们当作感性的人的活动，当作实践去理解，不是从主体方面去理解。因此，和唯物主义相反，能动的方面却被唯心主义抽象的发展了，当然，唯心主义是不知道现实的、感性的活动本身的"。[①] 马克思批判旧唯物主义只从客体的方面去理解，看到了客体性和客观的一面，没有看到人的主观的一面；唯心主义看到了人的主观的一面，但否定了客体的存在和人为客体制约的一面。马克思在批判旧唯物主义和主观唯心主义的同时，也提出了理解人的主体性的正确方向，即立足于人的现实的、感性的实践活动。

马克思唯物主义是一种新的唯物主义。在马克思唯物主义中，实践是理解人的主体性的一把钥匙。马克思指出："全部社会生活在本质上是实践的"。他批判旧唯物主义，不懂得"从主体方面看"，不懂得实践，"不是把感性理解为实践活动的唯物主义"[②]，"不了解'革命的''实践批判的'活动的意义"。在马克思看来，"环境的改变和人的活动的一致，只能被看做是并合理地理解为变革的实践"。[③]

以人的实践活动来认识和理解主体性，主体性是人在实践活动中的主体性。实践活动是一种对象化的活动，是人改造客观世界的活动。在实践活动中，人是主体，作为改造对象的客观世界是客体，人的主体性是指人在对象性活动中所具有并表现出来的特性。以马克思

---

① 《马克思恩格斯选集》第 1 卷，人民出版社 2012 年版，第 133 页。

② 《马克思恩格斯选集》第 1 卷，人民出版社 2012 年版，第 140 页。

③ 《马克思恩格斯选集》第 1 卷，人民出版社 2012 年版，第 138 页。

实践唯物主义看待人在实践活动中的主体性，主体性表现为双重的方面：一方面是主体作用于客体，具有能动性；另一方面是客体对主体的制约，主体也具有一定的被动性。正是这种双重性，使马克思唯物主义的主体性不同于旧唯物主义，也不同于唯心主义，它既看到了主体能动的一面，也看到了受动的一面。因此，人的主体性是能动性和受动性的统一。

从广义上讲，主体性是人作为主体的一切特性，既有主动方面，也有被动的方面。主体性的发展是从被动到主动，但主动又受到被动的限制，主动与被动是主体性的一体两面。有学者提出了主体性是自发性与自觉性、为我性与我为性、受动性与能动性的矛盾统一。主体性的发展表现为从自发到自觉，从为我到我为，从受动到能动。① 但从狭义上说，主体性主要指主体对客体的能动方面，被动的方面是人的主体性发挥的制约条件。所以，主体性是人作为活动主体在对客体的作用过程中所表现出来积极的、能动的特性，具体包括自我性、自主性、能动性和自为性，其中自我性侧重于主体的意识，自主性侧重于主体的权利，能动性侧重于主体的能力，自为性侧重于主体的目的。

（一）主体的自我性——主体的意识

自我性是人成为人，成为主体的先决条件。历史地看，人来自动物，具有动物的本性。人对动物的超越，首先需要人的自我意识。马克思指出："动物和自己的生命活动是直接同一的……人则使自己的生命活动本身变成了自己意志的和自己意识的对象。他具有有意识的生命活动……有意识的生命活动把人同动物的生命活动直接区别开

---

① 郭湛：《主体性哲学：人的存在及其意义》，云南人民出版社 2002 年版，第39—60 页。

来"。① 意识不是人与生俱来的本能，是从猿到人的进化过程中产生的，是人作为人诞生的标志。正是人的自我意识，才会把自我作为主体，外部世界作为客体，把主体与客体区分开来，产生"物"与"我""自我"与"非我"的关系。正是人的自我意识，才使人的行为从自发转变为自觉。

自我性不仅表现在人与客观世界的关系中，也表现在人与人的关系中。前者使人摆脱了对自然的依附，具有类特性；后者使个体摆脱了人身对他人的依附，具有了独立性。人不仅不再是自然的附属物，也不是他人的"奴隶"。每个人都成为他自己，成为具有独立人格的自我。

（二）主体的自主性——主体的权利

自我是自主的前提，个人具有自我意识，才能对自己的行为具有自主性。自主性是主体性的基本要求，缺少自主性，个人不可能成为主体。自主性表现在主客体的实践活动中，一方面是人对自然的改造，具有自主性。相对于自然而言，人是主体。正是人对自然的改造，创造了人类的物质文明。但人对自然的改造，不是纯粹的人与自然的关系，人与人之间结合在一起共同面对自然，因此，在人改造自然的过程中，结成了人与人之间的关系。劳动过程中，人与人之间的关系不同，有的人不能够自主支配自己的劳动，出现了劳动的异化。从人类发展的历史看，古代社会，无论是自然依附关系，还是人为的权力依附，个人都缺少自主性，因此，没有个人主体的出现。近代工业社会的发展，市场经济催生了人的主体性，但资本主义私有制，使自然关系中的自主劳动在社会关系中遭遇异化。马克思指出，"异

---

① 《马克思恩格斯选集》第 1 卷，人民出版社 2012 年版，第 56 页。

化劳动把自主活动、自由活动贬低为手段"①，这是对人的自主性的否定。"劳动的自主性不仅表现在对生产力、生产关系的占有和支配上，而且表现在劳动者对于自身劳动力的占有和支配上"。② 劳动者不仅在人对自然的改造关系中具有自主性，而且在人与人的关系中劳动者对自己的劳动能力、劳动产品也具有自主性。劳动者通过自主的劳动享有自己的劳动能力及其结果，而不是被资本家所剥削，出卖自己的劳动能力。所以，真正实现自主劳动必须扬弃私有制，使劳动成为每个人的权利，使每个人有权享有自己的劳动成果。

（三）主体的能动性——主体的能力

人是自然的存在物，但人不是被动的自然存在物，而是"能动的自然存在物"。③ 主体的能动性表现为主体对外部世界的选择性，主体面对外部世界阻力的意志努力和人对外部世界的改造。外部的客观世界是先于人存在的，只有纳入主体视野中的客观世界，才能构成与主体对应的客体。什么样的世界能够纳入主体视野，取决于主体的需要，是主体选择的结果。人对自然界的改造，首先是人对自然界的选择。人类社会发展，虽然有规律可循，但社会的规律也是人类根据自己的需要选择的结果。选择性体现了人类活动的合目的性。但合目的与合规律结合，人的主观性就会遇到阻碍，为了实现人的目的，人必须克服来自外部世界的阻力，表现出坚强的意志和克服困难的勇气。人在主体活动中选择外部世界，克服来自外部世界的阻力，最终是为了改造外部世界，使之成为人化的自然，形成人的社会关系，创

---

① 《马克思恩格斯选集》第 1 卷，人民出版社 2012 年版，第 57 页。

② 袁贵仁：《马克思主义人学理论研究》，北京师范大学出版社 2012 年版，第103 页。

③ 《马克思恩格斯全集》第 42 卷，人民出版社 1972 年版，第 167 页。

造了人类物质文明和社会文明。因此，人对世界的改造就是人的创造活动。"创造性是能动性的最高表现"。①马克思说，"劳动是积极的、创造性的活动"②。积极体现为人对世界的选择和主动作为，创造体现为人对世界的改造。人作为实践活动的主体，不能只停留在主观意识中，必须转化为实践行动。能动性体现为主体改造外部世界的能力，能动性越强，人改造世界的能力越强，主体性也就越强。

（四）主体的自为性——主体的目的

自我意识的觉醒，意味着我与外部世界的分开。马克思说："凡是有某种关系存在的地方，这种关系都是为我而存在的；动物不对什么东西发生'关系'，而且根本没有'关系'"。③自我意识是人对对象的一种关系，把对象纳入我的视野，为我所认识，为我所利用。所以，从主体方面去认识外部世界、改造世界，就是要从自己出发。马克思指出："个人总是并且也不可能不是从自己出发的"。④从自己出发，为"我而存在"，这是人的自为性。

自为，即自己作为，表现在实践中就是自主的活动，反映人的内在需要和活动的内在尺度；在活动的目的上，就是"为自"，为了自己。"趋利避害"是人的本能，利己是人的本性，也是人行为的动力。"自为"是手段，"为自"是目的。只有通过自为的手段，达到的"为自"目的，才是主体的活动。否则，无论是不"自为"的手段，还是不"为自"的目的，手段与目的的分离，都是马克思所批判的异化劳动。

---

① 袁贵仁：《马克思主义人学理论研究》，北京师范大学出版社 2012 年版，第100 页。
② 《马克思恩格斯全集》第 46 卷（下），人民出版社 1980 年版，第 116 页。
③ 《马克思恩格斯选集》第 1 卷，人民出版社 2012 年版，第 161 页。
④ 《马克思恩格斯全集》第 3 卷，人民出版社 1960 年版，第 274 页。

二、公民的主体性

人的主体性表现在面向自然和面向社会两个方面。公民作为一个政治和法律的概念，只涉及社会关系。所以，个人主体性与公民主体性不能完全等同，但个人主体是公民的先决条件。公民不是臣民，就在于公民是主体，具有主体意识和独立人格。公民身份虽然表现为公民的权利，但根本上取决于内在的公民主体性。公民主体性是人的主体性在公民品格上的体现。

主体性是主体在主客活动中所表现出来的特性，公民的主体性就是公民在自己对象性活动中的地位和作用。公民对自己在政治生活和公共生活中的地位和作用，要有一种明确的意识，知道自己作为主体应该具有什么样的地位，发挥什么样的作用。公民只有意识到自己的主体地位和作用，才能在政治生活、社会公共生活中作为主体享有正当的权利与承担相应的义务。与个人主体性相对应的公民主体性，主要有公民的主体意识、权利意识、义务意识、自由意识。

（一）公民的主体意识

人类历史的发展从群体主体到个人主体，就是不断弘扬和完善人的主体性的过程。群体本位阶段，个人只不过是狭隘群体的附属物，人或者盲目受自然支配，或者屈从于等级的压制，个人不属于自己，没有独立性。即便是古希腊公民也没有摆脱对城邦的依附。亚里士多德认为，人天生就是一个政治动物，公民在城邦中生活，能达到自足、至善和公正，脱离了城邦，则会堕落为最恶劣的动物。[①] 近代以来，人摆脱了群体的限制，个人主体意识觉醒，才会有

---

① ［古希腊］亚里士多德：《政治学》，颜一、秦典华译，中国人民大学出版社2003年版，第4—5页。

真正的公民出现。公民是公共生活之"民"。公共生活不同于群体主体的共同生活，就在于公共生活的主体是个体，主权在民。每个主体的自由生活，组成了公共生活。公共生活不压制个人的存在，是一种民主生活。在民主的公共生活中，每个公民都是主体，都是民主社会的主人。在政治生活和公共生活中，公民当家作主，必须具有主人翁的意识。主体意识是公民的基础性意识。公民只有意识到自己的主体地位，才能意识到作为主体而应有的权利，去争取权利，履行义务，参与公共生活。

（二）公民的权利意识

公民的权利意识是公民主体意识的具体化。公民是一个主体，但如何才能体现公民的主体地位，就需要公民具有权利。没有权利，不可能有实质性的公民地位，公民就不可能成为真正的主体。权利是公民的基本要求。早期的西方思想家提出的"自然权利说""天赋人权说"，主张权利人人平等，这对于破除"君权神授论""贵族特权说"具有积极的作用，但这是建立在抽象的人性论基础上的。马克思主义认为，人权不是天赋的，而是历史地产生的。[1] 马歇尔提出了公民发展的三个阶段：从 18 世纪的公民权利，到 19 世纪公民的政治权利，到 20 世纪公民的社会权利，公民的权利是公民不断争取，甚至是斗争的结果。公民有什么权利，是国家的规定，但它是公民争取的结果。为此，公民必须具有权利意识，有对公民权利的渴望，才会有对公民权利的不断争取。公民的权利意识是公民主体意识存在的逻辑条件和参与意识生成的逻辑前提。[2] 公民具有自觉的权利意识，才能真

---

[1] 《马克思恩格斯全集》第 2 卷，人民出版社 1957 年版，第 146 页。

[2] 姜涌：《公民的主体意识》，《山东大学学报》（哲学社会科学版）2003 年第 3 期。

切地意识到公民自己的主体地位，才会有主动践行公民权利的意识和行为。

（三）公民的义务意识

公民的权利和义务是密不可分的，公民享有一定的权利，就必须履行相应的义务。公民的权利是对自己主体性的肯定，公民的义务是对公民主体性的约束。前者反映了公民主体性主动的一面，后者反映了公民主体性被动的一面。公民的权利维护了公民的主体性，但公民的主体性不是肆意的，而是受他人制约的。公民把自己作为主体之时，也必须把他人作为主体，把自己作为客体。所以，公民既是主体，也是客体；既是目的，也是手段；既要管理他人，又要受他人管理。公民享有自己的权利，也必须对他人尽义务。尽义务不只是为了他人，也是为了自己。马克思指出，"每个人为另一个人服务，目的是为自己服务；每一个人都把另一个人当作自己的手段相互利用"。"每个人是手段同时又是目的，而且只有成为手段才能达到自己的目的，只有把自己当作自我目的才能成为手段"。[①] 没有义务的权利是特权，没有权利的义务是压迫，都不符合民主社会公民身份的要求。公民具有权利意识，也必须确立义务意识。义务具有强制性，是享有权利的公民不得不履行的分内职责。

（四）公民的自由意识

自主是自由的前提，自由是自主实践形态。马克思主义认为，实践是一种自由自觉的活动。作为主体的人在实践中将自身的意志、思想、情感自觉运用于客观对象之上，由此体现人的自由。所以，自由

---

① 《马克思恩格斯全集》第 46 卷（上），人民出版社 1979 年版，第 196 页。

最终实现于实践之中。在公民实践中，自由是公民的最高追求，公民为自由而生，为自由而战。公民为自由而战，就是要摆脱奴役和束缚，争取自己的权利。现代国家普遍承认并保障公民拥有基本的权利和自由，包括财产和人身自由、言论和出版自由、集会自由、宗教自由、良心和思想的自由等。自由是指每个人的自由，公共生活中，每个人都行使自己的自由，但若自由没有约束、为所欲为，相互抵触，最终也无法实现每个人的自由。所以，权利和自由又总是在规范之内的权利和自由，受公共规则的制约。公民的自由限度何在？密尔的答案是："个人的行动只要不涉及自身以外什么人的利害，个人就不必向社会负责交代"，"只有涉及他人的那部分才须对社会负责"。① 公民的生活是一种公共生活，所以，个人自由不能妨碍别人的自由。在不妨碍别人自由、不伤害别人利益的前提下，个人可以拥有自己的自由。

三、主体性公民品格

由于公民是一种政治身份，什么人可以成为公民？取决于政治的规定，比如古希腊要求公民为本帮的成年男性，有财产，有理性表达能力等。现代公民要求具有一国国籍，享有该国法律规定的权利和承担相应的义务。这些都是公民的外在规定，有些人可能具备这些外在条件，但内心和行为却未必符合公民的要求，这样的人具有公民的"外表"，实则不是真正的公民。所以，公民的身份需要内外兼备。权利和义务是公民身份的外在表现，公民品格是公民的内在要求。

品格是什么？对于这一概念，也有不同的认识。有人指向道德、品德，有人区分了道德品格与非道德品格。但在分歧中也有共同的认

---

① ［英］约翰·密尔：《论自由》，程崇华译，商务印书馆 1959 年版，第 112 页、第 10 页。

识，如品格指向人的内在心理特征，品格以道德为指向，主要反映道德的要求。如西方学者马文·W.伯科威茨把品格定义为：影响个体道德功能发挥能力与倾向的一系列心理特征，是一个完整的道德人所需要的心理要素。[①] 我国学者叶方兴认为，公民品格是成就现代公民的内在品质与道德人格。[②] 公民品格有个体性和公共性两个维度，基于主体性的公民品格指向公民个体的内在品质和道德人格，具体包括自主、自利、自尊、自爱、自治、理性、勇敢等。

（一）自主

自主是公民个体的最基本要求，公民的其他品格都源于公民的自主性。公民作为公共生活的主体，就有按照自己的意志过自己生活的权利，不受他人的摆布和奴役。只有每个人都具有自主性，成为一个独立的个体，才可能有公共生活中主体间的民主、平等与协商。没有自主为前提，一部分人依附于另一部分人，最终导致的是专制独权。但公民的自主不是单子式的，是公共生活中的自主。公共生活是共生共在的生活，一个人可以选择自己的生活，但不能妨碍别人的自主生活。所以，公民自主是有底线约束的。自主在消极方面表现为不受他人的奴役，在积极方面表现为主动参与公共生活，并对自己的行为负责。

（二）自利

自利，即利己。利己与利他，是一对矛盾。中国传统伦理强调利他，这种利他甚至到了敌视利己的程度，把利己视为自私自利。正是

---

① ［美］威廉·戴蒙主编：《品格教育新纪元》，刘晨、康秀云译，人民出版社2015年版，第56页。

② 叶方兴：《公民品格：一种存在论的澄明》，《理论与改革》2016年第6期。

这样的认识，传统社会的"好人"不被认为是现代社会的"好公民"，就因为现代公民的出发点是"利己"。公民主体性表现在利益上就是"利己""自利"，这是公民行动的出发点。必须指出的是，利己不等于利己主义。利己主义是完全为了自己的利益，不顾别人的利益，是一种损人利己的行为。利己是基于自己的利益需要，公共生活是由个体组成的，所以，公共生活必须考虑个人的利益，保证个人利益不受侵犯。合理的利己并不排斥利他。利他有三种基本形式：亲缘利他、互惠利他及纯粹利他。[①]亲缘利他是基于基因关系或血缘关系的利他，是私人家庭生活中的利他，不是公民的利他。公民在共同体中是作为陌生人存在的，公民之间是一种契约关系。契约关系是基于自我的平等互惠。回报是个人在互惠利他行为中的真正目的。[②]公共生活中的利己与利他是一种平等的交换，利己会带来利他，利他最终还是为了利己。纯粹利他是不求任何回报的利他，是个人对毫不相干的人的无私性的体现。为什么会有纯粹利他？一方面是基于人的同情心，另一方面是基于爱心。从三种利他方式看，公民的利他是互利互惠型，在公民利己之时也实现了利他。所以，我们不能把利己与利他对立起来，以利他为高尚的道德而贬低排斥利己。公民的利己是对公民利益的合理追求，公共生活首先要保护公民的利己行为。

（三）自尊

罗尔斯在《正义论》中认为，自尊是"最重要的基本善"，是公民应该具备的最重要的基本美德。英国教育哲学家帕特丽夏·怀特在

---

① 宋洁：《利己与利他：公共精神教育内外张力关系探微》，《教育评论》2017年第 11 期。

② 刘鹤玲：《亲缘、互惠与驯顺：利他理论的三次突破》，《自然辩证法研究》2000 年第 3 期。

《公民品德与公共教育》中把"自尊与自爱"作为公民的重要品德，提出"学校必须鼓励学生感受到某种自尊和适当的自爱"①。

自尊是对自我尊严的意识。专制社会中，统治者的尊严来自权力所赋予他们的地位，被统治者没有任何尊严可言。民主社会中，"主人和奴隶之间与生俱来的不平等的评价的自尊被平等的承认的自尊取而代之，每个公民认可所有其他公民的尊严"。②所以，自尊作为公民的特征，只有在民主社会才有可能。民主社会，每一个人都是自由、平等、独立的理性主体，社会给予每个人平等的关注与尊重，每个人也为自己的行为负伦理责任。所以，自尊不是一种自我情感，而是一种社会性情感，它源于公共生活中平等的地位、权利和尊严。在消极的意义上，自尊就是免受来自外部的政治制度或他人的歧视、侮辱，不向别人卑躬屈膝。所以，自尊是人对自己尊严和价值的追求，是"基于尊严的承认的自尊"。羞辱是对自尊的伤害。正派的社会就是要保护人的自尊不受制度的羞辱，过一种有尊严的公共生活。必须指出的是，自尊不是"唯吾独尊"，"保护某人的民主的自尊，并不要求一个人任何时候都坚持自己的权利，坚持自己的尊严，拒绝妥协"。③自尊在"尊自"的同时，也要"尊他"，考虑他人的尊严和感受。因此，必要的时候，放弃个人的一些权利，对别人道歉，在伦理上恰是正当的。

---

① ［英］帕特丽夏·怀特：《公民品德与公共教育》，朱红文译，教育科学出版社1998年版，第34页。

② 周治华：《罗尔斯的自尊概念：一个政治哲学史的视角》，《马克思主义与现实》2010年第3期。

③ ［英］帕特丽夏·怀特：《公民品德与公共教育》，朱红文译，教育科学出版社1998年版，第44页。

（四）自爱

自尊和自爱都是公民的基本美德。罗尔斯在《正义论》中常常将两者互换使用，但帕特丽夏·怀特认为，二者并不必然相适应，人们可能相当自尊却不自爱，反之亦然。她举例说，英国公学可能使学生高度自爱，却没有民主的自尊。因为他们的自爱来自等级地位和特权。再如，一个学生可能排斥民主的自尊，但不否定他可以从宗教信仰以及校外的其他活动中获取自爱。这些自尊与自爱之所以不一致，因为自尊不是民主的自尊，是基于等级制的自尊。自爱不是建立于公共生活的道德自爱，是建立在实利和欲望基础上的享乐之爱。在民主自尊和道德自爱方面，二者具有一致性。自尊、自爱都源于主体的权利、自由和价值追求，是公民作为独立主体的特征。自尊是意识到自己正在做正确的事情，自己的行动与自己的价值相符合，尊重了自己的价值观念，不是违心做事。自爱，是对自己作出的良好评价，对自己的生活计划值得努力去实现具有确定的信念，对自己实现自己意图的能力感到自信。[①] 具有自尊的主体，按照自己的意愿行事，在具有相应的行事能力情况下，会对自己的行为充满自信，对自己作出良好的评价。

公民的自爱不是等级制的自爱。等级制的自爱是"从自己的地位或者官职中得到自爱，可能导致一个人为了自己的荣誉而千方百计向上爬，或者，为了赢得组织中其他人的认可和赞成而对他们采取过度谦卑和顺从的态度"[②]。等级制的自爱是自私的，自私是超过"自爱"本性限度的"私心"，是过度的"自爱"。自私应该受到谴责，但谴责

---

① ［英］帕特丽夏·怀特：《公民品德与公共教育》，朱红文译，教育科学出版社 1998 年版，第 36 页。

② ［英］帕特丽夏·怀特：《公民品德与公共教育》，朱红文译，教育科学出版社 1998 年版，第 45 页。

的不是自爱的本性而是超过限度的私意。亚里士多德认为，"德性就必定是以求取适度为目的的"①。公共生活中，没有自爱，就不可能延展到对别人的爱。自爱是爱的源头，由爱自己逐步扩展爱的范围，走向爱他人，发展为友爱。自爱发展为友爱的机制是什么？在卢梭看来，人类除了自爱之外，还有对于同类的同情，"人天生就有一种不愿意看见自己同类受苦的厌恶心理，使他不至于过于为了谋求自己的幸福而损害他人，因而可以在某种情况下克制他的强烈的'私有之爱（amour propre）'，或者克制'私有之爱'产生之前的自我保存欲望"②。因此，同情则是对自爱的一种适当节制，防止自爱蜕变为自私。在公共生活中，"做高尚的事情既有益于自身又有利于他人"③，实现了爱自己与爱他人、自爱与友爱的统一。

（五）自治

对于公民而言，主权在民。公民自治意味着公民自己管理自己，依自己的意志参与政治事务。公民作为独立的主体不受其他人的奴役和支配，可以自由表达自己的政治意见，自主地作出政治决定或决策，自愿地选择政治行为和政治权力代表（包括政府官员）。④公民自治体现了公民作为主体的自由、自主和自愿，也体现了公民的独立、自主和自律。公民作为公共生活的主体，为防止自治蜕变为"独

---

① ［古希腊］亚里士多德：《尼各马可伦理学》，廖申白译，商务印书馆2003年版，第46页。

② ［法］卢梭：《论人与人之间不平等的起因和基础》，李平沤译，商务印书馆2007年版，第72页。

③ ［古希腊］亚里士多德：《尼各马可伦理学》，廖申白译，商务印书馆2003年版，第276页。

④ 吕耀怀：《公民的政治参与：自治与隐私》，《江苏社会科学》2012年第5期。

断专行"或"蛮横",必须对自我行为作出必要的约束。具体的约束包括:第一,法治原则。公民的自治是法治中的自治,法治尊重公民的权利,维护公民利益,公民的自治行为必须遵守法治,法治保障每个公民的自治行为。第二,民主的原则。公民自治不是唯我至上,它体现公民的民主平等,在法律面前人人平等,相融共在,维护公共生活的公平正义。第三,参与的原则。自治不是"自扫门前雪","如果在公共事务中缺乏某些类型的参与,'公民'这个词就毫无意义"。[①]公民自治真正"治"起来,公民必须在公共生活中,发出自己的声音,理性表达自己的意志,在公共事务中承担自己的责任。

公民的民主自治,不仅作为一种精神,而且作为一种能力。公民自治强调公民的自我管理、自我服务、自我约束,强调公民在公共生活中的独立性和自主性,强调公民和公民社会组织的责任。[②]公民是否具备自治能力,是公民自治能否得以实现的关键。

(六)理性

公民的生活是公共生活,公共生活是陌生人之间的理性生活。理性是公民对待公共生活的基本态度,也是公民的德性之一。理性是柏拉图提出的公民四主德(智慧、勇敢、节制、正义)之一,亚里士多德也把德性分为理智德性和道德德性。公民通过自己的言行,理性地表达自己的利益诉求,以契约为纽带与他人进行平等交往,过一种公共生活。理性是对个体欲望的约束,缺少理性,公民之间就不可能形成一种公平正义的制度,也不可能有一种良序的公共生活。公民理性

---

① [英]德里克·希特:《公民身份——世界史、政治学与教育学中的公民理想》,郭台辉译,吉林出版集团有限公司2010年版,第301页。

② 党秀云:《公民社会的精神与时代意义》,《中国人民大学学报》2008年第2期。

是公共生活成熟的标志之一。只有大多数公民具有了普遍的理性，大家才能合理表达诉求，通过正确的途径解决矛盾，整个社会才能建立良好的公共秩序，保持稳定和谐的状态。①

公民的理性，是一种德性，也是一种能力。作为理智道德，公民要约束自己的感性、欲望，公平地划分个体间的利益，依照公共规则开展人与人间的交往。理性还要求公民对于一切重要的信念，不盲从，不迷信，具有独立思考的批判精神，敢于挑战权威的意识。作为一种能力，理性要求公民在公共生活中说真话、说实话，不唯权、不唯上，具有表达自己意愿和利益诉求的能力和批判反思的能力。"无反思本身就是思想最严重的缺陷。而且，无反思的思想最终只能产生坏的生活。"②有意义的好生活，是需要反思的生活，在反思中质疑、批判，表达自我，理性地参与公共生活。

（七）勇敢

心理学家认为，勇敢是一种不怕困难、不惧危险、敢于冒险的行为。③心理学注重勇敢的外在行为表现，但难以区分勇敢与鲁莽、野蛮的差别，也难以说明为坏的目的从事的行为是否是勇敢。伦理学家认为，只有当勇敢内含于合乎美德的行为之中时，勇敢才能展示并且为人们所称颂。因此，应当责备那些不是为了道德目的并引起不良后果的勇敢，在某种程度上，勇敢似乎比其他人类的特性更容易助长

---

① 李长庚：《"好政策"滋养公民理性和德性》，《学习时报》2016年1月7日。

② 赵汀阳：《论可能生活：一种关于幸福和公正的理论》，中国人民大学出版社2004年版，第12页。

③ ［英］帕特丽夏·怀特：《公民品德与公共教育》，朱红文译，教育科学出版社1998年版，第21页。

作恶。[①]

其实，勇敢作为一种道德品质早已被古希腊哲学家所重视。苏格拉底认为，勇敢是建立在智慧基础之上由理性教导的什么该恐惧、什么不该恐惧的命令。[②]亚里士多德认为，"一个人在危险面前坚定不移，保持快乐至少并不惧怕，这就是勇敢。如若痛苦不堪，就是怯懦。"[③]亚里士多德也把勇敢指向不惧怕、不怯弱，但他把勇敢视为恐惧和自信之间的适度、鲁莽与怯懦的中道。鲁莽是过度的，怯懦是不及的，勇敢则恰得中道，做了所应该做的事情。

现代伦理学吸收了心理学对勇敢的行为界定，也吸收了伦理学对行为目的的认定。一方面认为，勇敢是人们在面对和克服恐惧时必备的条件，是人们在达成目标的道路上必须克服有害与危险的阻碍，控制住恐惧的情绪，鼓足勇气，克服困难，实现目标。另一方面认为，勇敢行为只有为道德目的服务，执行道德律令时，才是一种真正的美德。勇敢并不需要残忍的侵略、暴力、冒险或对自己与他人冷酷，耐心与温和不是勇敢的对立者，而是同盟者。

公民作为一种理性的个体，面对专制社会的打压，不畏权，不畏势，坚持真理，说真话，说实话，这也是公民的勇敢。公民的勇敢来自公民对自由、民主的信仰。所以，我们应该"把注意力集中在鼓励那些出自内心的热爱自由和正义，以及关心他人福利的人，那些知道如何发扬和保卫一个民主社会的日常生活中的那些价值的人的发

---

① 左高山、唐俊：《当代英美学界"勇敢"美德研究进展及问题》，《道德与文明》2015年第4期。

② ［古希腊］柏拉图：《理想国》，郭斌和、张竹明译，商务印书馆1986年版，第147—148页。

③ 《亚里士多德全集》第8卷，中国人民大学出版社1994年版，第37页。

展"①。因此，公民教育中勇敢的重点应该放在对民主的信仰以及准备成为一个有活力有生机的公民的培养上。

四、主体性公民品格培育

公民主体品格不是先验的，有其生成的社会基础。主体性公民品格的培养，是教育的任务，但如果社会发展没有走到相应的历史阶段，这样的教育失去了社会基础，也就没有培育的可能。因此，谈论主体性公民品格的培育，必须基于现实社会的必需和可能。

（一）培育主体性公民品格的必要性

就马克思提到的人类社会发展的三个阶段而言，第一个依附性阶段的群体主体出现在古代社会，已经完全成为历史的过去。近代以来，资本主义市场经济的发展是个人主体的第二个阶段。在西方发达国家，个人主体的发展也已暴露出大量的矛盾，人们开始关注从第二个阶段向第三个阶段的转变，探索发展类主体的问题。但是，回到我们的现实，情况则有所不同了。我们必须如实地承认我们的落后，这种落后不只表现于经济和政治方面，更主要的是表现在人的发展的落后状态。② 我们属于后发现代化国家，与西方发达国家不同。西方发达国家在反思个人主体性之时，从群体本位走出来的我们，还需要补上这一课。没有个人主体性的发展和成熟，也不可能发展后面的类主体性。

中国传统社会缺少个人的主体性。一方面是自然经济、小农经

---

① ［英］帕特丽夏·怀特：《公民品德与公共教育》，朱红文译，教育科学出版社 1998 年版，第 29—30 页。

② 高清海：《主体呼唤的历史根据和时代内涵》，《中国社会科学》1994 年第 4 期。

济形式，靠天吃饭，自给自足，限制了个体的交往，个体生命被局限于家庭、家族的有限范围之内。另一方面，从社会文明发展看，西方社会从氏族到私产再到国家，私有制的国家代替了氏族；而东方亚细亚文明是由氏族社会直接进入国家，国家的组织形式与血缘氏族制结合，国家混合在家族里。文明的不同进路，使西方发展了私有制，高扬个人主体性，主张个人的权利和自由；东方文明则把家族意识与国家意识结合在一起，发展家族意识。梁启超在《新民说》中揭示了中西政治以"家族"与"个人"为单位之异："欧美各国统治之客体，以个人为单位（Unit），中国统治之客体，以家族为单位……中国过去种种制度，无不以族制为之精神。""中国有族民资格，而无市民资格。"① 家国同构、宗法一体的封建政治文化把人牢牢地系在了血缘纽带之中。对此，陈独秀批判道：宗法社会以家族为本位，而个人无权利，一切听命于家长。宗法制度之恶果，在损害个人独立自尊之人格，窒碍个人意志之自由，剥夺个人法律上平等之权利，养成依赖性而戕贼个人之生产力。"欲转善因，是在以个人本位主义，易家族本位主义"。②

诞生于小农经济和家族政治的儒家伦理，同样扼杀着个人的主体性。"三纲五常"中"君为臣纲，父为子纲，夫为妻纲"，把个体置于权力和礼教之中，"君叫臣死，臣不得不死"。与专制主义相适应的只能是依附、顺从、萎缩的无向度政治人格。个体不仅在政治生活中，而且在整个社会生活中都缺乏主体性。"普天之下，莫非王土，率土之滨，莫非王臣"，有的只是皇帝、贵戚、达官、贵人，他们凭借着手中的权力获得了身份，百姓、布衣、臣民既没有身份，也没有人

---

① 梁启超：《新民说》，辽宁人民出版社1994年版，第208—209页。

② 任建树等编：《陈独秀著作选》第1卷，上海人民出版社1993年版，第167页。

格。两千多年孕育的封建传统文化，在人们身上积淀形成了持久不衰的"臣民"意识和"私民"人格，维护着封建社会的统治，延缓了中国现代化进程，成为近代以来中国社会长期停滞和发展缓慢的主要原因。

新中国成立以来，我们确立了社会主义公有制，人民当家作主，政治上确立了公民的主体地位，但大一统的计划经济，再加上"文革"期间"左"的倾向，把个人利益等同于个人主义、利己主义，作为"资本主义尾巴"而加以批判，把私人利益和私人生活挤压到极点，真正意义上的"个人"并不存在①。高度指令性的计划经济，没有激发经济活力，还养成了依赖上级、照章办事、懒于思考的习惯。改革开放四十多年，我们在人的发展道路上取得了很大进展，但个人的主体性也出现了一些病态，例如，一方面受市场经济影响，个人功利性、世俗性增强，甚至为了个人的私利不择手段，违背公共规则和社会公德；另一方面，在政治生活中，要么是顺从政治的要求，"并在懂得政治活动的局限和危险的情况下例行公事般参与政治生活"②，要么对政治生活缺少热情。政治生活中的阿谀奉承、唯书唯上，本质上都是对权力的依附，缺少公民的独立、自主、理性和勇敢精神，不能适应中国社会现代化转型的需要。

因此，面对人的发展存在的主体性缺失，我们的迫切任务首先是解放个人，大力培育人的主体意识，这是社会主义现代化建设的重点。但又必须看到，在我们培植个人主体性之时，西方发达国家在反思个人主体性，走向类主体。那么，是否意味着我们可以超越个人主

---

① 杨清荣：《公共生活伦理研究——以中国的社会转型为背景》，人民出版社2016年版，第18页。

② ［美］加布里埃尔·A.阿尔蒙德、小 G. 宾厄姆·鲍威尔，《当代比较政治学——世界展望》，商务印书馆1993年版，第584页。

体这一阶段，直接从群体主体跨向类主体呢？显然，这样的认识不符合社会发展规律。个人主体超越群体本位主体，是历史的进步，没有个人主体的发展和完善，不可能走向类本位的主体。类本位不同于群体本位，群体本位无个人，类本位有个人。如果不经历个人主体的发展阶段，那样建立起来的类主体很可能就成为群体主体的变相复活。作为后发现代化国家，在发展个人主体的道路上，应该尽可能吸收西方的教训，少走弯路，使主体性变得更加完善。

（二）培育个人主体性公民品格的可能性

随着生产力的发展，商品的出现，市场经济取代了自然经济。以市场经济为基础，发展以"物的依赖性为基础的人的独立性"，即具有独立人格的个人主体。也就是说，在解放个人主体性上，市场经济具有根本作用。从市场经济催生的社会交往看，人与人之间是平等的交换主体，具有平等的利益关系，且以契约保证人与人之间利益分配。所以，市场经济解放了个人，催生了个人主体成长所需要的社会环境。

1. 确立公民的主体意识是市场经济发展的根本要求

随着生产力的发展，出现了社会分工和剩余产品。分工使每个人都专属于某一职业，人与人之间需要通过产品交换激发多方面需求，满足生活的需要，这就出现了市场经济。市场经济，一方面孕育了新的人与人的关系；另一方面，面对市场，每个人都是一个独立的主体，依靠自己的能力获取更多的物质利益，显示自己的主体性。市场经济催生的主体性，不是依靠自然，不是依靠他人，而是以自己的能力体现在获取更多的物质财富上。对于市场经济，我们既要看到它世俗的物质主义一面，更要看到它对人的解放的作用，它催生了个人自主、独立、自由、竞争的主体人格，衍生了平等、公正、诚信的契约精神。有学者指出，健康发展的市场经济是培育公民意识之决定性的基础^①。市场经济所形成的自主、独立、竞争、平等、公正、契约的观念必将折射到政治、文化等社会领域，促使传统社会向现代社会的转型。

2. 现代社会为个人主体成长提供了生活空间。

社会是人与人之间交往中形成的。人与人之间的交往方式决定了社会的类型。在自然形式的小农经济中，中国传统社会盛行的是私人交往，形成的是熟人社会。熟人社会是以血缘、地缘关系为核心的家族群体，人与人之间遵循的是等级伦理规则，如父慈子孝、君臣有义、夫妇有别、长幼有序。在私人交往中，个人不是作为独立的个人进行交往，而是由他的身份决定的，是按照他的角色进行的交往活动。

市场经济的商品交换关系打破了传统社会的等级伦理关系，塑造了现代社会。与传统的熟人社会不同，现代社会是陌生人的社会。罗尔斯在《正义论》中提出的"无知之幕"就是要制造一个陌生人的社会。在陌生人社会，人与人之间没有角色之分，没有社会差异，每一个参与者都被作为整个社会的平等成员对待。罗尔斯认为，只有在每个人都受到无社会差异的对待时，公正才会出现。

中国社会转型是伴随着市场经济发生的。市场化的社会存在方式，打破传统社会的宗法人伦秩序，个人主体意识的自觉和重义轻利价值结构的消融，使宗法与政治紧密结合并高度统治社会生活的格局被迅速瓦解，个人摆脱政治权力的控制与束缚，私人生活从共同体中分离出来，获得了生存的空间。^② 市场经济催生的现代社会，重视个人主体性和个人的权利、自由，遵循理性交往原则，建设社会主义民

---

① 沈瑞英：《健康发展的市场经济是培育公民意识之决定性的基础》，《探索与争鸣》2013 年第 8 期。

② 李萍、钟明华、段希：《公民教育：当代中国教育的历史选择》，《中国德育》2007 年第 12 期。

主政治，推进依法治国，促进社会治理能力现代化，这些都为主体性品格的培育和形成提供了良好的实践环境。主体性公民品格的发展，既不是自发的，也不是政府的政治推动所能解决的，而是在公民的社会活动、社会交往中形成的。当代中国的社会转型，政治、经济和社会治理领域的深刻变革，必将有力地促进主体性公民品格的发育与形成。

（三）培育主体性公民品格的理念与策略

公民是在做公民中成为公民的，公民生活在社会中，社会是公民成长的大课堂，生活本身就是公民教育。正如亚里士多德所说，"我们做了公正的事情才能成为公正的（人）"[①]，所以，对于公民教育来说，社会中的公民实践比学校教育的作用更为重要。公民教育的实践体系，应该由家庭、社区、社会、学校、大众传媒（包括网络、自媒体）等共同构成，它们对公民的成长都发生着直接和间接的作用。尤其是网络和自媒体的出现，为个体公民意识增长、公民言论自由提供了广阔的空间，但也带来了谣言传播等一些问题，使得网络公民的培育成为网络时代的新议题。因此，当代中国的公民教育实践必须把社会实践与学校教育结合起来，使青少年在学校接受公民教育的同时，也能够在社会中实践公民教育。

学校是公民教育实践的重要领域，但学校公民教育不是单一的教育内容，也不是单一的教育方式，而是整个教育的一种范型。从传统的臣民意识教育走向现代公民教育，需要确立主体性教育观，并以此来规划公民教育目标、内容、方式和方法等。

---

① ［古希腊］亚里士多德：《尼各马科伦理学》，苗力田译，中国社会科学出版社 1999 年版，第 28 页。

1. 确立公民教育的哲学——主体教育哲学

孕育于自然经济和封建宗法社会的中国传统教育，是以社会、集体为出发点的，人被置于社会之中，被置于集体之中，忽视了个体人的存在，致使中国传统教育表现为工具性教育、整体至上的教育。[①] 工具性教育，把人作为工具加以训练。政治需要时，把人培养成政治人；经济需要时，把人培育成"经济人"，教育失去了对人作为公民素养的培养。整体至上的教育，把个人与集体对立起来，以集体的名义压制个人，培养绝对服从集体需要的奴性人格和臣民意识。

公民在人格特征上，不同于臣民，就在于它具有主体性。所以，这就需要变革传统臣民的顺从教育为现代公民的主体教育，确立现代公民教育的主体哲学思想。主体教育在我国兴起于 20 世纪 80 年代，90 年代中期达到高峰。主体教育的兴起，是改革开放教育思想解放的一个标志，它就是对传统"无人"教育的批判，对市场经济解放人的回应。刚刚兴起时，80 年代讨论的师生主客体关系，局限于教育方式。90 年代以后，主体教育提升到在目的上讨论培养人的主体性。主体性教育是一种培育和发展受教育者主体性的社会实践活动。有学者区分了主体性教育的近期目的和最高目的。近期目的是在教育过程中，通过培养学生的主体意识、主体能力和主体人格，发展和提高学生在教育活动中的能动性、自主性和创造性，使他们具有自我教育、自我管理和自我完善的能力，从而成为教育活动的主体和自我发展的主体；最高目的则是通过弘扬人在社会发展中的主体作用，把学生培养成为社会历史活动的主体，造就具有类主体性社会成员（即类主体）。[②] 这里所说的主体教育的近期目的培养和发展学生的个体主体

---

① 冯建军：《走向主体性的教育哲学观引论》，《教育理论与实践》1998 年第 5 期。

② 张天宝：《试论主体性教育的基本理念》，《教育研究》2000 年第 8 期。

性，指的就是公民的主体人格。主体人格的出现，为中国公民的产生奠定了基础。从根本上讲，"主体性就是主体对自身权利的意识，而且要求把这种权利以法律的形式固定下来，这样才能真正确保人的尊严"。[①]

2. 个人主体的公民教育内容：以公民权利和法治教育为重点

中国传统社会是伦理社会。传统社会要求人做一个"好人"，"好人"是指具有高尚道德品质的人，但"好人"常常以牺牲个人的利益来彰显道德的高尚。所以，"好人"是可以为他人、为集体而牺牲自我的人。这种理念与公民的理念不同。公民是基于个人主体，以个人的权利、利益为前提。没有对个人权利和利益的保障，公民也无从谈起。在这个意义上，"好人"与"好公民"并不一致。中国传统社会以"好人"为标准，道德教育放在了第一位，排斥了公民教育。现代社会实现从"好人"到"好公民"的转型，必须把尊重、保护公民权利作为教育的出发点，重视法治和权利教育，培育具有健全法治意识，能够有效地行使自己权利，承担应尽义务的公民。

传统道德教育强调个人的义务，不讲个人的权利。公民固然需要尽义务，但义务是伴随权利而生，是相对于权利的义务。没有权利，谈不上义务。所以，权利优先于义务。国家作为公民的政体，首先要保护公民的权利，公民才履行相应的义务。权利教育就是要唤醒公民的权利意识，认识公民权利的合法性，并正确地保护自己的权利，使用权利，并履行相应的义务。

传统社会重视道德教育，但历史发展表明，纯粹的道德教育并不能达到其教化的目的，并不能有效制止社会的恶。因此，在看重道德崇善作用之时，必须强化法治的惩恶作用。道德是社会的崇高追求，法治是社会的底线。道德与法治相比，法治具有实践的优先性。传统

---

① 檀传宝等：《公民教育引论》，人民出版社 2011 年版，第 209 页。

社会重视道德有余，法治不足，尤其是十年"文革"，彻底破坏了法治。邓小平在与外国记者谈到如何防止或避免"文革"的错误做法时特别指出："我们这个国家有几千年封建社会的历史，缺乏社会主义的民主和社会主义的法制。现在我们要认真建立社会主义的民主制度和社会主义法制。只有这样，才能解决问题。"①党的十一届三中全会开启了我国法治建设的伟大征程，1999年"依法治国"写入宪法，2002年写入党章。依法治国的根本目的是保证人民充分行使当家作主的权利，维护人民当家作主的地位。我国一向重视"以德治国"和道德教育，随着"依法治国"方略的提出，法治教育也得到了加强，中小学思想品德课程名称也改为"道德与法治"，并把"法治观念""法治意识"作为义务教育道德与法治课程、高中思想政治课程所要培养的核心素养。法治教育在于养成公民的法治意识、法治思维，提高公民依法行事的能力，做一个遵纪守法的好公民。

3. 个人主体的公民教育方式：在生活中做公民

公民教育是主体教育。主体教育是活动形式与目的的统一，以形式保证目的的实现。主体教育目的是培养具有主体性的人，主体教育的活动也必须体现参与者的主体性。对于公民而言，就是自主自由的活动。在消极意义上，自主自由就是要免于受支配和灌输。支配和灌输，无论是思想上，还是行动上，都把人作为客体，强制其接受某种思想和行为。支配和灌输即便达到了被"接受"的效果，也会带来问题：其一，这种意识不是"我"内心的意识，"我"对这种意识所引发的行为不负责任。因为勇于承担责任，是自主选择的必然结果。其二，支配和灌输只能培育臣民意识，培育不了公民独立思考、独立判断、自主行事的能力。在积极意义上，自主自由就是要在活动中，公民自己做主，自己思考、自己判断，成为自我主体。所以，公

---

① 《邓小平文选》第二卷，人民出版社1983年版，第348页。

民教育必须在思想上，破除权威，破除对权威的迷信，面对复杂的问题，学会分析、学会选择，发展理性和批判思维，培育他们选择各种思想观念的独立态度和判断是非的能力。公民不是在"教"中成为公民，而是在"做"中成为公民，在参与中成为公民。但中国当前公民整体政治参与意愿低，权威依附意识较高，对参政权的重要性认识不足[①]，这直接影响着公民主体的培育。公民教育要在"做中学"，要引导学生做学校公民生活、班级公民生活的主人，做社会公民生活的积极参与者。公民在参与中维护自己的权利和利益，也尽到对他人、对社会的义务和责任。因此，公民教育反对"损他利我"的自私自利和利己主义，支持平等互惠的道德境界。

（四）完善主体性公民人格培育的社会保障系统

公民培养仅依靠教育是很难奏效的，所谓公民意识不是凭空培养出来的，它是对公民现实状态的意识。公民不是培养成了再进入社会，而是在社会中培育的。没有民主平等的社会，不可能培养出公民。所以，民主的社会是公民成长的沃土，制度是公民品格培育的保障。

1. 进一步健全和完善公民的社会制度

"似乎没有任何一个制度可以单独地充当'公民品德的苗床'，而公民们必须通过一系列交叉的制度去学习一系列交叉的品德。"[②]公民的社会制度包括社会主义市场经济体制、政治体制和法治建设、社会治理制度。党的十九届四中全会通过的《中共中央关于坚持和完善中国特色社会主义制度 推进国家治理体系和治理能力现代化若干重大问题的决定》对新时代完善社会主义制度作出了进一步部署。第

---

① 何平立：《公民观、公民意识与公众参与》，《探索与争鸣》2013 年第 8 期。
② ［加］威尔·金里卡：《当代政治哲学》（下），上海三联书店 2004 年版，第561 页。

一，进一步健全社会主义市场经济体制。市场经济是人的解放的动力所在，有利于培育公民的自主性、平等性、竞争性，培育公民的自利意识、平等意识和互惠意识等，但不完善的市场经济体制也可能导致人的不公平竞争，所以，完善社会主义市场经济体制，就是要完善公平竞争的制度，培育互利互惠的公民道德，加强市场主体诚实守信的道德建设。第二，进一步完善社会主义民主政治建设，健全公民的政治参与制度。社会主义是人民当家作主，国家一切权力属于人民。所以，社会主义民主坚持人民主体地位，确保人民依法通过各种途径和形式管理国家事务，管理社会事务。当前完善社会主义民主制度，就是拓展公民参与社会公共事务的渠道，健全民主协商、民主决策、民主管理、民主监督机制，在公共事务中体现公民的意志，培育公民的参与意识，锻炼公民的民主能力。第三，进一步推进社会主义法治建设，坚持法治国家、法治政府、法治社会一体化建设，全面推进科学立法、严格执法、公正司法、全民守法，引导全体公民做社会主义法治的忠实崇尚者、自觉遵守者、坚定捍卫者。第四，坚持和完善共建共治共享的社会治理制度，建设人人有责、人人尽责、人人享有的社会治理共同体，使每个公民真正成为社会治理的主体，参与社会治理，共享治理成果。

2. 培育健康的公民社会，促进公民的自主参与

"公民社会主要是指以个人能够充分自治为基础，可以自主地参与依法成立的各种非政府组织，自觉自愿地追求公共利益的社会生活领域"。[①] 公民社会也称为"非政府组织"（NGO）、"非营利组织"（NPO）、"第三部门"、"公民社会的组织"（CSO），我国官方也称为"社会团体""民间组织""社会组织"。公民社会是国家和市场的重要

---

① 叶汝贤，黎玉琴：《公民社会、公民精神和集体行动》，《马克思主义与现实》2006 年第 3 期。

补充。"没有公民社会，国家和市场构成的社会是残缺不全的，不能展示人以及人们之间关系的丰富性和多样性"。[①] 公民社会是公民的自组织，公民自愿参加，自我管理，自我服务，具有自治性。公民社会的主体是具有个人独立意志和自由选择的志愿者。公民或因个人兴趣，或因志同道合，或因共同利益，选择参与某一社会组织，从事公益性服务。公民社会对于公民的自由、自主、合作与互信等品格的培育具有重要的作用。对于每个公民而言，除了参加国家的政治生活，成为国家政治生活中的主人外，还要积极参与各类社会组织，从事社会服务。要正确看待社会组织在国家多元社会治理中的作用，培育和鼓励社会组织的健康发展，规范各类社会组织的管理，激发社会组织的活力，拓宽公民参与社会治理的渠道，培育健全的公民社会。

[①] 叶汝贤、黎玉琴：《公民社会、公民精神和集体行动》，《马克思主义与现实》2006 年第 3 期。

第三章　主体间性公民品格及其培育

从人类发展历史看，主体性把人从依附关系中解放出来，是一个积极的因素。文艺复兴以来，人的启蒙，根本就在于主体性的觉醒。主体性不是人的先验性，而是人在实践活动中所表现出来的积极能动的特性，这一特性，既有人积极能动的一面，也有受到外部制约的一面，因此，主体性是主动与被动的矛盾统一体，既要体现人的主观意志，又要受到外部世界的限制。但西方思想家从笛卡尔，到康德、费希特、黑格尔，最后到萨特，越来越把主体性作为一个"绝对固定的前提"，丧失了与客体对立的初衷，脱离了客体的限制，使主体性完全走入了"唯我论"和"自我中心主义"，并且将这种思想体现在人与自然、人与人、人与自我的关系之中，带来了自然、社会和自我发展的危机。20 世纪 80 年代，美国哲学家弗莱德·R.多迈尔的《主体性的黄昏》作出了西方社会主体性黄昏的预言。黄昏之后的主体性如何发展，成为人类必须回答的一个问题。

一、主体性的黄昏

（一）主体性黄昏的表现

1.人与自然关系中的主体性黄昏

自然先于人的存在，人是自然进化发展的产物。因此，在原始时期，人作为自然存在，与自然保持着一体关系，敬畏自然的存在。随着人类生存发展的需要，人改造自然的能力逐步增强，在农业文明时代，人开发自然的能力有限，人对自然的开发在自然界可以承受的限度之内。工业文明时代，人借助于越来越发达的科学技术，增强了战胜自然的能力，"人定胜天"成为工业文明时代人对待自然的信念，如同法国哲学家狄德罗所说：人"以为自己是世界上存在的唯一的钢琴，宇宙的全部和谐都发生在它身上"。①人对自然界的改造，固然取得了胜利，创造了人类高度发达的物质文明，但人类对自然的征服也越来越超越了自然的限度，对大自然造成了史无前例的破坏，导致了生态破坏、环境危机等一系列严重的后果。对此，恩格斯早就发出了警告："不要过分陶醉于我们人类对自然的胜利。对于每一次这样的胜利，自然界都对我们进行了报复"②。海德格尔在《关于人道主义的信札》中修正了人类中心论的观点，提出"人不再是由他的理性能力和意志行为给自己加冕的宇宙之主"，而转到了作为"存在的牧羊人"（或译"人的守护者"）的人。③反思人类中心论，是否意味着人就不再是世界的主人，重新回到原始时期匍匐于自然脚下呢？这肯定是历史的倒退。反思人类在自然界面前的优越性，就在于反思人的自负和狂妄，给予人性以一定的约束和限制，这种约束来自人对自然规律的尊重和自然生态可恢复的限度，不破坏人与自然的生态平衡，维持人与自然之间和谐共生。

2. 人与人关系中的主体性黄昏

人对待人的关系与人对待自然的关系，具有一致性。前现代社会，依赖于自然结成了血缘和地缘共同体，个体依赖于共同体而存在，人只是服从共同体的规定，没有自我。近代以来，工业革命和市场经济催生了个人主体性，个人摆脱了原始共同体的限制，但每

---

① ［法］德尼·狄德罗：《狄德罗哲学选集》，江天冀、陈修斋等译，商务印书馆 1969 年版，第 130 页。

② 《马克思恩格斯文集》第 9 卷，人民出版社 2009 年版，第 559—560 页。

③ ［美］弗莱德·R.多迈尔：《主体性的黄昏》，万俊人译，广西师范大学出版社 2013 年版，第 31 页。

个人成了单子式的个人。人对待自然的主体性，也复制在人与人之间的关系上，个人把他人作为客体，占有、利用他人，获得自我的利益。人与人关系中的这种主体性是占有性的单子式个人主体性，它把个人利益放在第一位，以自我为中心，不承认社会的利益。诺齐克认为，"存在的只是个人，不同的个人，以及他们所拥有的个人生存"。① 单子式的个人主体，在人与人的关系中，导致了霍布斯所说的"一切人反对一切人的战争"，表现在群体上，就是一个国家侵犯另一个国家的战争，一种文明对抗另一种文明；表现在个体身上，就是自我中心主义；表现在人与人的关系上，就是适者生存的社会达尔文主义。

3. 人与自我关系中的主体性黄昏

单子式个人主体性，出现于市场经济之中，借助于科学技术，表现出世俗性和技术理性。它们本是推动物质文明发展的重要动力，但在一个极端发展状态下，破坏了人的完整性，导致了人的分裂与异化，表现在：第一，物质追求与精神向度的失衡。正如马克思所指出的，个人的主体性以占有物为基础，因此，占有物的能力、数量就成为主体性强弱的表现。这就引发了人对物质无限占有的欲望，"人越来越成为贪婪的消费者，物品不是用来服务的，相反，人却成了物品的奴仆"② 。物质的占有成为人生存的唯一价值，失去了精神世界的追求。第二，工具理性与价值关怀的失衡。现代社会，技术越来越成为人类征服自然的手段，人类对于技术的狂热，导致技术至上，忽视了价值关怀。这不仅表现在人依靠技术实现了对自然的征服，也表现

---

① ［美］弗莱德·R.多迈尔：《主体性的黄昏》，万俊人译，广西师范大学出版社 2013 年版，第 13 页。

② ［美］埃里希·弗洛姆：《在幻想锁链的彼岸》，张燕译，湖南人民出版社 1986 年版，第 174 页。

在人依靠技术化手段实现精准化的社会管理。社会管理在理性的算计中，丧失了人文关怀。第三，个性的丧失。"工业社会中，技术连同官僚政治和西方世界的精神危机，导致了人的'平均化、机械化、大众化'，个别的人已消失于类型之中，个人不成其为个人"[①]，丧失了其独特的个性。

（二）主体性黄昏意味着什么

面对主体性的黄昏，我们该以何种态度对待主体性？是取消主体性，还是矫正和完善主体性？这是进一步发展需要回答的问题。

1. 主体性的黄昏不是取消主体性

从群体主体到个人主体，这是人类解放迈出的重要一步。主体性的黄昏，不是再次回到原始的群体主体，这是历史的倒退。多迈尔所说的主体性黄昏不是泛指一切主体性，而是病态的、异化的主体性，特指以自我为中心的占有性个体主义，以统治自然为目标的人类中心论和不包含交互主体性的单子式个人主体性。因此，面对主体性的黄昏，他并非主张取消主体性，并认为"再也没有什么比全盘否定主体性的设想更为糟糕的了"[②]。主体性黄昏，是人的解放和成熟中一个必经的阶段，我们不可以跳过这个阶段，但可以避免这个阶段中的错误，谋求更好的发展。因此，主体性的黄昏，不是取消主体性，而是反思批判单子式的主体性，期待一种开放的主体间性的新形态。

2. 主体性黄昏是因为忽视了主体的被动性和发展限度

马克思在《关于费尔巴哈的提纲》中批判了两种情况：一种是旧

---

① 冯建军：《当代主体教育论——走向类主体的教育》，江苏教育出版社 2004 年版，第 30 页。

② ［美］弗莱德·R．多迈尔：《主体性的黄昏》，万俊人译，广西师范大学出版社 2013 年版，第 1 页。

唯物主义，包括费尔巴哈的唯物主义，对对象、现实、感性，只是从客体的或是直观的形式去理解，而不是从主体方面去理解；另一种是与唯物主义相反的唯心主义，把能动的方面抽象地发展了，它不知道现实的、感性的活动本身。马克思批判旧唯物主义和唯心主义两个极端，提出从人的实践中理解人。实践是人作用于外部世界、改造外部世界的活动，它既显示了人的主观能动的一面，也显示了人受外部世界制约的一面。主体面对客体，客体限制人的能动性，构成了主体性发展的限度，只有在限度内发展的主体性，才能维护人与外部世界的平衡，保持人与外部世界的和谐关系。我们不能只看到主体性能动的一面，忽视了受动的一面。

在人与自然的关系上，人对自然的改造受制于人对自然界的认识，在根本上受制于自然规律。只有遵循自然规律，对自然的改造在自然界可能承受的限度内，才能够维护生态平衡。生态危机，就是人对自然的改造超越了自然的承受能力，遭到了大自然的报复。在人与人的关系上，个人主体性的发展不但不能侵犯他人的利益，还要受到社会共同体制约。个人主体性的发挥，若无视他人和社会公共规则，就会走向极端的利己主义，最终使个人主体性陷入困境，人与人之间成为"豺狼关系"。在人与自我的关系上，主体性不等于主观性，更不是放任自流、为所欲为。主体性的黄昏，就是只发展主体能动的一面，忽视了被动的一面，使主体性失去了限制，最终导致了主体性的无限膨胀。

3. 主体性黄昏就是要矫正主体的单子式观念

主体的黄昏的问题，一方面是主体性的过分膨胀，忽视了主体性发展的限度；另一方面是单子式的个人主体观念，致使主体的"为我关系"蜕变为"唯我论"和自我中心主义。

人作为自然的存在，处在与自然万物的关系之中。近代以来，人类将改造自然界的实践活动，理解为满足人的生存需要的手段。人类按照自己的需要对自然界的肆意开发和占有，给自然界带来了巨大的破坏，导致了人与自然关系中主体性的扭曲和异化。反思人与自然关系的异化，必须改变人与自然对立的征服状态，把自然界的其他生物作为与人类同样的存在，尊重他们的生存权利，建立万物和谐共在、天人合一的关系。

在社会中，人与人必须在一起工作，在一起生活，人的本质是社会关系的总和，因此，个人都不可能是孤立的存在。但人与人之间如何在一起？如果每个人都把自己当主体，把他人当客体，当作实现自己目的的手段，不仅会出现人与人之间的对立和冲突，而且每个人也无法真正成为主体。康德的"人是目的"，意味着"我们每个人都是主体，而不仅仅是客体"[①]。当一个人把自己视为主体，他人同样也是主体，人与人是主体间的关系，既互为目的，又互为手段，不是纯粹目的或手段。所以，反思主体性，根本还在于改变主体性的单子式观念，使单子式个人主体性转变为交互主体性，使人与人从主体—客体对立关系转变为主体—主体的交往关系。

二、主体间性与公民主体间性

（一）主体间性

主体性的英语词是 subjectivity，它表示在主体—客体关系中，主体对待客体的积极的能动的态势。主体间性是在 subjectivity 之前加了前缀 inter 构成 intersubjectivity。我国学者对 intersubjectivity 的翻译有主体间性、主体际性、主观间性、交互主体性、交往主体性等，通常译作"主体间性"。它与主体性不同，主体性反映的是主客

---

① ［美］大卫·雷·格里芬：《后现代精神》，王成兵译，中央编译出版社1998年版，第218页。

对立关系，主体间性反映的是主体与主体关系。中西方学者正是基于交往关系给出了主体间性的定义，如维基百科对 intersubjectivity 的解释是：in philosophy, psychology, sociology, and anthropology, is the psychological relation between people. It is usually used in contrast to solipsistic individual experience, emphasizing the inherent sociality of humans.[1] 主体间性通常被用来与唯我独尊的个人经验形成对比，表示人与人之间的心理关系。法国哲学家萨特指出：主体间性是"作为自为存在的人与另一作为自为存在的人的相互联系与和平共存"[2]。我国学者郭湛认为，主体间性"指的是两个或两个以上主体的关系，它超出了主体与客体关系模式，进入主体与主体关系的模式"。[3]

当代主体间性的提出与主体性遭遇的困境有极大关系。主体间性是反思个人主体性的膨胀，力图避免由主体性所导致的"唯我论"和"自我中心主义"，强调不同主体之间的平等交往，从而实现人与人之间的和谐共在。从主体性到主体间性，并不是否认主体性，而是矫正过于膨胀的个人主体性，实现对个人主体性的继承与超越、发展和完善。从形式上看，主体间性不再是主客二分的对立关系，而是主体共生共在的交往关系。对于交往双方而言，既有个人的交往主体性（区别于单子式个人主体性），也有交往双方的相关性、一致性（区别于个人主体性的孤立状态），反映了个人主体之间的独立平等性和交互联系性。

---

[1]　Intersubjectivity, http://en.wikipedia.nom.mk/wiki/Intersubjectivity, 2020 年 5 月 2 日。

[2]　金炳华：《哲学大辞典（修订版）》（下），上海辞书出版社 2001 年版，第 2037 页。

[3]　郭湛：《主体性哲学——人的存在及其意义》，云南人民出版社 2002 年版，第 235 页。

在内容上，主体间性涉及认识论、存在论、实践论和规范论等多个领域。每个领域，有不同的交往形式和交往内容，使主体间性表现出不同的内涵。认识论的主体间性关注认知主体之间知识或意识的共通性、共享性；存在论的主体间性关注生存主体的关联性和共生性；实践论的主体间性关注实践主体的交互性、平等性；规范论的主体间性关注主体间的道德共识和公共道德。

第一，认识论意义上的主体间性，以胡塞尔为代表。笛卡尔的"我思故我在"奠定了认识论的基本原理：自我和理性。笛卡尔的"自我"是封闭的、孤立的自我。胡塞尔的"自我"是一个开放的，与他人有联系的"自我"。他说："第一个自我－主体和我们所有的人都相互一起地生活在一个共同的世界上，这个世界是我们的世界，它对我们的意识来说是有效存在的，并且是通过这种'共同生活'而明晰地给定的。"[①] 正因为我们"生活在一个共同的世界"，所以，我们的意识具有沟通的可能性和相通性。不只是"我思故我在"，"我思"与"你思"共在，故"我们思故我们在"。从"我思"到"我们思"，从认识的主体性到认识的主体间性，其中介是"移情"。"移情作用起着一种达到他人自我主体、进入他的知觉和经验区域的桥梁作用"。"每一个自我－主体都有其移情作用的地平线，即他的共主体（co-subjects）的地平线，它可以通过与他人之链的直接与间接的社交而得到开放，他是所有的相互为之的他人"。[②] 移情打开了主客认识关系中"自我"封闭的窗户，通过"类比统觉"，把共同世界中的他人在认识中联系起来，达成认识的一致性和意义的共享性。所以，认识论上的主体间

———————

① ［美］弗莱德·R.多迈尔：《主体性的黄昏》，万俊人译，广西师范大学出版社 2013 年版，第 47 页。

② ［美］弗莱德·R.多迈尔：《主体性的黄昏》，万俊人译，广西师范大学出版社 2013 年版，第 44、46 页。

性是主体之间在认识上的相互沟通与理解，达成意义共通、共鸣与共享。伽达默尔在认识论主体间性的基础上，建立哲学解释学，解释就是要使现实主体与历史主体之间形成一种"视域融合"。

第二，生存论意义上的主体间性，以海德格尔为代表。人的群居生物性和社会性本质，决定了每个人不可能独立存在，人与人之间是一种共在关系。胡塞尔的认识论也是基于人的共在关系，不过他的主体间性存在于先验的意识领域。海德格尔否定胡塞尔先验主体间性的思路，在生存论意义上论述主体间性。海德格尔的逻辑起点是"此在"，但此在不是孤独的，此在是一种"共在"，"此在自己本来就是共同存在。此在本质上是共在。""共在在生存论上规定着此在。此在之独在也是在世界中共在"。① 鲁滨逊式的孤立的人，只能是一种不切实际的幻想，"不同他人发生关系的个人，不是一个现实的人"。② 现实社会中，每个人都要与他人"共在"，共在构成了现实的交往关系和一起生活的社会。没有人与人之间的共在，不可能有现实的交往生活。存在论意义上的主体间性就是现实生活中人与人之间作为主体的相互联系与共生共在。

第三，交往实践论意义上的主体间性，以哈贝马斯与马克思为代表。哈贝马斯把当代主体性的困境根源归结为工具行为，他批判工具行为是一种主客对立的支配行为，主张人与人之间的交往行为。交往行动"所涉及的是至少两个以上具有言语和行为能力的主体之间的互动，这些主体使用（口头的或口头之外的）语言手段，建立起一种人

---

① ［德］马丁·海德格尔：《存在与时间》，陈嘉映等译，生活·读书·新知三联书店 1999 年版，第 136、140 页。

② ［德］黑格尔：《法哲学原理》，范扬、张企泰译，商务印书馆 1961 年版，第 347 页。

际关系"①。哈贝马斯的交往行动是以语言为中介的，试图通过语言的沟通而达成相互的理解，"达到理解的目标是导向某种认同。认同归于相互理解、共享知识、彼此信任、两相符合的主观际相互依存"②。哈贝马斯的交往是主体间的精神交往和意义的共享。马丁·布伯倡导的"我与你"的对话、相遇，也是一种精神交往关系。马克思的交往是伴随着物质生产活动而产生的社会交往。马克思指出，生产表现为双重关系，"一方面是自然关系，另一方面是社会关系；社会关系的含义在这里是指许多人的共同活动"③。人与自然之间的关系是主客关系，人与人之间的关系是主主关系，二者统一于生产实践之中，构成了"主体—客体—主体"的关系模式。因此，马克思的交往实践是以改造共同客体为中介的主体间交往实践，人与人的主主交往关系，作为生产的一个环节，伴随着主客（人对自然的改造）关系而发生。"主体—主体"关系是以"主体—客体"关系为背景的，是更宏观的"主体—客体"关系中的一个环节。④哈贝马斯的交往实践以言语交流为中介，使主体间性具有主观际的共通性。马克思的交往关系与生产关系相一致，更强调交往的现实性和制约性，具有一定程度的客体性和客观性。

第四，规范论意义上的主体间性，以罗尔斯为代表。人们生活在一起，都需要一定的规范，规约人的行为。古代社会的规范是普遍性

---

① ［德］尤尔根·哈贝马斯：《交往行为理论：行为合理性与社会合理性》，曹卫东译，上海人民出版社 2004 年版，第 84 页。

② ［德］尤尔根·哈贝马斯：《交往与社会进化》，张博树译，重庆出版社 1989 年版，第 3 页。

③ 《马克思恩格斯选集》第 1 卷，人民出版社 2012 年版，第 160 页。

④ 郭湛：《主体际哲学——人的存在及其意义》，云南人民出版社 2002 年版，第 237 页。

伦理。在黑格尔看来，"伦理是一种本性上普遍的东西"，"伦理实体是共体或公共本质"①。作为一种普遍性要求，伦理来自上帝、神灵，或者大自然的惩罚。近代以来，个体从家庭、家族伦理实体中脱离了出来，成为一个个独立的原子，"当初管制它并把它约束在自己的统一体性里的那个精神已经瓦解，已不复存在了。因此，个人的这种空虚的一，就其实在性而言，乃是一种偶然的特定的存在"②，个体成为一个孤独的存在，只有道德选择的自由，而无主体间的道德共识。当代社会对主体间性的呼唤，使道德个体回归道德共识。道德共识不同于古代社会普遍的伦理实体世界，也不同于近代以来个人的道德选择自由，伦理共识是建立在个体道德自觉、自由基础上，是对公共善的追求。罗尔斯的"重叠共识"就是一种主体间性视野中重建道德规范的思路。重叠共识是基于个人的道德自主判断，通过民主协商而达成的道德一致性，它不仅具有伦理的普遍性，而且具有道德的自由性，是伦理普遍与个体道德自由的统一。

（二）公民主体间性

1. 公民主体间性：超越孤立的公民主体性

公民的发展与人类社会的发展是一致的。古代社会人的依附性阶段，公民与城邦浑然一体，城邦的利益就是公民的利益，确立了古典共和主义的公民观。近代"以物的依赖性为基础的人的独立性"阶段，个体摆脱对共同体的依赖和对权力的依附，具有了独立的人格，确立了自由主义的公民观。自由主义公民观以个人为出发点，以个人权利

---

① ［德］黑格尔：《精神现象学》（下卷），贺麟、王玖兴译，商务印书馆 1979 年版，第 8、9 页。

② ［德］黑格尔：《精神现象学》（下卷），贺麟、王玖兴译，商务印书馆 1979 年版，第 35 页。

为核心，追求公民个人自由的最大化。从古典共和主义的"无我"到自由主义的"有我"，是公民发展迈出的重要一步，但自由主义公民在发展个人主体性之时，丢失了共同体的公共性，致使公民成为一个孤立的个体。公民只关注自己的利益，对公共领域、公共生活表现得冷漠和消极，对家庭、职业和个人事业等私人领域更加关注，出现了极端的"公民唯私主义综合征"，表现为"个体对公共领域中的公共角色持着否定或者消极的态度，他们倾向于以逃避公共责任的方式来追求自我中心的身份认同以及私人利益的满足，从而呈现出典型的个体私利主义和自我中心主义的心理病症及人格特征"①。"公民唯私主义综合征"是公民个人主体性发展的异化。之所以说是异化，因为它无视公民共同体的存在，使公民成为一个孤立的利己主义者。走出公民个人主体性的异化，并非否定个人主体性，重回古典共和主义，而是使个人主体性转变为交往主体性、主体间性，这就是当代社会出现的共和主义的复兴和社群主义的形成。社群主义对自由主义孤立的自我观进行批判，提出个人离不开社会，公益先于个人。查尔斯·泰勒指出："我不能在与他人隔离的孤独状态下，而只能通过与他人公开或半公开的交流协商来确定自己的特性。从本质上说，我的个性与人格的形成离不开社会。"②威尔·金里卡也指出："一旦我们承认人对于社会的依赖，我们就有义务把社会的共同利益置于与个人的自由权同等重要的地位"③，或者至少前者应该受到后者的补充。新共和主义

---

① 叶飞：《公共参与精神的教育——对"唯私主义综合征"的反思与超越》，《高等教育研究》2020年第1期。

② Charles Taylor, *The Ethics of Authenticity Cambridge*, Harvard University Press, 1991, pp.47—48。

③ ［加］威尔·金里卡：《当代政治哲学》（下），刘莘译，上海三联书店2004年版，第385页。

和社群主义试图超越孤立的个人主体性，将个人主体性纳入共同体之中，平衡个人与共同体的关系。

从主体性到主体间性，关键在于主体关系模式的变化。主体性存在于主体与客体的关系中，是主体对客体的作用所表现出来的积极的能动的特征。在主体性中，主体是主动的，客体是被动的；主体是目的，客体是手段。所以，在主体支配的实践活动中，客体成为主体利用、支配、征服、占有的对象，导致了人与人、人与自然关系的对立紧张与矛盾冲突，尤其是在人与人的关系中，主体性把对方看作为我所利用的客体，必然导致一方对另一方的压迫和统治，不符合共同体中公民平等的理念。主体间性以主体与主体的交往关系代替了主客体之间关系。主体不再把对方看作征服、占有的对象，而是视为与自己同等地位的主体。主客关系是"我"与"它"的关系，交往关系是"我"与"你"的关系。"我"与"你"作为独立人格的主体，具有同等的地位、同等的权利。交往关系是人与人之间的共在关系，也是共同体中公民应该具有的关系。

个人主体性反映的是主体对客体的占有，占有是个人主体性的生存方式。在占有的生存方式中，人与世界、人与人的关系是占有与被占有的关系，个体企图把所有的人和物包括自己，都变成占有物。所以，占有关系以自我为中心，个人具有绝对的优先性。以占有方式看待公民与国家的关系，公民个人利益先于国家利益，国家为公民而存在，保护公民个人利益，不能为国家利益而损失公民个人利益。在公民共同体的交往关系中，公民走出"自我"的迷恋和"唯我论"的幽灵，克服"自我中心的危险"，把自己作为主体，也把他人作为主体；把自己作为目的，也把他人作为目的，人与人之间是一种平等合作关系。正因为个人走出单子式的封闭"自我"，把他人作为同样的存在，建立了平等互惠的合作关系，人与人之间才真正开启了公共生活。

2. 公民主体间性的特点

在上述四种类型主体间性中，公民主体间性不属于其中的任何一种。但公民作为共同体中的人，与多种类型的主体间性都密切相关，是多种类型主体间性的组合。首先，公民是特定政治或社会共同体的成员，公民要有对共同体的政治、社会和文化认同，具有共同体的意识，体现着意识领域的主体间性。其次，公民的"公共性"表现在共同体中，关注公共事务，参与公共生活，服务公共利益，体现了存在论意义上的主体间性。再次，主体间性是"主体—主体""主体—中介—主体"的模式，公民主体间性反映了共同体中公民之间平等的交往关系，体现了交往实践意义上的主体间性。最后，公民的公共生活需要规范的维护，公民在公共交往和公共生活中，建构了社会契约和公共伦理道德等公共规范，体现了规范论意义上的主体间性。尽管公民主体间性包含着多个领域和多个意义上主体间性，但公民主体间性不等于"大杂烩"，它有其独特的内涵。公民主体间性是公民在政治共同体或公共生活中的主体间性，是公民在公共交往中体现出的相互联系、公共存在和公共利益。它具有如下特点：

第一，生活的共在性和公共性。存在论意义上的主体间性是所有类型主体间性生成的客观依据。阿伦特指出，"所有的人类活动都依赖于人们共同生活的事实，在人类社会之外，行动是无法想象的"。阿伦特所说的行动即公民的政治生活，"复数性是一切政治生活的特有条件"。① 也就是说，在政治共同体中，政治生活是以复数的形态存在的。举例来说，就如一张桌子被放置在围着它坐在一起的人们之间一样，既把人联系起来，又把人分离开来。所以，公民的共在不是古代社会的群体主体，而是公民个体在公共生活中的集合，形成了公众。它既

————————

① ［美］汉娜·阿伦特：《人的境况》，王寅丽译，上海人民出版社 2009 年版，第 14、2 页。

关注每个公民自身的利益，又关注其共同的、共在的利益，生活世界处于共同拥有它的人们之间。所以，公共生活是公民彼此间共在和共享的生活。存在论意义上的公民主体间性就是公民生活的共在性和公共性。

第二，交往的独立性和平等性。主体性与主体间性都是一种关系模式，主体性反映的主体—客体的对象性关系，主体间性反映的是"主体—客体—主体"或"主体—主体"的交往关系。对象化活动是主体性的生成机制，交往是主体间性生成的机制。公民不是孤立的、单子式个人，而是特定共同体的成员，成员之间具有公共性。公民的公共性通过交往而形成。但公民的公共交往不同于私人交往。私人交往是基于血缘和情感关系的亲密性交往，它排斥外来者、陌生人，具有封闭性和自我性。公民生活是公共生活，"公共生活的典型形式就是个人同陌生人之间的交往关系。在与陌生人的交往中，对方是一个无差别的、可普遍化的公民他者，交往双方的身份具有普遍性和无差别性的对象特征"。[①] 共同体中的公民，不是作为熟人在交往，而是作为无差别的、普遍化的他者在交往，因此，公民之间的交往不是人情的交往、人际的交往，而是非人格化的理性交往。它凭借的不是私人的情感，而是公共的规范（契约、法律和伦理），公民在公共规范面前，无差别地一律平等。

第三，利益的互惠性和公正性。人作为一个社会性的存在，马克思说："把他们连接起来的唯一的纽带是自然的必然性，是需要和私人利益"。[②] 利益是个人存在的根本，每个人都要追求自己利益的最大化，"人们为之奋斗的一切，都同他们的利益相关"。[③] 利益原则

---

① 崔丽娜：《良序的公共生活何以可能》，中国社会科学出版社 2019 年版，第 51 页。

② 《马克思恩格斯全集》第 3 卷，人民出版社 2002 年版，第 185 页。

③ 《马克思恩格斯全集》第 1 卷，人民出版社 1995 年版，第 187 页。

是维护社会关系，把人们聚合在一起的张力，社会由此形成人与人之间的利益共同体。在利益共同体中，人与人之间是一种利己性合作关系。公民的主体间性，既不是单子式的个人主义，也不是"无我"的虚假的集体主义、纯粹的利他主义。公民在共同体中，是基于个人利益的互惠性合作。公民不是私民，不能自私自利，但公共性也不是放弃自我利益，而是互利互惠。"公民是作为私人带着私利诉求进入公共交往中的，公民身份确证的意义在于通过交往实践（主体间的反思论证）将私利统合于公益中"。① 公民以正义作为公共利益分配的尺度，"正义是利他主义和自我要求之间的恰当平衡，因而包含一种互惠的概念"。② 正义要求公民具有一种互惠性的道德意愿，既不要求个体完全利他而不求回报，也不能容忍个体完全利己而不承担责任。"正义原则中已经隐含着互惠性"。③ 所以，主体间性的公民要超越自私的公民个人主义，但不否认公民的合理利己，而是在人们都能接受的互惠原则的基础上考虑自己，建构一个公平合理、利益共在的公共关系。

第四，价值的共识性和互识性。任何社会都需要社会规范来维护。古代的规范源于大自然或者神灵的启示、上帝的旨意。近代单子式的个人主体性，社会规范源于统治阶级的意志，是统治阶级对被统治阶级的支配和压迫，形成了社会等级观念和差序格局。民主社会，公民主体间关系，不是支配与被支配的关系，而是一种民主协商的关系。共识不是来自上帝，也不是来自某一特殊群体，而是独立平等的

---

① 冯琼、吴宁：《交往视域中的公民及其中国意义》，《人文杂志》2013 年第 5 期。

② ［美］约翰·罗尔斯：《正义论》，何怀宏等译，中国社会科学出版社 2009 年版，第 397 页。

③ ［美］约翰·罗尔斯：《正义论》，何怀宏等译，中国社会科学出版社 2009 年版，第 396 页。

公民之间，基于生活的公共性和交往的平等性、利益的互惠性，通过理性的协商、平等的对话而产生"相互承认"和"相互信赖"，达成的"公意"。共识是一种认识的统一性、共同性，但它不是强加给个体的，也不是某种终极的价值，而是主体间协商的结果，即罗尔斯的"重叠共识"。公民在民主协商对话过程中，不仅寻求统一性"共识"，还要尊重差异性"互识"。缺少"互识"的"共识"，就缺少对独立个体意见的尊重，极可能会被某些特殊的人或群体以"共识"之名打压个体，这种"共识"是一种虚假的共识。真正的共识，是与差异性"互识"相伴随的，是以差异性、多样性为前提的"异质"的"统一"。所以，主体间的价值共识，要坚持求同存异，聚同化异，保持开放性，尊重多样性，增强包容性。

三、主体间性公民品格

与个人主体性相比，主体间性具有一定的公共性，但这种公共性是为了各自利益的合作、共识，只能算作初级的公共性，处于公共性的初级阶段。在这个意义上，基于主体间性的公民品格是公共品格的初级形态。基于主体间性的公民品格表现为合作、平等、尊重、民主、协商、公正、契约、法治、信赖、诚实、正派等。品格不只是道德的范畴，它是一个具有稳定性的包含知、情、意、行的典型性人格特征。

（一）合作

主体性与主体间都是作为关系概念，主体性是主体与客体之间的对象化占有和征服关系，主体间性突破了主体与客体之间的对立，将自己面对的对象看成一个与"我"一样的"主体"，因此，主体间性是主体与主体之间交往关系，是一种平等合作关系。在主体性视野下，公民之间是一种对立的竞争关系，出现了"竞争性个人主义"和"孤独的"公民[①]，也有学者称之为"精致的利己主义者"。公民的主体间性关系，不否认竞争的存在，但要避免竞争的"灵恶"发展为个人主义，而是在一个适度的合理框架内竞争。一是竞争要遵循公共规则，二是有竞争也有合作，使竞争与合作相互制约。主体性只有竞争，主体间不否定竞争，但必须以合作为竞争设定限度。合作是两个或多个主体之间基于共同的生存需要和共同的利益目标而展开的互惠或互补行动。为了实现合作，个体必须放弃自利、独断的思想，认识到其他主体与自己的同等地位、同样价值，认识到共同生存的利益，具有多元、平等、对话、互助、团结、共享意识和团队精神，进而产生合作行动，共同面对现代社会的各种问题和挑战。

（二）平等

主体间的交往关系是主体间的平等关系。如何理解主体间的平等？萨托利指出："平等表达了相同性的概念……两个或更多的人，只要是在某些或所有方面处于同样的、相同的或类似的状况，那就可以说他们是平等的"[②]。艾德勒也指出："当一个事物在某一认同的方面不比另一事物多，也不比另一事物少时，我们说这两个事物是平等的"[③]。这样的平等观念，就是我们所说的"完全一样""无差别"。这样理解的"平等"，把人就变成一样的人，成为抽象的人、非具体的人。马克思主义认为，"平等，一向指社会的平等，社会地位的平等，

---

① 叶飞：《竞争性个人主义与"孤独的"公民》，《高等教育研究》2013年第2期。

② ［美］乔·萨托利：《民主新论》，冯克利、闫克文译，东方出版社1993年版，第340页。

③ ［美］穆蒂莫·艾德勒：《六大观念》，郗庆华、薛笙译，生活、读书、新知三联书店1998年版，第188页。

绝不是指每个人的体力和智力的平等"。[①] 主体间性是以个人主体性为前提的，每个人都作为一个独立的、独特的存在。因此，把主体间性中的平等完全理解为"无差别""一样"是不合适的。人与人之间是有差异的，这是客观存在的。完全的一样抹平了差异，就是平均主义。在一个公正的社会，平等有两类：一是完全的平等，它对应于人的类特性，指每个人在人格上的平等；二是比例平等或差异性平等，它对应于个体发展程度的差异。[②] 前者是同等情况同等对待，比如说权利平等、机会均等；后者是不同情况差异对待，比如对收入、财富要体现按劳分配、多劳多得。只有这样，才能保证主体间多元主体差异性的平等。

（三）民主

民主在国家层面、社会层面和个人层面可以有多种理解。在国家层面体现为基于一切权利属于人民的国家制度和践行民主政治制度的程序，但民主不仅是一种政治制度、政府的形式，在杜威看来，"它首先是一种联合生活的方式，是一种共同交流经验的方式"。[③] 作为一种生活方式，民主有两个要素：一是人们之间的共同利益，二是人们之间更加自由的相互影响。杜威所说的基于共同利益的人们之间的自由交往，就是民主作为一种社会生活方式而言的。民主作为一种政治制度、一种生活方式背后隐藏着"民主作为一种人格品质"的前提。公民具有了民主品格，才有实现民主的最大可能性。据此，民主国家和民主社会的生活，要求每个公民具备民主品格，把民主品格转化为

---

① 《列宁教育文集》（上卷），人民教育出版社 1984 年版，第 304 页。

② 冯建军：《教育公正需要什么样的教育平等》，《教育研究》2008 年第 9 期。

③ ［美］约翰·杜威：《民主主义与教育》，王承绪译，人民教育出版社 2001年版，第 97 页。

生活态度和行为方式。

民主作为公民的基本品格，它是民主作为政治制度和社会交往行为对公民的基本要求。公民的民主品格表现为民主认知、民主态度、民主能力、民主行为等。民主认知，即关于民主的认知和知识。民主作为一种国家制度和政府管理形式，什么样的制度是民主的，公民在民主制度中具有什么权利和义务，怎么参与民主政治，这些都是需要公民掌握的民主知识，形成对民主的理性认知，并在此基础上，增强民主制度的认同。民主态度，是在民主认知基础上形成的关于民主和民主自身的情感、态度和价值观，是民主行为的动力。民主公民不仅知民主，而且信民主，对于民主具有坚定的信念，具有民主本身的行为态度。民主能力是指公民参与公共事务，在公共交往中表现出来的能力，包括公民的理性表达能力、沟通交流能力、对话协商能力和批判思维能力和公共参与能力等。公民的民主能力是公民行为的保证。公民的行为是指公民对公共生活的参与、维护公共利益的行为，包括民主政治参与、社会公共事务的参与、公益事业和志愿服务参与等。

（四）协商

主体性反映的是主体对客体的支配和占有，在这种理念下，统治阶级通过强权把自己的意志强加给人民。主体间性是主体与主体之间平等的合作关系。多元的差异主体之间，如何能够达成一种合作，不是依靠统治阶级的强权，而是通过差异主体之间的协商。协商以个人主体为前提，承认差异和利益冲突的存在，通过协商的机制，化解主体间的利益冲突，达成一种共识，建立社会共同的准则。罗尔斯在《政治自由主义》中提出的"重叠共识"就是解决"一个由自由而平等的公民——他们因各种尽管互不相容但却合乎理性的宗教、哲学和道德学说而产生了深刻的分化——所组成的稳定而正义的社会怎样才能长治久安"① 的问题，"重叠共识"是使持有不同的完备性学说的公民对已经建立的原则达成稳定而持久的承诺的方法。重叠共识，是自由民主社会稳定和统一的基础。

习近平总书记在 2014 年全国政协成立 65 周年大会上提出："有事好商量，众人的事情由众人商量，是人民民主的真谛"②。协商是民主社会的一种合作机制，是两个及以上主体以语言为中介，通过充分的交流、对话、讨论，在各自利益妥协的基础上达成共识。公民协商需要相应的品质：第一，公民要有表达的权利和机会，有对自己意志和利益诉求的充分表达，"广开言路、博采众谋"；第二，尊重每个公民的想法，公民之间平等交流，求同存异，"寻求最大公约数，画出最大同心圆"；第三，公民要学会利益的妥协和心理的宽容，尤其是能够接纳不同的意见，能够听取不同的声音，包括反对的意见；第四，追求公共理性和交往理性，这是协商得以和谐、有序、公平、公正进行的保障，也是协商的独特优势。

（五）正义

正义是社会追求的核心目标。罗尔斯指出，"正义的主要问题是社会的基本结构，或更准确地说，是社会主要制度分配基本权利和义务，决定由社会合作产生的利益之划分的方式。"③ 正义是用来分配公民的基本权利和义务、划分由社会合作产生的利益和负担的主要

---

① 孙莹：《罗尔斯"重叠共识"理念的逻辑起点、内涵与践行》，《求索》2014年第 8 期。

② 习近平：《在庆祝中国人民政治协商会议成立 65 周年大会上的讲话》，人民出版社 2014 年版，第 13 页。

③ ［美］约翰·罗尔斯：《正义论》，何怀宏、何包钢等译，中国社会科学出版社 1988 年版，第 7 页。

制度。在罗尔斯的正义论思想中，有两个前提：一是每个人都是自私的，二是社会资源处于中等的匮乏。在资源中等匮乏的情况下，自私的本性驱使每个人都想多占有资源，因此，唯一的办法是设计一种制度，这种制度能够公平地分配资源。所以，作为社会资源分配的一种制度，公正要有利于每个人，是有条件的互利正义。公正感来自人类社会合作中产生互惠性，它指公民能够按照"得其应得"的原则，不偏不倚地要求自己、对待别人，既不过，也无不及。基于人性利己的公正，是一种合理的利己主义，追求的是公民的合理利益，因此，为了个人的利益，公正就会表现得斤斤计较，缺少一种无私奉献和对他人的责任。如果人与人之间充满着仁慈和爱，正义将失去用武之地。只有缺少仁爱、责任这种高贵的美德时，正义才能存在。所以，作为公民的品格，公正是有局限性的。越关注公正，越缺少爱与责任。[①] 因此，我们既要追求互利公平的正义，又追求超越公平的仁爱德性。[②]

（六）契约

契约是人对人之间的公共约定。契约和契约意识诞生于现代社会的市场交换。作为市场交换的主体，为了获取自己的利益，主体之间就需要一个约定。契约是在个人主体的基础上，双方基于共同利益而协商的约定。"契约强调的是平等、理性、尊重个性和共同体的权益以及对游戏规则的尊重，强调生活方式的自主性、个人中心性、异质性和多元化等"[③]。从传统到现代社会，人们的交往方式从身份关系到

---

① 冯建军：《公民正义感及其超越：公民教育的双重任务》，《教育学报》2014年第 6 期。

② 郝文武：《教育的公平正义与超公平正义》，《教育研究》2019 年第 12 期。

③ 扈中平等：《教育人学论纲》，高等教育出版社 2015 年版，第 232 页。

契约关系。现代社会，契约广泛运用于社会交往生活，成为现代社会根本的交往规则。

　　主体间的公民关系不是熟人关系，而是陌生人关系，维护公民关系的不是等级、人情，甚至也不是仁爱，而是规则、契约，是人与人之间平等的约定。契约是公民交往的方式，契约精神应该成为公民必备的一种品格。作为公民品格的契约，是指公民在公共生活中主动遵守契约、自愿为契约所约束的意识观念。对于公民来说，缔约自愿，守约自觉，违约负责。所谓缔约自愿，也就是说，契约是当事人不受外力干预，民主协商，自由选择的合意结果。黑格尔说："契约以当事人双方互认为人和所有人为前提"①，契约各方享有平等的权利和义务。缔约自愿，反映缔结契约主体的自由意志和双方地位的平等。守约自觉，是指契约一经达成，双方必须自觉遵守。契约是共同的约定，约定后的契约，对于双方来说，都具有相应的约束效力，必须自觉遵守，履行相应的责任和义务。契约信守精神是契约精神的核心，也是契约从外在规定上升为内在精神的伦理基础。契约精神虽然倡导信守契约，但对于违约者必须进行惩罚，对损失者进行赔偿或救济。

（七）法治

　　在国家层面上，法治是公民与国家之间的法律约定。因此，法治是契约的高级阶段，契约精神是法治意识的前提，也是公民守法的心理基础。法制与法治不同，法制是指一个国家的法律制度，法治是一个国家依法治国的方式。现代国家都有法制，未必都依法治国。中国传统的封建宗法社会，道德规范具有绝对的至上性，在某

---

　　① ［英］黑格尔：《法哲学原理》，范扬、张企泰译，商务印书馆 1961 年版，第 80 页。

些方面甚至超越国家法律。新中国成立以来，我们不断健全法制体系，党的十八大明确提出，法治是中国共产党治国理政的基本方式；党的十九大提出，坚持全面依法治国；党的二十大提出，推进法治中国建设。

依法治国不仅要完善法律体系，更要涵养公民的法治意识。法律要发挥作用，真正地实现依法治国，公民就必须遵纪守法，具有法律的意识。如果没有对法律敬畏和遵守，有法不依，就不可能建成法治社会。因此，一定要引导公民具有法治意识，树立宪法法律至上，法律面前人人平等的法治信仰，明确社会主义法治国家的基本要求，做到知法、守法、懂法，并合理用法，具有法治思维，养成依法办事、依法行使权利、依法履行义务的习惯，把法制的外在规定内化为行为准则，积极主动地遵守宪法法律，运用法治手段解决社会冲突，保护自身和他人合法权益，做社会主义法治的忠实崇尚者、自觉遵守者和坚定捍卫者。

（八）尊重

自尊是公民作为个人主体的特征，但公民如何获得自尊？民主社会公民的自尊，不是自负，是公民主体间彼此的尊重。主体间的共在性，使每个人不仅生活在自我世界中，也生活在他人世界，尤其是个人的自尊，不是孤芳自赏，而是源于他人对自己的尊重。人的内心里都渴望得到他人的尊重，健康的自尊来自别人对他的尊敬，只有尊重他人，才能获得别人的尊重，实现自尊。所以，自尊和尊重他人是不可分离的，尊重是相互的，是尊重与被尊重的统一，具有对等性。没有对他人的尊重，也不可能获得自尊。所以，获得自尊首先要学会尊重他人。

传统等级社会，被统治者慑于权力对统治阶级的尊重，是虚假的尊重。真正的尊重是人与人之间平等的尊重。这种尊重源于人性的普遍性和平等性。作为人，每个人都有平等的人格和尊严，这是尊重的人性基础。尊重就是对人的人格和尊严的"认可"和"尊敬"，是把他人作为与自己同样的人，而不是作为非人、次等人。公民的主体间性，主张每个公民都是平等公民，而不是二等公民。因此，尊重是公民之间相处的基本态度。"在公民的一般人际交往中，获得尊重是公民的权利，尊重他人则是每一个公民义不容辞的义务，公民间的相互尊重是权利和义务的统一"。①

（九）诚信

中华民族把诚信作为人之所以成为人的基本美德，人无信不立，"言必信，行必果，硁硁然小人哉！"（《论语·子路》）所以，诚信是公民公共生活的基本要求。现代社会公民间的关系，是一种陌生人间的契约关系，契约关系更是把诚信作为最重要的个人品质加以强调。若没有诚信，公民生活于其中的市场经济就会陷入不可克服的混乱。

诚信，是诚与信的组合，"诚"为内心的自觉，"信"是外在的行为表现。"诚"是"信"的前提，内心不"诚"，就不会有外在的"信"。诚即诚实，一个人说真话，不违心即为诚实。所以，诚包括着真实、顺从内心、诚恳。由于受到各种环境的制约，尤其是在外部条件与自己内心的想法不一致时，直接表达自己的真实想法，可能要付出代价。这时，一个人就会故意粉饰自己的意图，不真实地表达自己的意思。诚实要求忠于自己，不因畏惧代价去歪曲自己，去做真人，说真话。但真话不是随便乱说，真话是真实的话，真实不仅是自己内心的表达，也是"真实"地反映了事物的特征，不是对事物的歪曲。信是信守、信任、信用，一个人的真诚，不仅表现于内心，还要外显为行

---

① 夏澍耘：《论公民的尊重教育》，《伦理学研究》2005 年第 4 期。

动，所谓"言必信，行必果"，就是说话一定信守诺言、做事一定办到，讲究信用，受人信任，这是诚信的外在体现。诚信是对公民个体的要求，没有诚信，就不可能有公民之间的信赖。因此，诚信是公民之间信赖的基础和前提。

（十）信赖

在日常生活中，信赖运用较多，但作为公民的道德品质，信赖的讨论较少。帕特丽夏·怀特在《公民品德与公共教育》中，把信赖作为公民的重要品质，"它是支撑所有可以想象到的人类生活形式的基础"，"在民主社会中可以发挥一种非常特殊的作用"。[①] 信赖有对制度的信赖和对个人的信赖。主体间性视野下的信赖，主要讨论公民个人之间的信赖，个人的信赖也包括两个方面：信赖别人和被别人信赖。当我们信赖别人或被别人信赖时，才可能考虑与他人开展合作。如果一个人不值得信赖，也不可能合作。

信赖是两个或以上主体经过一段长时间的相处后，对彼此的一种信任和依赖。一个值得信赖的人，你可以向他袒露心迹，分享快乐和烦恼。信赖超越了一般的主体间的利益平等关系，而进入感情交流层面。但信赖不完全受情感支配，信赖的前提是建立在对他人信任的基础上。一个人是否信任别人，是理性的判断，比如说，对他人人品的考察，他人是否待人友善、忠诚，与自己的价值观是否一致，等等。这种考察是长期的、理性的，短时间作出的信任判断，可能受某一事情的干扰，可能会上当受骗。在信任基础上的依赖，就是信赖。但信赖不是放弃自我的独立性，防止过度、盲目的信赖，完全依赖别人，容易导致被他人所操纵。信赖是主体之间良好的信任与合作关系，是

---

① ［英］帕特丽夏·怀特：《公民品德与公共教育》，朱红文译，教育科学出版社 1998 年版，第 68 页。

人与人之间充分的交流和情感的共享。

（十一）正派

公民之间要尊重，尊重是对别人人格的正面的、积极的肯定。尊重他人当然是最好的，如果做不到尊重，起码要做到不羞辱，这就是正派的最低要求。"正派"是耶路撒冷希伯来大学哲学教授马格利特（A.Margalit）提出的一个概念，他在《正派社会》开篇说道："羞辱是制度造成的一些行为或境况使个人尊严（自尊）受到伤害"，马格利特特别强调制度对公民的"羞辱"，羞辱是对人格尊严的侮辱，它"把人不当人，当成物、机器、动物，或者是当作次等人"，没有人格尊严。羞辱是对公民人格的伤害，它伤害着人的尊严，远比物质利益不正义分配对人的伤害更大。马格利特认为，正派比正义重要，因为正义关注的是基本权利和物质利益的分配，正派关注的是社会排斥和心理伤害，尤其是对社会弱势群体的排斥和伤害。正派具有优先性，一切社会都应该是正派的社会。正派社会是制度不羞辱人的社会。"正派社会的理想虽低调，但要求却并不低，因为只要你去留心，生活中处处都有羞辱。既然羞辱渗透在我们生活的每一个领域之中，要做到不羞辱，它本身就已经是一个很高的要求"。[①]

公民是平等的，不仅表现在权利、利益上，更表现在人格尊严上。公民之间是以契约维持的民主关系。民主制度不仅意味着不羞辱人的自尊，保护人的尊严，而且意味着每一个人的人格都是平等的，平等对待每一个，尤其是不歧视每一个异己的人。正派是对公民负面行为的最低要求，正因为是底线，也是首要的要求。一个公民只有做到"不羞辱""不歧视"，才能把人当作人，友善地对待非亲密的陌生人。

---

① 应奇：《当代政治哲学名著导读》，江苏人民出版社2010年版，第422页。

（十二）宽容

主体间性既要保持个体的独立，又要维护主体间的和谐关系。独立的个体，即真实的个体，他们具有独特的见解、独立的思想。公民之间是平等的，不能以任何理由压制个人的独立思想，因此，个体之间的差异，乃至对立都是存在的。具有差异性的独立个体，维护他们的和谐关系，只能诉诸宽容与理解。缺少宽容和理解，个体的差别性、多样性乃至对立性根本就没有生存的空间。

什么是宽容？《大不列颠百科全书》的解释是："容许别人有行动和判断的自由，对不同于自己或传统观点的见解的耐心公正的容忍。"[1]《布莱克维尔政治学百科全书》的解释是："一个人虽然具有必要的权利和知识，但是对自己不赞成的行为也不进行阻止、妨碍或干涉的审慎选择。所谓不赞同既可以是道义上的，也可以是与道义无关的（即不喜欢）。宽容要求做出正确的、给不同意见留有余地的判断。"[2]宽容的核心在于宽容异己。这样说好像某人是正宗的，其他人是异己的，宽容就是对异己者的同情，甚至是怜悯。正是在这个意义上，有人说宽容是美德。实际上，在主体间关系中，每个人都有平等的，宽容由平等性的内在要求衍生而来的"推己及人"，体现为对其他公民个体的独特性、差异性以及隐私性的认可。[3]宽容不是异己，而是对不同主体的尊重，是差异主体寻求的一种平等。对差异主体而言，没有宽容，就没有平等。所以，不是因为一个人对另一个人的宽容而具有美德，宽容是差异主体平等共处的方式，是每个主体在交往中必须具有的态度。

---

[1]　贺来：《宽容意识》，吉林教育出版社 2001 年版，第 1 页。

[2]　贺来：《宽容意识》，吉林教育出版社 2001 年版，第 2 页。

[3]　夏澍耘：《论公民的尊重教育》，《伦理学研究》2005 年第 4 期。

四、主体间性公民品格培育

主体间性是公民公共性的体现，一定意义上说，主体间性是公共性的底线。因为主体间性保证了公民之间的平等，反映了公民之间一种利益互惠关系、一种非人格化的契约关系。公民的主体间性在强调平等互利和契约式交往时，弱化了公民之间的道德关怀和无私的奉献。超越公民主体间性，使公民社会充满着道德关怀和温情，这是公民他者性的要求。这里只基于主体间性，讨论公民主体间性的教育。

（一）培养契约精神：公民主体间性教育的重点

公民的主体间性建立在个体利益基础上，主体间性需要用制度来约束个人的自我利益，因此，必须借助于公共契约和制度。契约和制度是外在的，契约和制度的实施根本还在于公民的契约精神。契约精神是公民主体间性的基本品格，也是建立良序公民社会[①]的关键。

人的社会性决定了人必须依靠交往而存在。但交往有不同的形式。亚里士多德早就关注到两种交往形式：一种是家庭私人生活中的私人交往，另一种是城邦政治生活中的公共交往。亚里士多德认为，私人交往体现的是家庭成员之间的友爱、温情、关怀；公共交往追求城邦的正义和秩序。私人交往之间是熟人的关系，公共交往之间是陌生人的关系。私人交往形成的是差序格局的人情社会，公共交往形成的是理性的契约社会。契约是一种主体间关系，是双方经过协商达成的公共约定。契约最初形成于商品交换之中。商品交换是天生的平等派，"他们是作为自由的、在法律上平等的人缔结契约的。契约是他

---

① 这里的公民社会，不是指与政治社会、经济社会分离意义上的特定的公民社会，而泛指以公民为主体要素构成的社会。

们的意志借以得到共同法律表现的最后的结果。"① 现代社会，契约已远远超出了商品交换的范畴，广泛运用于政治、经济、文化和日常生活交往中，成为现代社会生活中重要的交往方式。正因为契约在社会生活中的普遍运用，促使"身份"社会转变为"契约"社会。我国传统社会是熟人社会，维系社会关系主要靠伦理道德，契约意识相对淡漠，因此，传统社会是一个"人情味"浓厚的伦理社会，容易滋生"情权关系"。传统社会，只有臣民而无公民，是人治社会。现代社会的转型，从熟人社会到陌生人社会，从人治到法治，维持社会关系的不是等级伦理和差序格局，而是陌生人之间理性的契约关系。公民意识从传统身份等级意识中解放出来，在平等理性关系中打开，在社会生活中呈现其公共性。

公民生活是公共生活，公民公共交往遵循的是契约。契约是公民公共交往的外在法则。但"如果一个规则体系强加于什么人，那么，就必须有足够的成员自愿接受它；没有他们的自愿合作，这种创制的权威、法律和政府的强制力就不能建立起来"。② 公民若缺少契约精神，契约只不过是毫无约束力的一纸空文。所以，依赖契约维持的公民社会，最终还有赖于公民契约精神的养成。培育公民契约精神，是公民进行公共交往，构建公共生活，建设公民社会的内在要求。

契约是主体间在平等、自由、公平、合理前提下的相互约定，它规范和约束着每个人的行为。契约精神是关于契约的认知、意识和对契约的尊重、遵守，它体现着契约双方的主体间性，主要表现为：第一，自由选择。契约是当事人不受干预和强迫而自由选择的结果。契约是契约双方或多方的自由选择、自愿签订，是他们自由协商的结

---

① 《资本论》第 1 卷，人民出版社 1975 年版，第 199 页。

② ［英］H.L.A·哈特：《法律的概念》，张文显译，中国大百科全书出版社1996 年版，第 151 页。

果。一方支配另一方的不平等规定不是契约，契约一定是双方平等的。第二，理性协商。契约是在个人利益基础上，就公共利益的达成开展理性协商的结果。在协商中，双方会将一些利益让给对方，通过利益的博弈、妥协，达成双方都较为满意的约定。第三，权责对等。公平交换是契约精神的基本要求。在契约关系中，个人在享受权利的同时也承担着对对方的责任，它以契约双方权利义务的对等性确保主体间的平等。第四，遵守约定。契约是一种公共约定。契约双方可以事前协商约定的内容，一旦签订了契约，契约就具有内在约束力和外在强制力，具有了约束性和强制性，违约将自负。第五，法治意识。法律也是一种契约，是一种约束性更强的契约。公民对法的信仰与自觉遵从是法治的基本要求。所以，法治意识就是要使公民树立法律至上、法律面前人人平等的法治信仰，具有法治思维和法治判断力，养成依法办事、依法行使权利、依法履行义务的习惯，把法律的外在约束内化为法治的素养，做到有法必依、守法自觉。第六，信守承诺。契约精神和法治意识的最高境界不是外在强制，而是逐渐消解强制，实现对契约和法治的自我约束和内在自觉，使由契约规定的交往转变为理性自觉的交往。为此，公民必须做到诚实守信、信守承诺。

培育公民的契约精神，要坚持教育引导、实践养成和制度保障相结合。学校作为专门的教育机构，要将契约精神纳入专门的公民教育之中，在学校公共生活中，引导学生践行公共规则，遵循公共约定。在社会生活中，引导学生遵纪守法，遵守公共规则和公共伦理道德。要建立健全公共约定，使社会生活处处有规可循、有法可依。在建设契约社会、法治社会中，践行公共约定和法治，养成契约精神和法治意识，引导公民尊法守法用法。

（二）公共交往：公民主体间性教育的实践机制

主体间性是在主体在交往活动中表现出来的一种关系特征，交往是主体间性生成的内部机制。对于什么是交往，西方思想家与马克思主义的认识有所不同。西方的交往行为理论以哈贝马斯为代表。哈贝马斯认为，"交往行为是主体之间通过语言或非语言符号进行交流的活动，遵循一定的规范，通过对话达到主体之间的相互理解，达到理解的目标是导向某种认同。"① 依据哈贝马斯的交往定义，交往是"主体—主体"的关系模式，是主体间以语言、符号为中介，通过对话进行知识、情感、观念、信息的交流，形成相互"理解"与"共识"的行为。在"主体—主体"的关系模式中，主体间性就表现为主体间的主观性，是认识论和意识论意义上的主体间性。马克思主义认为，交往是社会实践活动，包括物质生产和在物质生产中结成的社会交往，是主体之间物质的和精神的相互作用。因此，交往是"主体—客体—主体"的关系模式。在这一关系模式中，"主体—主体"是交往实践的一个环节，"主体—主体"（交往）与"主体—客体"（对象化活动）共同构成了交往实践。马克思的交往实践使主体间性摆脱了主观性和抽象性，具有历史性和现实性。马克思提出的人类社会的发展阶段，从人的依赖关系的群体主体到以物的依赖性为基础的个人主体，再到自由个性的类主体，就是人类交往的范围不断扩大、交往性质更加自由、交往程度更加充分的发展过程。主体间性作为公民的一种特征，是人类发展走出单子式个人主体的异化，朝向类主体发展的一个过渡阶段。

交往是主体间性的生成机制，公共交往是公民主体间性的生成机制。公民只有在公共交往中，才能形成主体间性的品格。公民教育实践就是依据公共交往的机制，组织和开展公民公共交往的过程。

第一，公共交往是无差别的、对等的交往。

---

① ［德］尤尔根·哈贝马斯：《交往与社会进化》，张博树译，重庆出版社1989年版，第3页。

私人生活的交往与公共生活的交往不同。私人生活中，个体基于血缘和亲缘关系被赋予了特定的伦理角色，个体作为特定的伦理角色进行交往，父子关系、夫妻关系就是如此。传统社会"父为子纲""夫为妻纲"，父与子、夫与妻之间是主从关系。现代社会，这种主从关系虽然不存在了，但父子、夫妻间的交往还是一种私人的亲情交往。私人交往中，对有亲情关系和非亲非故的人，是不同的，这就是费孝通所说的"差序格局"。但公民的生活是一种公共生活，公民的交往是公共交往。公民在公共生活中，不是以私人生活的角色出现的，而是以平等的公民身份出现的。所谓平等，就是无差别的。每个人都作为独立的交往主体，公民交往是对等的。所谓对等，就是互利互惠、礼尚往来。对于公民来说，不可能只奉献，不要个人利益；也不能只索取个人利益，不对他人和社会奉献。公民的权利和义务是对等的，当获得一定权利之时，必须对他人承担对等的义务。只有每个公民对他人承担平等的义务，才能形成主体间的合作关系，才会对"我们"责任。

第二，公共交往是基于公共伦理和公共理性的交往。

私人的血缘和亲缘关系，使私人交往基于天然的情感，重视的是人际交情，充满"人情味"，形成"小圈子"。"在公共生活中，当人们为了一己私利而拉关系、攀交情时，就必定会导致与'公德心'的严重对峙与冲突"[1]。这就是梁启超在1902年发表的《论公德》中作出的判断：中国传统社会重私德，公德阙如。他所谓的私德不是个人主体的道德，是私人生活的道德。公德是公共生活的道德，是社会的公共伦理。公民的公共交往不能由私人情感、个人的好恶来决定，必须超越私人的情感和人情关系，把所有的人都视为无差别的陌生人，不管其身份、地位如何，不管他与你的私人关系如何，不管你是否喜

---

① 程立涛：《中国社会"人情味"与"公德心"的冲突及其消解论析》，《理论导刊》2019年第6期。

欢他，都必须一视同仁、平等对待。"公共伦理的一个基本准则就是，即使对方与你没有任何的血缘关系、亲缘关系或者情感关系，你也依然必须把对方当作一个平等的公民来对待，必须充分考虑对方的公民权利。"[①] 公民之间的交往摆脱了个人的情感、利益和偏好，遵循的不是私人性情感和人际，而是普遍性的公共伦理。交往凭借的不是个人的主观偏好，而是公共理性和公共约定（契约）。公共理性保持了对公共秩序的尊重，对公共约定和法治的自觉遵循，但只基于公共理性的陌生人的交往，也可能带来道德风险，这也是公共理性交往的局限性所在。

第三，公共交往是民主协商与平等对话的过程。

民主协商和平等对话，是公民公共交往和公共生活的实践路径。阿伦特指出："存在于人类共同体中并为人类共同体所必需的活动中，只有两种被看作是政治的，并构成亚里士多德所谓的'政治生活'，即行动（praxis）和言说（lexis）"。[②] 阿伦特说的"行动"和"言说"，就是公民在政治生活中协商与对话。"言说和行动则是同时发生和同等重要的，属于同一层次同一类型。"[③] 言说不是作为协商的工具，言说与对话都是公民参与公共政治生活的手段。因为公民作为独立的、平等的主体，在公共生活中形成一种合作共在关系，依靠的不是强制和暴力，而是公民之间的理性协商和平等对话。

2014 年，习近平总书记在全国政协成立 65 周年大会讲话中指出：

---

① 叶飞：《公共交往与学校公民教育的实践建构》，《华东师范大学学报》（教育科学版）2012 年第 3 期。

② ［美］汉娜·阿伦特：《人的境况》，王寅丽译，上海人民出版社 2009 年版，第 16 页。

③ ［美］汉娜·阿伦特：《人的境况》，王寅丽译，上海人民出版社 2009 年版，第 16 页。

"我们要坚持有事多商量，遇事多商量，做事多商量，商量得越多越深入越好……推进社会主义协商民主广泛多层制度化发展。"[①] 协商民主克服以合计选票为中心的选举民主的缺陷，它以尊重公民个人的权利、人格为前提，每个人都有充分表达自己意见和心声，公民之间通过交流、对话、协商，求同存异，"寻求最大公约数，画出最大同心圆"。协商民主用"公共讨论—对话"替代"私人投票—选举"[②]，协商过程是公民民主参与的过程，每个公民作为理性主体，积极参与公共政治生活，关注公共事务，通过理性的思考、对话、批判，形成自己对于公共事务的看法，为实现公共利益和公共价值出谋划策。政府要建立民主协商机制，"广开言路、博采众谋"，听取不同的意见，最大限度地反映公民的意愿，吸收公民智慧，使共同体的建设成为公民共同的责任。

公民参与政治生活的过程，是公民言语对话的过程。亚里士多德把"人是政治的存在"与"人是能言说的存在"看作是一体的，就因为公民的政治参与依靠的是言说。在阿伦特看来，政治参与不仅要借助言说，而且"在恰当的时刻找到恰当的言辞本身就是行动"。[③] 哈贝马斯更是把交往行为等于言语交往，他提出了言语交往的四个条件：一是表达的可理解性，二是言说或呈现的客观世界是真实的，三是设计的社会规则是正当的，四是表达是真诚或热情的。[④] 哈贝马斯

---

① 习近平：《在庆祝中国人民政治协商会议成立 65 周年大会上的讲话》，人民出版社 2014 年版，第 13 页。

② 肖滨：《让公民直面"respublica"——当代共和主义塑造积极公民的战略性选择》，《南京大学学报》（哲学·人文·社会科学版）2006 年第 6 期。

③ ［美］汉娜·阿伦特：《人的境况》，王寅丽译，上海人民出版社 2009 年版，第 16 页。

④ ［德］尤尔根·哈贝马斯：《交往与社会进化》，张博树译，重庆出版社 1989 年版，第 2—3 页。

的言语交往是通过平等的对话交流，形成人与人之间的可理解性和思想共识。公民交往无论是借助于言语，还是把言语本身作为交往，公民的话语在交往中都应该具有平等的地位。一方面是不能剥夺公民话语权利，公民具有言论自由。另一方面，公共话语不能成为一个人的"独白"和话语霸权，只能是通过平等对话而形成"公共话语"，寻求思想共识。

协商和对话是公民公共交往的两种重要方式。学校作为公共教育机构，必须按照公共交往的要求，为学生创造公共生活中协商与对话的机会与条件，比如组织模拟法庭、模拟联合国、模拟政协，开展学校的民主管理，吸引学生参与到学校重大问题的讨论和决策当中，激励他们积极参加班级、学校和社团的公共生活，开展学生社团自治、协商民主和志愿者服务。把课堂变为师生对话的重要场所，开展课堂研讨、对话、交流，建立对话性教学关系，构建对话课堂。学校还可以借助于公共媒介，组织沙龙、辩论赛、读书会、演出会，出版报纸、刊物和微信、微博交流和推送，组织他们开展对话、讨论、论辩、妥协，在这个过程中，学会理性表达、学会协商、学会对话，学会尊重、理解和宽容，具备公共理性、协商意识和合作能力等公民品格。

（三）正义的制度：公民主体间性教育的社会保障

公民主体间性，既靠教育的引导和道德的自觉，也要靠外在的约束和制度的保障。如果仅靠道德和觉悟，那是不现实的。公民主体间的互惠性和公正性，决定了正义是对公民主体间制度的基本价值诉求，正如罗尔斯所说，"正义是社会制度的首要价值"[①]。公民社会的

[①] ［美］约翰·罗尔斯：《正义论》，何怀宏、何包钢等译，中国社会科学出版社 1988 年版，第 1 页。

制度必须建立在正义的基础上，只有正义的制度，才能保证公民作为平等的社会成员，开展交往合作，形成公民平等互惠的社会关系。

第一，以分配正义构建公平的分配制度。

罗尔斯的正义论关注的是社会物品的分配。分配首先需要问以什么价值取向进行分配？罗尔斯的答案是"作为公平的正义"（justice as fairness）。他把正义的一般观念确定为："所有的社会价值——自由和机会、收入和财富、自尊的基础——都要平等地分配，除非对其中的一种价值或所有价值的一种不平等分配合乎每一个的利益。"[1] 据此，他提出了三大分配原则：自由权利的平等原则、机会的平等原则和差别原则（适合于最少受惠者的最大利益）。罗尔斯不仅追求自由和机会的形式平等，而且追求结果的实质平等。为了结果的实质平等，罗尔斯不惜以牺牲优势群体的利益为代价。诺齐克反对罗尔斯的差别原则对优势群体利益的牺牲，他提出了"持有的正义"，即"如果每一个人对分配中所拥有的持有都是有资格的，那么这种分配就是正义的"[2]。也就是说，凡是一个人有资格（能力）拥有的东西，对拥有者来说都是正义的，除非这个人愿意转让，否则，他人无权占有其持有物。诺齐克站在个人立场上，捍卫个人权利及其持有，他把"不侵犯个人自我所有权"作为道德的边际约束。分配正义既涉及每个人的自我所有权，又涉及每个人可分享的社会公共资源。每个人的自我所有权应该得到保护，但不是他享有应得的社会公共资源的基础。社会应得的基础是人在共同体中享有的成员资格，[3] 这种资格取决于他

---

① ［美］约翰·罗尔斯：《正义论》，何怀宏、何包钢等译，中国社会科学出版社1988年版，第62页。

② ［美］罗伯特·诺齐克：《无政府、国家和乌托邦》，姚大志译，中国社会科学出版社1988年版，第181页。

③ 张国清：《分配正义与社会应得》，《中国社会科学》2015年第5期。

在社会中的地位和对社会的贡献。所以，分配正义既全面保护每个人的自我所有权，又主张每个人平等地享有基本的公共资源，公平地分配社会资源。教育作为一种社会公共物品，分配正义关注教育权利和资源的公平享有，从起点、过程和结果保证每个人平等地享有发展的权利、机会和基本的公共资源。

分配正义是正义的核心理念，但分配正义在关注社会物品分配的同时，却忽略了社会关系、人格尊严对正义的影响。针对分配正义的缺陷，20世纪90年代，出现了承认正义（recognition as justice），它关注文化、身份、尊严、资格等不可分配的资源。"分配正义和承认正义不是谁取代谁的问题，而是相互补充，分工合作，共同构成社会正义的两个重要维度"[①]。

第二，以承认正义构建不羞辱的正派制度。

分配正义关注物质利益的分配，承认正义指向人与人之间的社会—心理关系，使人与人在社会—心理关系中得到平等的尊重、自尊。承认正义关注人的尊严。尊严是做人的核心，失去了尊严也就是失去了做人的资格。在这个意义上，"承认是比物质资源的再分配更为重要，且更为根本的问题"[②]。即便是实现了物质分配的正义，但可能依然存在着对某些公民的种族歧视、偏见和人格污名化，人格的羞辱比物质的不平等分配使他们更受伤害，因为他们剥夺了做人的资格和公民平等的权利。承认正义注重的不是物品的平等分配，而是对人格和尊严的尊敬和认可，避免对人格的羞辱或蔑视，伤害人格尊严。主体间性是在个体之间平等基础上心理的相互承认、认同。没有对人

---

① 冯建军：《后均衡化时代的教育正义：从关注"分配"到关注"承认"》，《教育研究》2016年第4期。

② 贾可卿：《作为正义的承认——霍耐特承认理论述评》，《浙江社会科学》2013年第10期。

格的承认，就没有心理上的主体间性。

对人格和尊严的崇敬和认可，过一种有尊严的公共生活，是公民社会的理想。公民为此而斗争，斗争是公民为争取"承认"而斗争。对于实际而言，消除社会承认不正义比追求理想的正义更具有现实性。承认正义首先要消除社会制度中存在的羞辱和蔑视。羞辱就是不把人当作人或者当作二等人。康德讲，人是目的，是指每个人都是目的，不是有的人是目的，有的人是手段。康德所说的人永远是目的，永不把别人做手段，就是公民主体间性的基本要求。所以，承认正义，先从不羞辱做起。不让制度歧视每一个人，不伤害每一个人的自尊和人格，这是正派的社会制度。"在正义社会里，每个人都会积极为别人设身处地着想，更努力去实现一种大致的公平和公正。在正派的社会里，人们相互避免，尤其是要求他们的社会制度避免对任何人造成物质和非物质的伤害。在一个正派的社会里，人们重视一切制度伤害的严重性"①。正派是正义的前提，正义的社会首先需要是正派的。和正义社会相比，正派的社会看似不高的要求，却是一个极为重要、更为现实的目标。所以，建设一个人人有尊严的公民社会，先从不羞辱人的正派社会制度做起，从公民公共生活的小处做起，才能朝着正义的理想社会前进。

---

① 徐贲：《通往尊严的公共生活》，新星出版社 2009 年版，第 21 页。

第四章　他者性公民品格及其培育

　　现代公民身份以自由、权利、理性、平等为核心内涵，权利平等、公平正义、民主法治等社会价值日渐深入人心，成为现代社会的基本价值追求。现代公民身份和公民社会的这些价值追求，背后的核心是个人主体性，即个人主体意识、主体人格和对权利、自由的拥有。在人与人相处的社会中，个人如何保证自己的权利、自由，如何与其他人相安无事地竞争与合作，现代社会使用的策略是契约、制度和法治的约束，且契约、制度和法治以公平正义为价值预设。公民平等的权利和义务，公民社会的公平正义和民主法治，都是主体性对公民社会建设的理论贡献。然而，在对公民社会这些"好价值"推崇的背后，现代社会也出现了人与人之间关系的冷漠、道德关怀的消失和社会整体凝聚力下降等社会风险，造成了现代公民有理性而无情感、有规则而无道德、有自我而无他人、有平等而无奉献，现代社会成为一个靠制度和法治维系的陌生人社会。在这些现象的背后，更深层的原因是现代社会的主体同一性对他者异质性的抹杀。为此，走出现代社会的主体性困境，需要反思主体的同一性，建构面向他者的伦理思想。

一、对主体性的反思

　　公民是一个历史概念。古典共和主义公民观强调城邦共同体的利益，个人没有自己的利益，共同体代替了个人，把个人纳入共同体之中。换言之，公民只有共同体的"一"，没有个体的"多"。这在人类社会发展中对应"人的依赖关系"形态，在哲学发展史中对应本体论。

本体论哲学寻找万物何从何来，探讨世界的本原。尽管古代哲学家提出诸如"水""气""火"，柏拉图提出了理念论，亚里士多德提出了实体论，虽然各有不同，但归根结底都认为，世界的本原只有一个，万事万物都归为"一"，世界是同一的，是一个存在，永远不变。因此，本体论哲学也是同一论哲学。

近代哲学是认识论哲学，认识论肇始于笛卡尔的"我思故我在"。在笛卡尔看来，"在"存在于"我"之中，是"我"之"思"。笛卡尔的认识论打破了整体的"无我"存在，使世界由此变成"我""思"之存在。在现代性中，"我"为个人主体，"思"为理性主义。个人以理性为工具占有世界，占有他人。在公民发展中，个人主体的萌发，形成了近代以来占主导地位的自由主义公民观。在自由主义公民观看来，个人是主体，个人拥有不可侵犯的权利和自由，社会和国家应该保护个人的权利和自由。因此，自由主义公民观以个人主体为理论基石。

区别于古代本体论，笛卡尔的认识论打破了原始的整体的"同一性"，确立了"我"的绝对地位，使哲学建立在个人主体的基础上。从笛卡尔开始，主体就不可避免地与自我联系在一起，康德和费希特更是把自我绝对化、先验化，成为先验的自我主体。"人是万物之灵""人为自然立法"，人把自身建立为一切尺度的尺度。人作为绝对的主体，把他或它作为客体。主体性就是主体把自己投射到客体中，支配、征服和占有客体，使客体成为另一个"我"。所以，不同于本体论的同一性，主体性看似把主体与客体分离，但分离的客体没有成为他自己，而被主体所占有、征服，成为一个"他我"。主体占有、征服客体的目的，使把客体变成"我"，在占有中，主体完成了对客体的同一化，其目的在于一种绝对的同一，使客体成为自我意识发展过程中的一个环节，消灭了客体的独立存在。所以，列维纳斯（Emmanuel Levinas）评价西方哲学发展史，"以主体为中心的认识论整个儿就是一个唯我之学，即自我以外的一切都源出于自我、为了自我并为自我所决定"①。在这个意义上，主体性哲学也是一种追求同一的哲学，与本体论哲学殊途同归。

建立在个人主体性基础上的现代公民，把自己的权利、利益作为首位，把客体作为"我"征服、占有的对象，导致了人与人之间豺狼般的关系。反思个人主体性，20世纪中后期又出现了主体间性，变主体与客体的对立关系为主体与主体之间的平等关系。这先后有胡塞尔的认识论主体间性、海德格尔的存在论主体间性、哈贝马斯的交往主体间性、马丁·布伯的"我与你"的关系，等等。主体间性以主体性为前提，建立在主体性基础上，它改变了主体对待他者的姿态，从对立、占有关系转变为平等、共在关系。平等即对等，与我同样。"我与你"的对话，"我与你"的协商，"我与你"的平等，最终实现的是"我与你"的"同一"。现代公民建立在平等、公平、正义的基础上，主体间的关系是平等的契约关系，它以契约为保证，实现人与人之间基于自我利益的平等。

所以，列维纳斯在《总体与无限》一书中，把从巴门尼德到海德格尔的西方哲学都称为"同一"或"本体论"的哲学。同一性使人与人走向平等，为现代公民身份平等和社会的公平奠定了哲学基础，但主体的同一性也带来了问题。

第一，主体的同一性消解了个人的独特性和差异性。"所谓同一性，是指在主体与客体、主体与主体的关系之中，片面地用一方消解、还原另一方"。② 把交往中的人，视为与我一样的"复制的我"，以一种抽象的平等原则处理人与人之间的关系，把"我"与

---

① 李荣：《列维纳斯他者视阈中的伦理主体》，《学术研究》2011年第8期。

② 孙庆斌：《列维纳斯：为他人的伦理诉求》，黑龙江大学出版社2009年版，第63页。

"你"视为"同一","把他者还原为我，你与我是相同的，我与你是一种对称的平等关系"。[①] 这种同一性的平等，抹杀了人与人之间的差异。

第二，主体的同一性导致了总体性的暴力。同一性是以"我"为中心，"我"拥有绝对的权力，主宰和控制着"他"，使"他"同化、归顺于"我"，把"他"同一在"我"之中，把所有的"他"都还原为"我"，成为"我"的一种变异、"他我"（alter ego），他者同一于整体、同一于"我"之中，成为"我"对他者的暴力。列维纳斯指出，"本体论是一种权力哲学"[②]。现代社会中的殖民主义、霸权主义、帝国主义中所体现的那种单一的权力意志，在根源上就是以自我为中心的主体的"同一性"。

第三，主体间的利益互惠导致了现代社会道德冷漠。主体间以个人主体性为基础，没有改变个人主体的私己性。"每个人为另一个人服务，目的是为自己服务；每一个人都把另一个人当作自己的手段相互利用。"[③] 现代社会以契约和法律约束人的私利，保证人与人之间利益的平等。人与人之间的互利互惠，使得"人和人之间除了赤裸裸的利害关系，除了冷酷无情的'现金交易'，就再也没有别的任何关系了"，甚至"也撕下了罩在家庭关系上的温情脉脉的面纱，把这种关系变成了纯粹的金钱关系"[④]，丧失了维系个人之间关系的道德纽带，使现代社会成为一个陌生人社会，人际淡漠、道德冷漠成为一种普遍的社会常态，公民由此丧失了社会责任感和对他人的关心。

---

① 冯建军：《从主体间性、他者性到公共性》，《南京社会科学》2016年第9期。

② Levinas, *Totality and Infinity*, trans. by Alphonso Lingis, Duquesne University Press, 1969, p.46.

③ 《马克思恩格斯全集》第46卷（上），人民出版社1979年版，第196页。

④ 《马克思恩格斯选集》第1卷，人民出版社2012年版，第403页。

二、他者性的基本观点

（一）他者与非同一性

近代哲学，在处理我与他的关系上，都是使他成为我，实现我与他的同一化，掩盖了人与人之间的差异。实际上，每个人都是一个独特的人，他就是他，不是我，也不可能还原为我。列维纳斯批判本体论存在的"同一性"，认为他者超越于存在，突破了本体论的同一性，彻底改变了西方哲学的"同一"性。列维纳斯所要建立的是"一种异质性哲学、一种保留他者的独立性、他异性（alterity）的哲学"，真正地认识到他者的独特性、差异性，把他者当作他自己。

列维纳斯以"脸"（face）或"面"（visage）来表示一个人。"脸"是身上最具表达功能的部分，他者的一切都集中在"脸"上。我们通过"脸"认识一个人，如果这个人蒙住脸，我们则无法认识他。脸有经验意义上可见的部分，如五官等，还有不可见的部分。脸的变化不能仅仅通过五官认识，有时"脸不变心不跳"，可见的部分难以察看出脸的变化，因为脸有不可见性。天真无邪、阴险狡诈、宽厚仁慈、饱经风霜，这些对脸的形容，背后蕴含无限的人生意义。我们看到脸的面容，但看不到脸所饱含的丰富意义。"'脸'超出了'可见'的现象而指向某种'不可见'的东西"，脸包含的不可见的东西，列维纳斯称之为意义，"'脸就是意义'，'意义'通过'表达'（expression）来展示"①。

列维纳斯用脸来隐喻他者，表达了他者的两个特征：第一，他者绝对的差异性。脸是人独一无二的外显标识，代表绝对的"差异性"。他者在我之外，是在我之外的"绝对的他者"。我与他者的关系不是

① 孙向晨：《面对他者：列维纳斯哲学思想研究》，上海三联书店 2008 年版，第 144—145 页。

同一的，他人无法被我占有，不能还原为"我"。第二，他者超越存在，指向意义，具有无限性。脸的本质不在于可见的五官，而在于不可见的意义，是非经验的、不可认识的。因此，以脸为标志的他者，也不是一种经验意义上的存在，而是超越存在，指向具有无限性的意义。"无限性的观念是一种思想，在每一个环节上思想都超过对它的思想。一种超过它思想的思想就是欲望。欲望'测量'着无限的无限性"。[①]他者不是看得见的存在，而是一种具有无限性、不可认识的意义。

（二）我与他者非对称的伦理关系

近代以来主体的同一性，是一种以我为中心的对称性。这种对称关系，看似平等，但基于自我的主体间性，以自己为中心来要求他者，我对他者的付出必须要求有回报，而且要求回报必须是对等的，这才公平、公正。在市场经济中，公平、公正是人与人之间互利互惠的利益交换。互惠的前提把有利于自己放在前面，虽然在做事的过程中，也有利于他者，但那是利于自己的被动结果，不是主动所为。表现在公民行为中，公民享有权利，必须承担义务，权利与义务是对等的。权利是为自己的，义务是为他人的，且是被动为他人的。正因为义务是被动的，就出现了少数人只想要权利，而不想承担义务。因此，现代社会强调公民权利与义务于一身，人人平等。这也意味着，现代社会公民之间是对称性的互利互惠关系，每个人公民平等地处于"同一"规则之中。

传统伦理学以自我为出发点，"己所不欲勿施于人"，以自己的行为来界定与他人的关系——"我要求他人怎样"。列维纳斯质疑这种自我的伦理学，"把这种由他人的在场而对我的自发性提出质疑称

[①]　E.Levinas, *Collected Philosophical Paper*, The Hague: Martinus Nijhoff, 1987, p.56.

之为伦理学。"① 列维纳斯反对传统伦理指向自我，把他者作为伦理的出发点。他者的差异是绝对的，无法与我，也不能与我构成同一性关系。因此，我与他者是非同一的关系。我与他者的伦理关系，出发点不是我，不是我的要求，而是他、他的要求。我与他者的关系表现为我为这个在我之外的他者负责。"我对他或她的责任。那是原初的伦理关系……这无理由的责任类似于人质的状态，一直走向他者，而不需要互惠。这就是友爱和为他人赎罪这些观念的基础。"② 在列维纳斯看来，伦理关系是人与人之间的原初关系，先于其他任何关系。伦理性是人首要的关系属性。

列维纳斯指出，人的自在存在若只是一种生物性存在、物理存在，没有任何意义。真正的人，是一种社会存在、一种伦理存在。人类生存的一个基本事实是与他者相遇。当我与他者"面对面"相遇，他者的脸的显现隐含着一些征求、召唤的信息，对我发出了要求，我必须作出回应。"回应"（response）和"责任"（responsibility）的词根是相同的，回应他者的召唤，就是我的责任。③ 这种回应是单向的、非对称的，即只要求我回应他人，不要求他人也回应我。我对他者的伦理回应，也不是为了换取自己的利益，不求获得任何回馈，回应他者，为他者服务，就是我的责任。在他者先于我的非对称关系中，我被他者召唤，是被动的，但我回应召唤，承担责任，就又是主动的。

---

① Levinas, *Totality and Infinity*, trans. by Alphonso Lingis, Duquesne University Press, 1979, p.43.

② Emmanuel Levinas, *Outside the Subject*, The Athlone Press, 1993, pp.43-44. 转引自郭菁：《列维纳斯对布伯对称的主体间性的批判》，《人文杂志》2014 年第 11 期。

③ 顾红亮：《另一种主体性——列维纳斯的我他之辨与伦理学》，《天津社会科学》2005 年第 4 期。

列维纳斯所要重建的主体不是传统意义上的自我主体，而是一种伦理主体。一个人的主体性不在于他占有了多少、索取多少，而在于他奉献了多少，在于我的责任和我的付出。"唯有这种自愿的单向度的付出才是真正伦理关系的体现，而且是不对称的责任关系，也即不要求他对我负责，而是我为他人负责。"①

（三）"为他者"的责任主体

列维纳斯说："正是就他者与我的关系不是互惠的而言，我服从于（subjection to）他者，也正是在这个意义上，我成为本质上的主体（subject）。"② 他者性视域中的主体性，不是把"我"置于首位，而是把他者置于首位，他者优先于我。主体成立的基点不在于我，而在于他者。他者是主体建构的前提。对自己的限制，对他者呼唤的回应，是伦理关系的本质。所以，主体不是自我的利益主体，而是为他人负责的伦理主体。我与他者的关系不是同一的、对称的关系，而是非对称关系。"真正的善是我始终把他人看得比我自己重要"。③ 现代公民是一种利益对称关系，只有与权利对称的义务，缺少爱的情感与责任奉献。他者性的伦理关系，把他者放在首位，主体性表现为对他者的责任，而且是主动的、无限的责任。"从我到我自己终极的内在，在于时时刻刻都为所有的他人负责，我是所有他人的人质"④。责任的

---

① 赵灯峰、王习胜：《他者性：思想政治教育范式的伦理转向》，《广西社会科学》2019年第1期。

② E. Levinas, *Ethics and Infinity*, trans. by Richard A Cohen, Duquesne University Press, 1985, p.98.

③ Levinas, *Totality and Infinity*, trans. by Alphonso Lingis, Duquesne University Press, 1969, p.247.

④ ［法］埃马纽埃尔·勒维纳斯：《塔木德四讲》，关宝艳译，商务印书馆2002年版，第121页。

无限性，是指责任是终极的，不是暂时的；尽责是主动的，不是被迫的；责任不是暂时的，而是永远的。

传统主体表现为对客体的征服、占有和同一，把他者变为我，显示我作为主体的主动性、能动性和自足性。他者的主体性放弃主体的自我和占有，而是尊重他者，欢迎他者。他者对我提出伦理的要求，我必须回应他者，服从他者的要求，为他者负责。在传统主体性看来，主体为他者所牵制，是主体的被动性，但在他者性看来，为他者负责，生成了我的主体性，证明了我对他人的价值所在。马克思在《青年在选择职业时的考虑》中说，"如果我们选择了最能为人类福利而劳动的职业，那么，重担就不能把我们压倒，因为这是为大家而献身；那时我们所感到的就不是可怜的、有限的、自私的乐趣，我们的幸福将属于千百万人，我们的事业将默默地，但是永恒发挥作用地存在下去，而面对我们的骨灰，高尚的人们将洒下热泪。"[①] 马克思所说的"为人类的福利而劳动"，就是站在他者的立场上对人的主体性的一种最好阐释。因此，区别于自我中心的利益主体观，列维纳斯提出了一个新的主体观——"为他者"的责任主体。

三、他者性对于公民身份的意义

他者性打破了传统哲学的同一性思维，颠覆了传统哲学主体性的自我中心，建立了一种与传统哲学不同的思维方式。重视他者性理论，并不是以他者性理论取代主体性理论，但他者性理论可以认识主体性公民的弊病所在，弥补主体性公民的不足，建立更加完整的、互补的公民身份内涵。

---

① 《马克思恩格斯全集》第40卷，人民出版社1982年版，第7页。

（一）赋予公民伦理主体的身份

现代意义上自由主义公民建立在个人主体性基础上，以权利为核心，公民身份的发展就是不断争取权利的过程。因此，现代公民是权利主体、利益主体，公民之间是对立、对抗的竞争关系。为此，现代社会以正义的制度预防公民间的对立、对抗，注重制度建设，忽视道德建设。

虽然现代社会以正义的制度约束了个体的自利行为，但主体漠视自己与他者之间的社会伦理关联，致使人与人之间的关系是外在的、冰冷的，缺少关心与责任，整个社会缺少内在的凝聚力。列维纳斯的他者理论，改变了主体的自我性和内向性，把他者放在首位，把为他者负责作为主体性的表现，赋予主体以社会的、伦理的意蕴，使公民不仅成为权利和利益的主体，也成为伦理的主体、责任的主体。列维纳斯指出，"人类在他们的终极本质上不仅是'为己者'，而且是'为他者'"。[①] 公民不能不为己，放弃自己的利益，但又不能只为己，不顾他人的利益。所以，公民既是为己的利益主体，又是为他者的责任主体，是二者的统一。

（二）增加了公民身份"为他者"的内涵

现代公民建立在个人主体基础上，国家为保障公民权利服务。英国学者马歇尔（T.H.Marshall）把公民身份界定为个体在政治共同体中所拥有的"完全成员资格"以及与这一资格相联系的各种权利，包括公民权利、政治权利、社会权利、参与权利等。[②] 美国学者托马

---

① ［法］埃马纽埃尔·勒维纳斯：《塔木德四讲》，关宝艳译，商务印书馆2002年版，第121页。

② 郭忠华、刘训练编：《公民身份与社会阶级》，江苏人民出版社2007年版，第6页。

斯·雅诺斯基（Thomas Janoski）认为，"公民身份是个人在一民族国家中，在特定水平上，具有一定普遍性权利和义务的被动及主动的成员身份。"① 现代公民建立在个人主体性基础上，权利和义务是其基本特征。义务伴随权利出现，与权利对等。在权利和义务的关系中，权利优先于义务，义务是因享有权利不得不做，而不是一个人主动所为。这些都是建立在主体性哲学基础上，公民获得一种合理的利己主义身份，只从自己的利益出发，不从他人的利益出发，导致形成了公民唯私综合征，出现了公民公共性的衰落。

站在自我的立场，还是站在他人的立场，来理解主体性是不同的。自我的主体性追求自由的最大化、自由的先验性和绝对性。列维纳斯指出，"对他者的欢迎是去质问我的自由"②，自由不是为自己，而是为他者，自由受到责任的限制。"从这种意义上说，列维纳斯的他者主体由于其被动性的强调而改变了西方极端个人主义的理论基调，从而使我们有可能得以在社会的、伦理的维度中考察人的主体性问题"③。他者理论作为公民的理论基础，增加了公民为他人的责任内涵。这与公民发展的趋势是一致的。随着对现代西方自由主义公民观的反思，新自由主义吸收了共和主义的思想，认为"恰当的公民概念要求权利和责任的平衡"④，公民是"负责任地享受公民的权利"⑤。

---

① ［美］托马斯·雅诺斯基：《公民与文明社会》，柯雄译，辽宁教育出版社2000年版，第11页。

② Levinas,*Totality and Infinity*, trans. by Alphonso Lingis, Duquesne University Press, 1969,p.100.

③ 李荣：《列维纳斯他者视阈中的伦理主体》，《学术研究》2011年第8期。

④ ［加］威尔·吉姆利卡、威尼·诺曼：《公民的回归——公民理论近作综述》，载许纪霖：《共和、社群与公民》，江苏人民出版社2004年版，第248页。

⑤ ［英］德里克·希特：《何谓公民身份》，郭忠华译，吉林出版集团有限责任公司2007年版，第31页。

（三）拓展了公民的外延

西方哲学总体来说是"同一性""总体性"哲学。列维纳斯力图以他者性打破同一性，他者具有绝对的差异性，不能被总体化、同一化。公民身份尽管随着历史的发展，其内涵也在发生变化，但有些内涵却没有变化，比如公民是处理个体与政治共同体（国家）的关系中的成员身份，这样的界定，就只说明了公民的一种政治身份。当代出现的女性公民身份、亲密公民身份、文化公民身份、生态公民身份等新形态，都是对国家公民身份"同一性"的打破，把公民身份从主流群体扩展到非主流群体，从公共领域扩展到私人领域，真正把非主流的群体和私人领域纳入公民身份之中，使公民身份也能够反映他们的利益，最终能够尊重每一个人，真正地面向每一个具体的、真实的人。①

四、他者性公民品格

人作为一个人，不仅为自己而活，而且为他人而活。为自己而活，遵循"利益算计"的原则，追求权利、自由和正义；为他人而活，遵守他者性伦理原则，具有关怀、同情、责任、友爱与奉献精神。人的社会性本质，决定了人在社会关系中，仅追求自我利益是不够的，必须具备他者性伦理品格。

（一）关怀

在日常概念中，关怀，指关心、照顾、支持、帮助、爱护的意思，多用于上级对下级，强者对弱者、组织对个人等，体现出来的是强者对弱者的怜悯、同情，因此，伴随关怀的是被关怀者的感激、感

---

① 冯建军：《公民身份：内涵及其扩展》，《南都学坛》2014 年第 2 期。

谢，关怀由此成为关怀者的一种美德，备受赞扬。日常认识中的关怀以及伴随的感激，都是以自我为中心的，我关怀你，你感激我，关怀是工具性的，背后的理念是"自我优先于他人"。但在他者伦理中，关怀不是功利的，而是一种原初的伦理关系。诺丁斯（Nel Noddings）认为，"关怀可视作我们本体性存在的基础"。[1] 关怀源于我与他者的"面对面"的相遇关系，"激发我们去这样做的并不是理性，而是一种与他人共存、为他人着想的情感，这种情感在自然关怀中激励着我们"。[2] 在这个意义上，关怀不是一个人值得称赞的高尚，而是每个人应该有的基本品格。

关怀是关怀者与被关怀者之间的一种伦理关系。一个人为什么要关怀他人，不是出于自己的目的，也不是对他者的可怜、怜悯。列维纳斯认为，当我面对他者，与他者相遇时，他者对我发出要求，我必须回应他者的要求，这就需要关怀。所以，关怀是关怀者和被关怀者间的连续性关系。关怀源于他者的需要，表现为我对他者需要的回应。有时候，我们常常出于好意关怀他人，而他人不需要这样的关怀，关怀就成了强迫。强迫式关怀没有关照他者的需要，他者无法真正了解被关怀的意义。在诺丁斯看来，关怀是双方的，一方关怀他者，他者要感受到被关怀，被关怀者受关怀者的关心，还需关怀者能感知被关怀者接受关心，要学会关怀与被关怀。[3]

---

[1] Noddings,N.Caring：*A Feminine Approach to Ethics and Moral Education*, University of California Press,1984,p.3.

[2] ［美］内尔·诺丁斯：《培育有道德的人：从品格教育到关怀伦理》，汪菊译，教育科学出版社 2017 年版，第 15 页。

[3] ［美］内尔·诺丁斯：《培育有道德的人：从品格教育到关怀伦理》，汪菊译，教育科学出版社 2017 年版，第 27—43 页。

（二）友爱

爱有私人之爱与公民之爱。私人之爱是私人生活中个体之间的情感，公民之爱是公共生活中公民之间的情感。私人之爱是基于血缘、地缘、婚姻关系的自然亲情、爱情和友情，是一种近似本能的活动。但公民之爱，超越私人亲情、爱情和友情，是对作为公共生活中陌生人——公民的爱。亚里士多德的《尼各马可伦理学》把友爱作为公民的德性，认为友爱是生活中最必需的东西之一。因为"即是享有其他所有的善，也没有人愿意过没有朋友的生活"。对于城邦而言，"友爱还是把城邦联系起来的纽带。立法者们也重视友爱胜过公正"，而且"若人们都是朋友，便不会需要公正"。①

在自由主义公民观中，每个人都是作为自我的主体，主体之间是一种竞争、对立的关系，有的只是同一性下的暴力，难有爱的位置。列维纳斯试图打破同一性的暴力，将差异作为伦理的基础，突出在爱的伦理关系中他者的奠基性和优先性，认为爱欲是与他者关系的原型，昭示了一种原初的社会性关系。②"爱的关系不是基于两个对等的主体，不是基于理性和自由基础上的平等互惠，而是基于我和那个外在与我的他者的相遇以及随之而来的召唤和回应（责任）。"③霍耐特（Axel Honneth）也认为，爱的关系是一种本源关系。"爱代表了相互承认的第一个阶段。在彼此都感受到爱的关怀时，两个主体都

---

① ［古希腊］亚里士多德：《尼各马可伦理学》，廖申白译注，商务印书馆2003年版，第228—229页。

② 孙向晨：《面向他者：列维纳斯哲学思想研究》，上海三联书店2008年版，第101—102页。

③ 林华敏：《爱、外在性与责任：列维纳斯的爱的伦理解读》，《东南大学学报》（哲学社会科学版）2013年第1期。

认识到自己在他们的相互需要和相互依赖中相依为命。"[①] 在主体的同一性中，只有暴力，没有爱，爱存在于与他者的相异性之中。因此，爱不是我与他者的融合，也不是我对他者的同情、怜悯。因为公民之爱不是我高高在上，而是一种互爱，是以尊重他者，尊重差异，相互承认为前提的。公民之爱不是利益算计、理性判断的结果，也不是一种等价交换。爱是对他者的回应，是关怀的延伸与表现。爱是不计利害、不计回报的。只有通过"爱"，才能回归"我"与"他者"的本真关系。也只有爱，才会产生康德所言的"内在责任"，即发自人内心的责任，而不是由其社会角色所赋予的义务。

（三）责任

人是一个社会人，人在社会中，必须对他人、对社会承担责任。但责任的出发点不同，一种是为自我，另一种是为他者。站在自我的立场上，这个人与我有关系，我为他负责，或者我是社会的一员，我的利益和社会的利益紧密相连，我对社会负责。其实，为了他者，为了社会，最终还是为了自我。自由主义公民针对权利，要求相应的义务。义务以权利优先为前提，是对权利的回报，义务是法律上的被迫规定。站在他者的立场上，我面对异于我的他者，他人优先于我，他人的需求是第一位的，回应他者的需求，需要我承担责任。责任不是因为我享受了权利，或者我需要尽职。即便是我没有享有任何的权利，我没有任何职责和义务，面对他者的呼应，我也必须承担责任。就如同老人跌倒了，不是因为我而跌倒，我有实施救助的责任；也不是因为我有什么企图或什么职责，而实施救助责任。责任是无条件的，只要我面对他者，就必须对他者承担道德责任，而且对他者的责

---

① ［德］阿克塞尔·霍耐特：《为承认而斗争》，胡继华译，曹卫东校，上海世纪出版集团 2005 年版，第 103 页。

任是无限的。因为他者的需求是第一位的，我的回应是他者施加命令的结果，回应因此具有被动性，是他者命令"我"担负起对他的责任。[①]虽然我对他者的责任来自他者的命令，但对我来说，是我主动承担的责任，对他者的负责就是他者视野中主体性。所以，主体是对他者责任的主体，而不是自我主体。责任是主体的根本要求。

责任与权利不同，权利代表自我利益，责任为他者的利益。权利是可以让渡的，我们通过协商，可以让渡一些权利而达成协议。但责任不能让渡，我不能把我的责任让渡给别人承担。如继承父母财产的权利，我可以让渡给兄弟姐妹，但赡养父母的责任，不可以让渡给兄弟姐妹。责任是自己的，不可推诿。责任与义务也不同。义务是与权利对等的，承担义务也是为了自己的利益。不享有权利，也不会承担相应的义务。有的人即便享有权利，但不想承担义务，为此，法律要对公民的义务进行规定。责任不是一种法律规定的义务，责任是一种道德、一种担当，乃至一种奉献。义务是为自己的，责任是为他人的。义务是法律的，责任是道德的。

（四）奉献

奉献是他者性伦理的最高境界。在主体性中，主体对客体的关系表现为一种占有。所以，这种主体性是占有性的个人主体性。正是这种占有性的思维，导致了人与自然、人与社会、人与人关系的对立、分裂和冲突。主体间性思维，虽然改变了这种对立，但它是一种互相性思维，你我之间是一种互相帮助的行为。"人类社会的所有成员都处在一种需要互相帮助的状况之中……所有不同的成员通过爱和感情这种令人愉快的纽带联结在一起，好像被带到一个互相行善的公共中

----

① 顾红亮：《责任与他者——列维纳斯的责任观》，《社会科学研究》2006 年第 1 期。

心。"①互助是人类必要的行为，但互助强调你来我往的对等交换，换言之，你不来，我也不往。对弱势群体和个体而言，缺少交换的资本，这种互助就难以实行。所以，超越互助的局限性，从互助走向奉献。在他者性品格中，奉献居于最高层次。

奉献与索取相对，索取是基于自己，纯粹是为自己的；奉献是基于他者，纯粹是为他者的。奉献与互助不对立，奉献是互助的进一步发展。奉献不是索取，但也不是让公民放弃个人的正当权益，更不是剥夺公民的正当权益。奉献是在保障公民正当权益的基础上，公民对自己权益的合理、合法、主动的出让。公民的奉献可以有不同表现，为国家、人民的利益献身是奉献，兢兢业业工作是奉献，帮助他人是奉献，公交车上为老人让座也是奉献。奉献是一种精神、一种为他人不计个人利益得失和报酬的品格。古希腊城邦要求公民"不遗余力地献身于国家，战时献出鲜血，平时献出年华；他没有抛弃公务照顾私务的自由……相反，他必须奋不顾身地为城邦的福祉而努力"②。古希腊公民的奉献是完全泯灭个人的。近代民主是建立在个人正当权利和利益基础上的，因此，民主社会公民的奉献不是都要放弃自己的正当权益，即便是为了社会的利益，也不能无端要求牺牲自己的利益。以往我们常常倡导无私奉献，把个人与社会、共同体对立起来，马克思指出："应当避免重新把'社会'当作抽象的东西同个体对立起来"③，否定个体利益的共同体只能是一种"虚幻的共同体"。真正的共同体是以个人利益为前提的，"重视公共活动领域并不意味着要取消或贬

---

① ［英］亚当·斯密：《道德情操论》，余涌译，中国社会科学出版社 2003 年版，第 105 页。

② ［美］乔·萨托利：《民主新论》，冯克利、阎克文译，东方出版社 1998 年版，第 316 页。

③ 《马克思恩格斯全集》第 3 卷，人民出版社 2002 年版，第 302 页。

低私人活动及其自利性，而是真正一种合理的自利性，反对那种过度扩展的自利性"。[①]

五、他者性公民品格培育

列维纳斯的伦理学是形而上学的伦理学，他关心形而上的伦理问题，而不提供具体的道德规范。因此，他者性视野下的道德教育，不是将某些道德规范内化，而是为道德教育确立一种新的伦理观——他者伦理，根据他者伦理思想，创造性地选择具体的实践方式和生活策略。

（一）转变主体观念：从为己到为他

人是一个活动的主体，关键是这样的主体是面向谁的主体？在这个问题上，有两种理解，一种是为己的主体，另一种是为他的主体。

无论是儒家的"人为万物之灵"，还是康德的"人为自然立法"，都奠定了人在自然界中的位置，人是主宰者，世界以人为中心，这就是人对待自然中的"人类中心论"。人在自然界中的自我中心，同样运用于人与人之间的关系，主体性就表现在我对待他者的关系上，我作为主体，他者作为客体，我把我的意志施加于他者，使他者顺从我，与我保持同一，成为一个复制的我。我对世界的占有和掌控，使我获得了自我的主体性。主体性就表现为主体对客体的征服、支配和占有，正是这种自我主体性，导致人与自然、人与社会、人与人之间关系的恶化，出现了环境危机、生态失衡、战争爆发、文明冲突和人际冷漠。因此，矫正主体性，走向了主体间性。但主体间性依然以主

---

① 郭湛等：《公共性哲学——人的共同体的发展》，中国社会科学出版社 2019 年版，第 6 页。

体性为前提，没有从根本上改变主体性带来的问题，只不过以一种正义的制度约束了人的自我中心，实现人们之间的和谐相处。但主体间的平等性，又抹杀了我与他者的差异，使我与他者保持了同一性，把他者纳入我的意向性框架，成为一个总体（totality）。

另一种主体性是列维纳斯的为他的主体性。列维纳斯说："主体性不是为己的，首先是为他的。"① 主体性的基点不在于我，而在于他者。他者是一个异于我的独特存在，是外在于我的存在，我不能使他者变成我。他者独立于我、异于我，我无法使他与我同一，他人具有优先性。他者的需求是第一位的，"我"回应他的需求，就是主体性的表现。

列维纳斯的主体性不同于以往的主体性。以往的主体性都是以自我构建与他者的关系，把他者纳入我之中，主体性就表现为我对他者占有的能动性。而列维纳斯的主体性是以他者独特性和优先性为前提，他者的独特性决定了我不能占有他者，他者优先性决定了我必须回应他者的"命令"，我依据此命令担负起为他者的责任。因此，"伦理的主体性是在与他者的关系中被建构起来的，这是一种为他的而不是为己的、被动的而不是主动的主体性。"② 为他的主体性是以他者为核心，我处于被动的地位，这与传统的主体性是相反的。传统的主体性是我占有他者，我是主动的；他者的主体性是我为他负责，我是被动的，是他者命令我、要求我成为一个伦理主体。传统主体性主要是利益的占有，他者的主体性是一种伦理主体性，我为他者负责，为他者服务，这是我作为一个主体在伦理上的自觉，也显示出了我存在的

---

① E. Levinas, *Ethics and Infinity*, trans. by Richard A. Cohen, Duquesne University Press,1985,p.96.

② 顾红亮：《另一种主体性——列维纳斯的我他之辨与伦理学》，《天津社会科学》2005 年第 4 期。

伦理价值。例如，我们做一件事情，不是为了自己得到好处或者报酬，而是为了帮助别人，在帮助别人中，受到他人的尊重，也感受到自身的价值。"助人为乐"就是他者主体性的确证。所以，列维纳斯说："正是就他者与我的关系不是互惠的而言，我服从于他者；也正是在这个意义上，我成为本质上的主体。"①

两种主体性虽然立足点不同，但不是完全对立的，为他者的主体性不是否定个人主体性，而是否定以自我为中心的个人主体性。古典时期的共和主义公民，公民属于城邦，公民只有对城邦的责任，而无自我。经历了近代自由主义公民观，当代公民出现了共和主义的回归，开始强调公民对共同体的责任，但这种回归不同于古典共和主义，而是建立在独立个人基础上，没有独立个人就没有他者的存在，尊重他者，就是尊重独立个人。在他者性中，每个人都是他者，是相互的他者。我对他人负责，他人也对我负责，只不过这种双向的负责，不是互惠的关系，而是一种基于他者的伦理关系，是他者对我的呼应，是我发自内心的负责。为他者承担责任，这就是他者主体性的含义。

我国的教育长期以来强调集体主义，集体主义者倾向于集体责任优先，个体作为集体的一员。个人纳入集体之中，服从集体，走向同一化，消除了个人的存在。改革开放后，市场经济关注个人主体性，20世纪90年代教育领域提出了培养学生主体性，这种主体性就是以自我为中心的主体性，出现了极端的自我中心主义，导致公民公共性的衰落。他者性以"他者"为主体的逻辑起点，改变了传统哲学主体的思维方式，也矫正了主体性中自我中心的思维偏差。只有这样，

---

① E. Levinas, *Totality and Infinity*, Trans. by Lingis,A, Martinus Nijhoff Publishers,1979,p.98. 转引旷剑敏、袁怀宇：《自我与他者：教师的伦理责任与价值》，《道德与文明》2009年第3期。

才能突破传统主体思维的局限，解决当代人类社会所面临的主体性困境。

（二）构建我与他者的伦理关系

人是一个社会性的存在。马克思指出："人对自身的任何关系只有通过他对他人的关系，才能成为对他来说是对象性的、现实的关系。"[①] 人对他人的关系可以分为三类："我与它"的关系，"我与你"的关系，"我与他"的关系。

第一，"我与它"的关系。"它"表示的是物，而不是人。当我面对它时候，无论是物，还是人，我都把它当作物来对待。我作为人，作为主体，对待物，对待客体，表现出的是占有性个人主体性，是一种以自我为中心的主体性。我与它的关系是利用、支配、占有的关系，我是中心，是目的，它是我实现目的的手段，是满足我需要的工具。因此，我与它的关系是对立的支配与被支配、占有和被占有、操纵与被操纵的关系。在公民关系上，表现为专制的、等级的、不平等性。古代社会公民之间呈现的就是这种关系。即便是古希腊的雅典公民，也没有完全走向平等，因为它把女性、奴隶等排斥在外。现代社会，我与它的关系思维方式在日常生活中依然大量存在，诸如：人对自然的支配，国家的霸权主义，人的自我中心，人与人之间的支配、暴力甚至进行屠杀，教育中的灌输、压迫和独白等。但社会对民主的追求，越来越意识到"我与它"关系所带来的严重问题，在批判自我中心主义之时，向着"我与你"的平等关系发展。

第二，"我与你"的关系。"我与你"的关系，把"它"变成了"你"，"它"是物，"你"是人。"我与你"的关系，是人与人之间的

---

① 《马克思恩格斯选集》第1卷，人民出版社2012年版，第59页。

关系，人与人之间都是作为主体的主体间关系，这种关系是彼此平等、协商对话的关系。相比于"我与它"的对立，"我与你"正在使社会走向平等与和谐。"我与你"的关系，在政治上表现为一种权利平等关系。"天赋人权"，人天生具有的自然权利，神圣不可侵犯，公民的历史发展，就是不断争取权利的斗争。因此，权利受到法律的保护。权利平等是民主社会的基本原则，我不侵犯你，你不侵犯我，我与你和平相处，构成一个民主、和谐的社会。但必须认识到，权利是基于个人利益的权利，因此，权利的平等，必须要求利益的平等，利益平等同样是你不能占有我的，我也不占有你的。其实，不管是权利平等，还是利益平等，都是从人的自然权利和自我利益出发。因此，为了防止人与人之间利益的纷争，实现人们之间的公平竞争与和平相处，就制定出对个人权利和利益加以适当约束的契约、制度和法律。因此，基于制度存在的人与人之间的平等是被迫的，是对人的自我中心的限制。这种自我中心表现在日常交往中，就是一种利益交换关系，互利互惠，对自己有利的事情做，不利的事情不做。做了对别人有利的事情，也期望得到别人的对等回报。因此，在公民生活中，权利先于义务，公民承担多少义务，取决于给予多少权利，权利与义务是对等的。在日常生活中，表现为给多少报酬做多少事情，只做分内的事情，不做分外的事情。在教育中，"我与你"的关系，表现为协商与对话，目的在于达成共识。

"我与你"的关系并没有摆脱个人的私利性和利己性，虽然以制度、契约、法律约束了人的私己性，降低了人与人之间的对立、冲突的风险，但它并没有从根本上消除政治、经济中所预设的权利和利益的对抗[1]，和谐只是暂时的。在日常交往中，功利性的互利互惠，使

---

① 吴先伍：《反思与重构——他者伦理视野中的师生关系》，《江苏高教》2014年第4期。

每个人都不会承担义务之外任何额外的负担，只做自己的事情，不管他人如何。如此，人与人之间就缺少应有的温情，缺少关心与爱护，从而使社会陷入制度化的冷漠无情。这在当代社会发生的"彭宇案""小悦悦事件"中突出地表现出来。在他人遇到困难时，决定帮与不帮的是基于利益算计的理性判断，帮助会给我带来什么好处，至少不给我带来麻烦，基于个人利益的理性的考量代替了人与人之间的关心和爱护。因此，"我与你"的关系，必须转向"我与他者"的伦理关系。

第三，"我与他"的关系。"我与他"的关系不同于"我与你"，因为他者是一个异于我的独特的存在，我无法占有他者，也无法同化他者，他者是唯一且先于我的存在。我服从于他者，依赖于他者，就必须对他负责。因此，"我与他"的关系不是政治平等关系，不是利益互惠关系，而是伦理的责任关系。

"我与他"的关系是一种不对称的伦理关系。"我与你"的关系是对称的，权利与义务，付出与回报要对等。"我与他"的非对称关系不是从我自身考虑的，而是从他考虑，我对他的付出，不能以他对我的回报来衡量；我对他承担责任，但不能以我享有的权利来衡量。我对他者的伦理关系是无条件的，列维纳斯经常用父子关系作为人与人之间伦理关系的原型，以一种父母般的态度对待他人。父母有养育子女的责任，而不是期待子女感恩与回报。我与他者的伦理关系，是一种情感关系，是一种爱的关系。列维纳斯的伦理不是建立在道德规范以及对道德规范的遵从基础上的，因为这种类似契约的伦理关系，追求的是平等对待。而伦理关系超越了理性，超越了规范，是建立在情感基础上的爱的关系。爱欲是原初的伦理范型，爱超越了利益的较量，超越了理性的判断，超越了公平与正义。因为爱，利益变得不重要，付出成为爱的体现。伦理的关系是对他者的责任关系，且责任是无限的。"无限的责任心，它不像是一种债务，因为人们总是可以清偿债务的；而跟他人，人们永远也两清不了"①。

自由主义公民观赋予公民的权利和对等的义务，强调以民主和法治建设公民社会，但忽视了道德教育和人文关怀。所谓的关怀，只是指向弱者，是制度对他们利益的补偿，而不是公民的责任，致使公民社会法治越健全，道德越稀薄。一个以法治来维系的社会，缺少内在的凝聚力，公民感受到的不是温暖和幸福，而是对立与防范。公民及其公民教育要改变这种情况，就必须把利益关系转变为伦理关系，提倡公民之间爱的关怀、无限的责任和奉献，使情感成为社会的黏合剂，建设一个有情有爱的和谐社会。

现代公民教育建立在公民权利与义务平等的基础上，尤其是强调公民的权利，以及基于权利的义务。义务是不得不尽的、最低限度的分内之事。公民完成了最低限度的义务，则为合格公民。因此，公民教育只能导致公民只顾自己的利益而不关心他人，不关心公共利益。加之，公民生活是公共生活，是陌生人的生活。陌生人的生活以遵守契约、制度和法律为原则，一方面维系了公民的平等、社会的和谐，但也牺牲个体之间的情感为代价。面对公民主体间关系所带来的困境，必须使"我与你"的利益互惠关系发展为"我与他"的伦理关系。

（三）我与他者的面对面"相遇"

我与他者的伦理关系是面对面的"相遇"关系。面对面，即脸对脸。列维纳斯认为，每个人的脸上都写着"你不可杀人"。"不可杀人"，不是一个具体的道德规范，而是一个形而上学的隐喻。它预示了脸的独特性，他者是唯一的，我不可占有、同化他者。如果我占有和同化他者，就抹杀了他者的独特性，就等于"杀人"。"不可杀人"，

---

① ［法］艾玛纽埃尔·勒维纳斯：《上帝·死亡和时间》，余中先译，生活·读书·新知三联书店 1997 年版，第 159 页。

就是要以伦理的方式善待他者的独特性。

第一，要尊重他者、敬畏他者。传统的主体性思想，把他者当客体，以主体性思想来占领他者，使他者与主体保持同一，消除了他者的存在。在面对面的相遇中，首先需要的是面向他人，尊重和敬畏他者的特殊性。他者作为独特的人，且与我有着差异，我不可能占有他者，也不可能使他者与我保持同一。只有对他者独特性的尊重，才能有我与他者的相遇。相遇以他者的存在为前提，相遇不是时空上的相见，而是精神上、意义上的沟通、交流、融合。正是对他者的尊重、敬畏，才使我对他者保持一种谦卑，回应他者的诉求。

第二，言说与倾听。列维纳斯区分了"言说"与"所说"。"所说"只是传递关于对象的信息，是一种认识论意义上的说。"言说"不仅仅是传递信息，更是对他者的一种姿态。"言说是一种交流，确切说，作为'坦露'（exposure），是所有交流的条件"①。所以，言说不同于认识中将对象主题化，言说把自己坦露于他者面前，其目的不是指向自己，而是为了接纳他者。所以，言说作为一种伦理姿态，是敞开心扉、亲近他者。言说的关键不在于说什么，而在于怎么说。言说不同于辩论、协商，甚至也不同于对话，因为它们都是从自我出发，站在自我的角度，最后达成共识。在自我主体性理念中，强势灌输、独白多；在主体间性中，协商、对话的多；它们目的都是要同化他者，只是手段不同。而言说是以谦卑之心、开放之心，接纳他者。因此，伴随言说的，不是强势的自我表达，而是倾听。言说的能动性，通过倾听的被动性才能被确定下来。作为对言说的回应，倾听是一种对他者的欢迎。倾听不仅仅是要用耳朵来听说话者的言辞，更需要一个人全身心地去感受对方的谈话过程中表达的言语信息和非言语信息。在倾

---

① 孙向晨：《面向他者：列维纳斯哲学思想研究》，上海三联书店2008年版，第205页。

听中以一种接纳的方式感受他，而不是以盛气凌人的姿态排斥他。因此，要走向他者，必须学会倾听，倾听他者言语中所流露出来的心声，让他者表达出自己的心声与愿望。在倾听他者中，我不是高于他者，而是他者高于我，我倾听他者的要求，回应他者，才能为他者承担责任。

第三，回应与责任。在我与他者"面对面"的"相遇"中，他者是一个伦理发出者，他者站在我面前，"无论是开口说话还是沉默不语——在那里每一位参与者都真正心怀对方或他人的当下和特殊的存在，并带着在他自己与他们之间建立一种活生生的相互关系的动机而转向他们。"[①] 在言语的交流中，我必须回应他者，对他者的需求作出应答。"回应就是责任"。"不管说什么。这种言说就是一种回应，一种为他所做的回应，就是在为他负责。"[②] 而且，对于他者的诉求，我必须回应，这是我的责任。对他人的回应负责，就是必须为所说的东西负起责任。[③] 总之，公民之间的交流，不是个人的独白，也不是一方对一方的灌输，甚至也不是双方的对话，而是对他者的回应。回应不只是一种问答，而是满足他者的需要，对他者负责。

（四）唤醒爱与责任的良知

由公民组成的现代社会，是自由的社会，它以制度、契约和法治维持着社会的稳定与和谐。但现代社会的根基是自我主体性，因此，

---

① ［德］马丁·布伯：《人与人》，张健、韦海英译，作家出版社 1992 年版，第 30 页。

② E. Levinas, *Ethics and Infinity*, trans. by Richard A. Cohen, Duquesne University Press, 1985, p.88.

③ 顾红亮：《责任与他者——列维纳斯的责任观》，《社会科学研究》2006 年第 1 期。

是一个为个人而生活的社会，"人们在生活中所践行的每一件事情都充满个体化色彩，不管在什么样的文化、语言和城市中都是如此，这是一种自我中心主义的流行病，极度的自我狂热"。[①] 在这样一个以我为中心的社会，虽然我的生活离不开他人，但我与他人的关系是孤立的，他是他，我是我，他的事情与我无关。理查德·桑内特在《公共人的衰落》一书的扉页援引托克维尔的一段话："每个人都只顾自己的事情，其他所有人的命运都和他无关。……他和其他公民的交往，他可能混在这些人之间，但对他们视若无睹；他触碰这些人，但对他们毫无感觉；他的世界只有他自己，他只为自己而存在"。[②] 人与人之间充满着冷漠，甚至是冲突、暴力。鲍曼这样描述现代社会：

"我们生活在残酷无情的时代里，而这是一个竞争的、胜人一筹（one-upmanship）的时代。在这个时代，我们周围的人看来都守口如瓶，很少有人会急着要帮助我们；人们在回应我们求援的呼声时，我们听到的却是让我们自力更生的劝告；只有迫不及待地要抵押我们财产的银行，在向我们献媚并想要说'同意'，而且即使它们，也仅仅是在商业宣传中而不是在它们的办事处才是如此"。[③]

现代社会是一个理性的、法治的社会，也是一个道德冷漠、人际淡漠和充满不信任的陌生人社会。在这里，公民道德行动不是取决于他者，而是取决于自己；不是取决于良知和关怀，而是取决于理

[①] ［德］乌尔里希·贝克、伊丽莎白·贝克-格恩斯海姆：《个体化》，李荣山等译，北京大学出版社 2011 年版，第 26 页。

[②] ［美］理查德·桑内特：《公共人的衰落》，李继宏译，上海译文出版社 2014 年版，扉页。

[③] ［英］齐格蒙特·鲍曼：《共同体》，欧阳景根译，江苏人民出版社 2003 年版，第 4 页。

性和算计。当他人遇到困难时，是否帮助他，要经过利益的算计和理性的判断，"帮助"是否对我有利？在这样的道德判断中，理性大于良知，公民成为有理性而无情感的单面人，社会成为一个无道德的风险社会。治理社会风险，不只是靠制度和法治的完善，减少机会主义行为的发生，更需要强化爱和责任的教育，改变社会的冷漠与不信任的病症。

根据列维纳斯的观点，伦理关系是人与人之间的本原关系。在伦理关系中，爱是伦理关系的原型，是人的行为的原动力。爱具有优先性、本体性。舍勒也指出："在人是思之在者或意愿之在者之前，他就已是爱之在者。"[①] 人不是因为理性算计而爱，作为一种良知，爱先于理性。"恻隐之心，人皆有之"。当然，爱不是因为怜悯、同情，而是对他者的尊重。爱始于差异，而非同一。不适当的爱，把自己的意志、想法，强加于他人，这种基于同一性的占有式爱、剥夺式的爱，不是真正的爱，恰是情感的暴力。爱并不是双方的融合，爱使我努力靠近他者，却又始终保持着一段距离。爱是尊重，不是占有。爱不是互惠，不是理性的算计，爱是对他人的责任。爱是一种付出、奉献，对他人的爱，不求回报。

爱是他者伦理关系的起点，正因为有爱，才会对他者实施关怀、帮助，才会有责任，才会有奉献。没有爱的社会，仅仅用契约、制度和法律联结是松散的、冰冷的社会。爱是公民之间情感的黏合剂，因为爱，社会变得温暖，从机械的联合成为有机的共同体。对此，鲍曼这样描述道：

"当我们陷入困境而且确实需要帮助的时候，人们在决定帮助我们摆脱困境之前，并不会要求我们用东西来做抵押；除了问我们有什

---

① ［德］马克思·舍勒：《爱的秩序》，林克等译，生活·读书·新知三联书店1995年版，第48页。

么需要，他们并不会问我们何时、如何报答他们；他们几乎从来不会说，帮助我们并不是他们的义务，并且不会因为在我们之间没有迫使他们帮助我们的契约，或者因为我们没有能够恰当地解释这个小小的契约书而拒绝帮助我们。我们的责任，只不过是互相帮助，而且，我们的权利，也只不过是希望我们需要的帮助即将到来。"①

我对他者的帮助，不是因为契约，而是因为他者的需要，我必须回应，这是我的责任。列维纳斯的责任，不是履行某个岗位的责任，也不是基于法律的约束和制度的规定，而是面对任何他者的需要，都有回应的责任。正如基恩所说："我们可以把法律强加给我们的任务看作是义务，这种义务如果没有得到有效执行，将会受到法律制裁。与法律义务相反，我们可以把责任看成是自愿的，是团结他人或者同情他人的表现。在维持共同体存在的条件方面，健康社会所依赖的是责任，而不是法律强加的义务。"②

关怀、友爱、责任与奉献都是他者性的公民品格，他们都是密切相连的。没有关怀与爱，就不会有责任；缺少责任，也就不会有奉献。公民教育要以这些品格的培育矫正公民的利己性，使他们学会关爱，学会负责，热心公益和志愿服务，敬业奉献，成为社会的志愿者和奉献者，真正成为公共生活中具有公共性的责任公民。

（五）促进正义与关怀的互补与融通

正义是公民之间利益分配的基本要求，也是现代公民的品格，但它与关怀代表着两种不同的道德价值，正义是个人主体性的要求，指

---

① ［英］齐格蒙特·鲍曼：《共同体》，欧阳景根译，江苏人民出版社 2003 年版，第 3—4 页。

② ［美］基恩·福克斯：《公民身份》，郭忠华译，吉林出版集团有限责任公司 2009 年版，第 68 页。

向自我利益；关怀是他者性的要求，指向他者，为他者负责。

正义和关怀是两种不同道德原则。第一，正义的对象是同一的、普遍的人，关怀的对象是独特的、具体的人。正义强调人的普遍性，人与人是完全相同的，每个人都是人性中的一个数字，没有特殊性，如同罗尔斯所说的"无知之幕"和"原初状态"。关怀强调人的差异性，坚持观照人的特殊性，把每个人看作拥有具体生命历程、身份和情感的人。[①]第二，正义是理性的、普遍原则，关怀是情感的、对具体关系的保护。正义面对一个抽象的人，是一种普遍的理性原则，适合每个公民，使每个公民享有平等的权利和社会资源。关怀面对一个具体的人和特殊的情景，回应具体人的不同需要，关怀的目标是基于特殊情境的关系保护与责任承担。[②]第三，正义追求的是自我的权利和利益，关怀追求的是我对他者的责任。正义是一种利益分配的制度，限制和约束人的自我利益，防止公民间的相互伤害，达成互利互惠。关怀以他人的需要为关注点，是对他人需要的关注和回应，是对他人的责任、付出与奉献。

现代社会建立在个人主体性的私利基础上，为约束个人的私利，需要正义的制度。正义是对社会利益的一种合理分配。公民在社会生活中，不论其具体的差别有多大，都应该具有平等的人格、权利，都应该获得平等的对待。但正义建立在个人自利的基础上，是一种交互性基础上的等利交换。现实社会，如果只有正义，人与人之间会"斤斤计较"，缺少对他人的爱，世界就会冷酷无情。亚里士多德早就指出，"而若他们仅只公正，就会需要友爱"。对于公正来说，"友爱不

---

① 王苹：《正义与关怀之间：当代道德教育的另一种可能》，《中国高校社会科学》2017年第5期。

② 王苹：《正义与关怀之间：当代道德教育的另一种可能》，《中国高校社会科学》2017年第5期。

仅是必要的，而且是高尚［高贵］的"①。如若社会只讲爱和奉献，又可能导致近亲远疏、厚此薄彼，破坏了社会的公平正义。正因为只讲正义和只讲关怀都有其局限性。所以，赫尔德指出："关怀的背景下需要正义"，"正义背景中则需要关怀"②，正义与关怀之间需要互补。

一个社会首先要公平对待所有公民，保证公民公平地享有社会资源，所以，社会需要正义的制度，公民需要正义的品格。公民的生活虽然依赖物质利益，但不只是经济生活，还有伦理生活，不能只运用分配利益的正义工具，还需要给予人一种适当的关怀。正义既是公民的首要品格，也是关怀产生的沃土。"一个缺乏正义感的人，一个除非出于自私利益和权宜之计的考虑否则就不履行正义要求的人，不仅没有友谊、情感和相互信任的关系，而且也体验不到不满和义愤。"③这就是说，友爱、关怀、责任只能成长于正义的社会、公民正义的行为之中，换言之，友爱、关怀和责任，也只能在正义的社会、公民正义的行为中培育。

---

① ［古希腊］亚里士多德：《尼各马可伦理学》，廖申白译注，商务印书馆2003年版，第229页。

② ［美］弗吉尼亚·赫尔德：《关怀伦理学》，苑莉均译，商务印书馆2014年版，第21页。

③ ［美］约翰·罗尔斯：《正义论》，何怀宏等译，中国社会科学出版社1988年版，第490页。

第五章　公共性公民品格及其培育

公共性是公民品格的最终归宿。所谓最终归宿，就历史发展而言，前现代社会只有共同性，没有个体性，公民只有原始的公共意识和公共态度。近代资本主义社会个人意识增强，原始的公共意识式微。随着对个人性的反思，当代社会呼唤公共性，这种公共性甚至超越了民族和国家，走向世界和人类，成为世界公民和类主体。就个体而言，公共性是公民个体从个人主体性，经主体间性和他者性实现的，因此，是公民品格的最高形态。公民不只是享有权利和拥有自由，而且要积极参与公共生活，并承担公共责任。

一、公共性生成的人性依据

从人性上看，公共性源于人是群居的社会动物，是人的类本性的深刻表达，是人类公共生活的本质属性。

人是群居的动物，群居是人的原始特性。正如《荀子·王制》中所说："人，力不如牛，走不若马，而牛马为用何也？曰：人能群，彼不能群也。"在人类发展的原始阶段，人改造自然的能力很弱，但人依靠群居结成共同体，借助彼此的合作关系以提高对付自然的生命活动能力。恩格斯说："人，一切动物中最爱群居的动物"①。人的未特性化，决定了人来到世上比任何动物都更加无助，因此，比任何动物都更加离不开其他人的存在。群居弥补了人之生物性的不足，成为生命的重要组成部分。可以说，没有群居的存在方式，就不可能有人

---

① 《马克思恩格斯选集》第 4 卷，人民出版社 1995 年版，第 376 页。

的生存。群居性是人之存在的生物性形式，人在原始的群居中，更多的是一种生物意义的人，称不上一个真正的社会人。但正是群居性，为人成为社会人提供了存在依据。

人因为群居而结成一种社会交往关系，使群居性进一步发展为社会性。所以，马克思说："人是名副其实的社会动物，不仅是一种合群的动物，而且是只有在社会中才能独立的动物"。① 群居是人之生物的存在方式，人的交往关系发展了人的群居性存在，使社会性成为人的存在方式，人由此成为社会的存在物。人的社会性存在，不能简单理解为人的群居，它改变了人的生命形式，"社会本身生产作为人的人"②。因此，人的社会交往使人从原始群居生物性的人成为社会性的人，社会性成为人之生命的重要组成部分。

人是社会的存在物，人只有在社会中才能作为人而存在。人虽然具有自然生命，但人的自然生命不同于动物，就在于他已经打上了社会的烙印。"只有在社会中，人的自然的存在对他来说才是他的人的存在"。③ 离开了社会，自然的存在依然是动物的存在，而不是人的存在。狼孩的例子印证了生物的人离开了人类的交往和社会只能具有生物的本性。因此，马克思把社会性视为人的本性。"人即是不像亚里士多德所说的那样，天生是政治的动物，无论如何也天生是社会的动物"。④ 阿伦特在谈到人是社会动物还是政治动物时，认为把亚里士多德的 Zoon Politikon 译成 animal socialis 是有道理的，即亚里士多德的"人是天生的政治动物"，标准的翻译就应该是"人在本性上是

---

① 《马克思恩格斯选集》第 2 卷，人民出版社 2012 年版，第 684 页。
② 《马克思恩格斯全集》第 42 卷，人民出版社 1979 年版，第 121 页。
③ 《马克思恩格斯全集》第 42 卷，人民出版社 1979 年版，第 122 页。
④ 《马克思恩格斯全集》第 23 卷，人民出版社 1972 年版，第 363 页。

政治的，即社会的”①。哈贝马斯也认为，应当把亚里士多德的“人是一种政治动物”理解为“人是一种在公共空间中生存的政治动物”。人“天生就处于一个公共的社会关系网络之中”，“只有当他进入了张开双臂拥抱他的社会公共空间之中，他才成为一个人。”②

人不仅只能在社会中存在，也只能在社会中发展。自然生命是生物遗传的，人的社会生命是社会交往的结果。所以，马克思说，“一个人的发展取决于和他直接或间接进行交往的其他一切人的发展”。③人与人之间交往的社会关系成为人的社会生命，社会关系成为人的本质。

人是共同体的成员，公共性使一个人真正成为人。社会性不等于公共性，因为社会交往中未必都是人与人之间的平等交往。单子式的个人存在，人与人之间的支配、占有和奴役的关系，从根本上消解了共同体的根基，也导致了人的原子化、无根化和孤立化。本真的人，或者人的本质不是存在于人与人的对立中，而是存在于人与人交往形成的公共生活和共同体之中。对此，亚里士多德早已指出，城邦是围绕某种善而建立的共同体，人只有在城邦中，过一种政治生活，才能实现人的本质。阿伦特继承了亚里士多德的思想，提出人只有在行动中才能自由，行动就是群体性的政治生活，也就是阿伦特的公共领域。如果一个人只在私人领域生活，而不在公共领域生活，他就不会是一个完整的人。因为“公共领域只为个性保留着，它是人们唯一能

---

① ［美］汉娜·阿伦特：《人的境况》，王寅丽译，上海人民出版社 2009 年版，第 15 页。

② ［德］尤尔根·哈贝马斯：《公共空间与政治公共领域——我的两个思想主题的生活历史根源》，《哲学动态》2009 年第 6 期。

③ 《马克思恩格斯全集》第 3 卷，人民出版社 1976 年版，第 515 页。

够显示他们真正是谁、不可替代的地方"。^①

真正的共同体不同于原始的自在的共同体，那是一种没有分化的、同质性共同体，个人是群体的附属物。共同体也不是个人主体之间的机械联合，那是一种"虚假的共同体"，它"总是相对于各个人而独立的"，人是"偶然的个人"。真正的共同体是马克思所描述的人类社会最高发展形态的"自由人的联合体"，是有个性的人组成的异质性共同体。"只有在共同体中，个人才能获得全面发展其才能的手段，也就是说，只有在共同体中才可能有个人自由。"^②这样的共同体不再是个体发展的桎梏，而是个体自由发展的沃土，使人成为"自由个性"。

从群居性到社会性，再到公共性，人的发展过程是公共性不断提升和完善的过程，而这一切归根结底，源于人的类生命。人类每前进一步，都是向人的关系和人的世界的迈进，都是向人的类生命的回归。马克思明确提出"人是类存在物"。"人把自身当做现有的、有生命的类来对待，因为人把自身当做普遍的因而也是自由的存在物来对待"。^③人的类生命区别于动物的种生命，就在于类生命是自由自觉的，且是普遍的本质。所以，类生命"突破了个体局限，与他人、他物融合为一体关系，因而也就获得了永恒、无限的性质；'类'这一概念与'种'的根本区别之一，就在它不是个体的抽象的统一性质，而是以个体的个性差别为内涵，属于多样性的甚至异质统一体的概念"。^④人的发展过程就是不断摆脱动物性，趋向类特性的过程。人

---

① ［美］汉娜·阿伦特：《人的境况》，王寅丽译，上海人民出版社 2009 年版，第 27 页。

② 《马克思恩格斯选集》第 1 卷，人民出版社 2012 年版，第 199 页。

③ 《马克思恩格斯选集》第 1 卷，人民出版社 2012 年版，第 55 页。

④ 高清海：《"人"的双重生命观：种生命与类生命》，《江海学刊》2001 年第 1 期。

作为类特性的存在，不是把人类作为一个整体的实体思维，而是一种关系思维，它体现人与人、人与社会、人与自然的本质性的"一体"关系。人类发展的最高形态就是达到类生命的境界，"它是人和自然界之间、人和人之间的矛盾的真正解决，是存在和本质，对象和自我确证，自由和必然，个体和类之间的斗争的真正解决。"① 因此，类主体就是人的自觉的存在状态，是人的个体性与类特性的统一。

二、公共性生成的历史逻辑

虽然人的公共性源于人的类本质、类生命，但类本质、类生命不是先验的，而是人类在社会发展过程中生成的。马克思以社会交往考察人类社会的发展状态，提出了人类社会发展的三个阶段、三种形式：（1）人的依赖关系（起初完全是自然发生的），是最初的社会形式，是人类社会发展的第一阶段；（2）"以物的依赖性为基础的人的独立性"是人类发展的第二大形式、第二个阶段；（3）"建立在个人全面发展和他们共同的社会生产能力成为从属于他们的社会财富这一基础上的自由个性"，是第三个阶段，也是可以预见的人类发展的最高形式。② 人类社会发展的三个阶段，反映了人类社会历史中人的三种发展状态：群体主体——个体主体——类主体。

群体主体，无论是最初自发的自然共同体，还是后来以权力和上帝维系的等级共同体，都不存在个人主体，只有一个群体（氏族、城邦和阶级、国家）作为主体，个人降服于群体之下。"我不属于我自己，我属于城邦"；"我不属于自己，我属于上帝"就是群体本位下个人的写照。这种观念，已完全成为历史。

文艺复兴开启了现代性的序幕。现代性的一个重要特征是个人的

---

① 《马克思恩格斯全集》第 42 卷，人民出版社 1979 年版，第 120 页。
② 《马克思恩格斯文集》第 8 卷，人民出版社 2009 年版，第 52 页。

觉醒，"我属于我自己，不属于任何人"。面对自然，我可以战天，可以斗地；面对他人，我是目的，他人是手段；面对自我，发泄欲望，物欲横流，人变成了物的贪婪的占有者，成为自私自利的人。这就是黑格尔所说的"市民社会"。"市民社会是个人私利的战场，是一切人反对一切人的战场。同样，市民社会也是私人利益跟特殊公共事务冲突的舞台，并且是它们二者共同跟国家的最高观点和制度冲突的舞台。"① 资本主义市场经济的利己性，致使每个人成为原子化的个人，只为自己的利益而存在，把其他人变成实现自己目的的手段，消解了共同体的存在。人与人之间的共在关系成为"人对人的豺狼关系"。个人的自我中心，主体性的无限高扬，"使我们的生活既平庸又狭窄，使我们的生活更缺乏意义，更缺少对他人及社会的关心"②。

辩证地看待个人主体性在人的发展过程中的作用，它把人从群体中解放出来，获得了个人的独立，这是人类发展中的极大进步。但面对个人主体极端化带来的问题，我们不是要消解个人的主体性，而是要规范个人的主体性，使之从单子式个人主体走向交互主体。单子式的个人主体，是一种主体与客体关系中的存在，个人作为主体，他人、社会、自然都是与主体相对的客体。所谓的主体性就是主体对客体的占有、支配，乃至掠夺和奴役。单子式的个人主体只有我，没有你，也没有我们，因此，单子式个人主体一方面从共同体中分离了自我，出现了私人生活；另一方面，把私人生活扩大化，导致公共生活"私人化"和公共价值的塌陷。消解现代性中的个人主体，后现代主义开出的药方是去中心、多元化。这虽然抑制了个人

---

① ［英］黑格尔：《法哲学原理》，范扬、张企泰译，商务印书馆1961年版，第309页。

② ［加］查尔斯·泰勒：《现代性之隐忧》，程炼译，中央编译出版社2001年版，第5页。

主体的独霸，但碎片化的个人主体反而在个体化的进程中越陷越深，成为一个断裂、碎片、偶然、混乱的世界，更加失去了统一性和公共性。

马克思说，"旧唯物主义的立足点是'市民'社会，新唯物主义的立足点则是人类社会或社会化的人类"。[①]资本主义立足于旧唯物主义，造就了单子化的个人与机械的社会。当代人类社会发展在全球化的进程中，联系越来越密切，已经和正在成为"社会化的人类"。社会化的人类，不只因为利益而联合，还因为人类包括大自然本身就是一个共同体，这就是马克思所说的人类社会最高的发展形态——类主体。类主体不同于原初的共同体，原初的共同体中没有个体，类主体是经历了个人主体之后"自由人的联合体"。类主体既是个人的，又是公共的，是个体性与公共性、"小我"与"大我"的有机统一。

三、公共性的时代诉求

当前中国社会，一方面是个人主体膨胀，存在着公共性的缺失；另一方面是社会发展对公共性的呼唤，这使得公共性成为当前我国社会发展的迫切需要。

由于中国传统社会是熟人社会，中国传统极其重视个体的、私人性的道德，"吾日三省吾身"，强调道德内省和慎独修身，缺少公共伦理规范以及公共品格的培育。20世纪上半叶，一批思想家曾对国民的公共性缺失、公共品格之萎缩，做过犀利的批判和剖解。梁启超指出："吾中国道德之发达，不可谓不早。虽然偏于私德，而公德殆阙如。"[②]陈独秀也指出：中国人"人人怀着狭隘的个人主义，完全没

---

① 《马克思恩格斯选集》第1卷，人民出版社2012年版，第140页。
② 梁启超：《新民说》，中州古籍出版社1998年版，第62页。

有公共心，坏的更是贪贿卖国，盗公肥私"①。梁漱溟在与西洋人遭遇后，深切感觉到"中国人，于身家而外漠不关心，素来缺乏于此。特别是国家观念之薄弱，使外国人惊奇"②。在他看来，中国人缺乏集体生活，即公共生活。新中国成立后，虽然大力倡导集体主义，但极端化的集体主义，"大公无私，公而忘私"，把个人的利益作为资产阶级的自私自利加以批判和彻底否定，使其所倡导的集体主义成为"虚幻的、虚假的集体"。基于虚假集体的公德也因此就失去了人性的依据，成为无根的、无人性的社会公德。

改革开放使中国社会发生了转型，转型的线索是计划经济向市场经济的转变，其结果是传统社会向现代社会的转变。市场经济与计划经济相比，不仅配置资源的方式发生了重大的变化，而且导致了人的生存方式发生变化。计划经济中，个人都是"单位人""公家人"，"单位似乎是一个不可分离的整体，个人只是它的一个元件……单位是最重要的、有意义的，个人则是微不足道的。"③因此，计划经济没有个人，单位作为同质性的共同体压制个人的存在，也不会有真正意义上的公共生活。市场经济解放了人，使每个人都成为市场资源独立的配置主体，市场经济是一种商品的交换，而交换天生就具有平等性。所以，市场经济催生了现代人的自由和平等，也为公共领域和现代社会的形成提供了客观条件和要求。

但必须看到的市场经济对人的解放的双面性，一方面解放了人，使人获得了自我和独立；另一方面，市场经济的利益性、世俗性，使人又成为一个利己的存在者，失去了精神和意义，也失去了公共性的价值。在市场经济中，"每个人都作为平等的个体在追求自我利益

---

① 梁岷：《陈独秀文章选编》，中国广播电视出版社1981年版，第516页。

② 梁漱溟：《中国文化要义》，学林出版社1987年版，第68页。

③ 廖申白、孙春晨：《伦理新视点》，中国社会科学出版社1997年版，第5页。

的实现，人与人之间是一种既排斥又相互需要的关系"①，每个人都基于自我的利益，人与人之间是一种竞争、排斥的关系。但市场经济的交换本性决定了个人不能一味地排斥，必须合作，在合作中谋求自我利益的实现。为了在既竞争又合作的关系中实现自我的利益，就需要每个主体审视自己利益的边界，做到保护自我利益，又不侵犯别人的利益。个体的这种愿望成为普遍的愿望，外化为制度或者公共规则，因此，制度、规则把公正作为第一价值。公正的制度和规则保护的是个体的权利和利益，市场经济中的人是作为个人主体而非公共人出现的。在不完善的市场经济中，在不完善的制度中，还会出现坑蒙拐骗、尔虞我诈等行为，不仅扰乱了市场秩序，也破坏了公共伦理规则。市场经济的今天，人们把市场中的这种思维方式运用于社会生活中，人们虽然生活在一起，但人的一切行为都以是否有利于自我为标尺，甚至为了自我利益置他人于不顾，出现了公德失范，诸如高铁霸座、高空抛物、闯红灯、广场舞扰民、外出旅游不文明、网络语言粗俗等。

由市场经济引发的社会转型，表现为从农业社会向工业社会、熟人社会向陌生人社会转变。社会中人的交往方式和生活方式也发生了变化。基于自然经济的传统社会是农业社会、熟人社会，没有公共领域和公共生活，只有私人领域和私人生活，所有的交往都属于私人交往，遵循的是等差原则，这就是费孝通先生所说的"差序格局"。面对社会转型，从熟人社会走出来的个人，依然使用熟人之间等差交往原则对待现代社会的陌生人，要么寻求共同的"关系"（包括亲戚关系、老乡关系、同学关系、同事关系），把陌生人变成熟人；要么按照等级的身份确定自己的交往方式，致使现代社会难以按照平等、公正的原则行事，导致现代社会人情和人治盛行，理性和法治缺少；公

---

① 杨清荣：《公共生活伦理研究》，人民出版社 2016 年版，第 21 页。

共生活私人化，导致公共生活的缺失。传统社会的公德失范依然存续，加之市场经济规则、政策法规还不健全，个人主体性过分膨胀，致使公共生活的缺失更加突出，公民对公共领域和公共生活产生了疏离，"多数民众'公共精神'的普遍缺乏、丧失以及'公共人格'的某种程度的严重萎缩；公共性社会所需要的'公共价值'的阙如以及为保障公共价值的确立所需要的政府和个人承诺的'公共责任'观念的淡化等等"，[①] 正在成为阻碍现代国家治理现代化的一大问题。

现代社会是基于市场经济形成的社会，因此是理性的社会、平等的社会，也是陌生人的社会。现在社会把人看作无差别的陌生人，遵循无差别的公正原则，现代社会的生活也是一种公共生活。公共生活是异质性的多元主体的共在生活、共处生活，多元主体是平等的，他们不是以某种角色，而是作为一个公民参与公共生活。公民身份不是私己的，而是公共人。公共人是现代社会的主体，是公共生活的行动者，也是民主社会的创造者。

公共性是当前中国社会发展的迫切需要。从内部来说是国家社会治理的需要，从外部来说是构建人类命运共同体的要求。党的十八大以来，我们推进社会治理体制创新，提出了"打造共建共治共享的社会治理格局"的新目标。党的十九届四中全会提出要推进国家治理体系和治理能力现代化，"建设人人有责、人人尽责、人人享有的社会治理共同体"。党的二十大提出"发展全过程人民民主，保障人民当家作主"。治理不同于统治和管理，统治和管理是一元主体的控制与被控制，治理是多元主体的民主协商。"现代国家治理离不开大量公共领域以及在其中具有公共性的公共人存在，否则现代国家治理可

---

① 袁祖社：《"公共精神"：培育当代民族精神的核心理论维度》，《北京师范大学学报》（社会科学版）2006 年第 1 期。

能由于缺乏积极的行动者而无从谈起"①。由此,公共性是现代国家治理的社会基础。如果公民不愿意参与公共生活,封闭在自我之中,面对巨大的官僚机构,个体就会感到无能为力,就会使公民变得更加消极,缺少公共舆论监督,极易形成温和的专制主义。这就是查尔斯·泰勒对现代性的第三个隐忧:政治生活中自由的丧失和温和的专制主义的形成。② 建设社会治理的共同体,就必须使每个公民积极参与公共生活,成为社会治理中的共同成员。

人类只有一个地球,它是我们共同的家园。现代世界已经普遍全球化,"全球化既指世界的压缩,又是指对世界作为一个整体意识的增强"③。尽管全球不同国家的政治制度、发展层次、文化传统迥异,但全球化把各国共同联系起来,相互交融。适应全球化的要求,中国提出了"构建人类命运共同体"。人类命运共同体是治理世界的新理念,"它站立在全人类的角度,以全人类共同的命运为关怀指向,追求建立一个共识、共生、共建、共享、共赢和共荣的世界"④。它破除了西方赢者通吃、零和博弈的思维,致力于人类的共同发展,开辟多元治理、合作协商、世界和平的新局面。人类命运共同体不仅是利益共同体、政治共同体、安全共同体、生态共同体、文明共同体,还是价值共同体,价值共识是人类命运共同体的深层根基。世界各国应弘扬和平、发展、公平、正义、民主、自由的全人类共同价值,坚持胸

---

① 李山、吴理财:《公共人:现代国家治理的社会基础》,《兰州学刊》2014年第10期。

② [加]查尔斯·泰勒:《现代性之隐忧》,程炼译,中央编译出版社2001年版,第11页。

③ [美]罗兰·罗伯逊:《全球化:社会理论与全球文化》,梁光严译,上海人民出版社2000年版,第11页。

④ 徐艳玲:《从马克思的共同体思想看"人类命运共同体"的前世今生》:http://theory.gmw.cn/2018-07/09/content_29757366.htm,2018年7月9日。

怀天下，成为具有全球意识、世界眼光和人类情怀的世界公民。

四、公共性公民品格

（一）公共性的内涵

公共性虽然具有人性的依据，但公共性不是先验的，是历史发展到现代的产物。以人的主体性发展为线索，人的发展经历了前主体性——主体性——主体间性——他者性——公共性。前主体性是没有个人的主体性，这是人类社会发展的第一个阶段——人对自然、人对人的依附。主体性是人对自然、人对人的占有、征服，是人类社会发展的第二个阶段，即以物的依赖性为基础的个人独立性阶段。反思主体性的主客对立和占有性人格特征，人与人之间从二元对立，走向主体间的平等。但主体间的平等，依然是基于个人主体的利益的公平分配，是受制度约束的交互主体性。他者性改变了对主体性的认识思路，即从为己的主体性到为他的主体性。基于为他的主体性，超越个人利益，超越局部的群体利益，进而达到共同主体的公共性。这种公共性不是主体间利益协商的结果，基于个人利益"讨价还价"的协商，虽然达成了协议，签订了合同，但最终还是为了实现自己的利益。依靠协商组建起来的共同体，不具有牢固的根基，只是迪尔凯姆所描述的"机械团结"，非"有机团结"。个人主体只有走出自我，超越主体间的利益联合，通过互动的、有机的、社会的结合，建立具有内在联结的伦理共主体，才能形成我们所说的公共性。总之，人类的发展经历了无主体性到有主体性，从主体性到主体间性、他者性，最终实现公共性。

与主体性质的演进相一致，主体活动也经历了群体性—个人的独立性—主体间互动性—回应与责任—公共性。与前主体性相对应，原始和古代阶级社会中个人从属于群体，没有个人的存在。近代资本主义社会，市场经济唤醒了个人主体性，出现了物的依赖下的个人的独立性，个人作为独立的主体，人与人之间是一种对立的关系。主体间性反思人与人之间的对立，强调每个人都作为平等的主体，建立主体间的平等交往关系。但主体间的交往是基于利益的互惠互利，是一种你来我往的对称性关系。他者性站在他者的立场，强调人与人之间的非对称的伦理关系，即我对他者诉求的责任关系，建设一种新的人与人之间非对称的伦理关系——回应与责任，建构一种不只具有利益相关的共主体，还具有伦理意义的共主体。

对于共主体，有两种理解：一种是共同主体，另一种是共生主体。二者侧重点有所不同，共同主体的侧重点在"同"，在主体与主体之间寻求"最大的公约数"；共生主体的侧重点则在"生"，在主体间的共在、共生。虽然二者都是一种主体间关系，但共同主体把主体间性定位于寻求主体之间的共同性，主体间具有同一性；共生主体是寻求主体间的共在、共生，主体间具有差异性。公共性是指共生主体的公共性。共生主体的公共性是"我与他者"之间的特性，"我与他者"具有绝对的差异性，我为他者负责，我与他者之间是一种非对称的伦理关系。具有差异性的主体通过对他人的关怀和负责形成共生主体。共生主体间的有机融合，构成了公共性。因此，公共性中既有共生主体整体性的一面，也有个人主体差异的一面。"'公共'一词表示世界本身，就世界对我们所有人来说是共同的"，"在世界上一起生活，根本上意味着一个事物世界（a word of things）存在于共同拥有它们的人们中间，仿佛一张桌子置于围桌而坐的人们之间"①。阿伦特关于桌子的比喻非常贴切。公共性如同围桌而坐，桌子既使人们相互联系又彼此分开，公共性因"异"而聚合。每个个体都是共生体的一个成员，每个成员都为他人负责，成员之间形成无条件的爱的关系，

---

① ［美］汉娜·阿伦特：《人的境况》，王寅丽译，上海人民出版社2009年版，第34页。

促使共生主体公共性的形成。

公共性不是原初社会共同体的整体性，它既是整体"一"，又是个体"多"；既保持了个人主体的独立性，又保持了人与人之间的关系性、统一性，使个体成为共生体中的一员。公共性以承认他者的存在为前提，不断地向他者开放，设身处地去理解他者的立场和观点。因此，公共性有下列四个显著特点：第一，对象上的公开性、开放性。"它意味着任何在公共场合出现的东西能被所有人看到和听到，有最大程度的公开性。"① 公共性面向所有的人，不具有排他性，而具有差异性和包容性，不允许羞辱、蔑视、排斥其中任何一个人。第二，存在上的共同性和共在性。作为存在论范畴，公共性取决于我们拥有一个共同世界，这个共同的世界，既指我与他者共在的物理世界，更指关于这个世界的想象，即"共同体想象"。没有这个共同的世界，没有对共同世界的"共同体想象"，公共性就失去了存在论根基。第三，机制上的对话和负责。公共性面对的是具有差异性的他者，我与他者之间的关系，一是一种民主对话的关系，"本来意义上的公共性是一种民主原则"②。公共性是在相互尊重、相互理解的基础上，通过平等合作、理性商谈、对话沟通，形成价值共识。二是一种我对他者的责任关系。"每一个人都应怀着普遍的、团结互助的责任心……团结他人，即把他人视作我们中的一分子，是我们共同体中每个人的责任"。③ 正是我与他者之间的相互负责，形成了相互包容、

---

① ［美］汉娜·阿伦特：《人的境况》，王寅丽译，上海人民出版社 2009 年版，第 32 页。

② ［德］尤尔根·哈贝马斯：《公共领域的结构转型》，学林出版社 1999 年版，第 252 页。

③ 贺来：《社会团结与社会统一性的哲学论证》，《天津社会科学》2007 年第 5 期。

相互关爱的伦理共生体，使共生体更加具有凝聚力。第四，目的上的共识性和整体性。公共性是公共领域中不同个体之间通过自由而平等的交往、协商而形成一种价值共识，其功能在于巩固一种维系人们之间的共生共在关系，过一种公共生活，建构人人共在的公共领域。[①]公共性是一个整体，是蕴含每个独立个体的整体性，指向马克思所说的"总体性发展"。

（二）公共品格的形式之维

公共品格是公共人的价值系统，是公共人的行动导向。对于公共品格，有学者把其等同为公民品格[②]，有学者把其等同为公共精神[③]，前者对公共品格有所泛化，后者对公共品格有所窄化。公共品格是公民品格的一维，除此之外，公民品格还有个人主体性一维[④]；公共品格不只是公共精神，它是公共人的品行与德性的总体性状态，是一个从公共意识到公共参与的层级发展系统，是公共之知与公共之行的统一。

1. 公共意识

"公共意识是社会公众在公共领域或公共交往实践中表现出的一种以公共利益或公共秩序为思维取向的认同意识"，[⑤]是对公共利益或公共秩序的价值认同和内在省察。公共人不同于个体人，就在于个体

---

① 冯建军：《公共人及其培育：公共领域的视角》，《教育研究》2020 年第 6 期。

② 叶方兴：《公民品格：一种存在论的澄明》，《理论与改革》2016 年第 6 期。

③ 戚万学：《论公共精神的培育》，《教育研究》2017 年第 11 期。

④ 公民与公共人有交叉，但不完全等同。西方自由主义公民更强调公民个人的权利与自由，忽视公民的公共性。公共人承继古典共和主义公民思想，彰显公民公共性的品格。公民理想状态是个人主体与公共性的合一，在这个意义上，公共人是彰显公共性、公共精神的公民。

⑤ 杨淑萍：《公共精神的生发逻辑及青少年公共精神的培育路径》，《教育研究》2018 年第 3 期。

人只有个人利益，排斥其他人。公共人不否定个体利益的正当性，但关注公共利益。公共利益不是为了某个或几个集团的利益需要，它追求的是一种普遍的公正、公平与正义。公共利益面向每个人，具有开放的平等性，充分体现了对他者利益的尊重与保护，也表现出利益的共享性。公共意识，就是在公共领域和公共生活中树立公共利益观念，做公共利益的捍卫者。

2. 公共理性

个体通过自己的言行理性表达自己的利益诉求，以契约为纽带与他人进行平等交往，过一种公共生活，这就需要公共理性。罗尔斯指出，"公共理性是一个民主国家的基本特征。它是公民的理性，是那些共享平等公民身份的人的理性。他们的理性目标是公共善"。[①] 公共理性是公共人在公共生活中所运用的公共推理、公共辩谈的能力。公共理性是对个体欲望的约束，缺少公共理性，公民之间就不可能形成一种公平正义的制度。只有具有了公共理性，公民才能合理表达诉求，通过正确的途径解决矛盾，才能建立良好的社会公共秩序，保持社会的和谐状态。

3. 公共道德与法律

伦理是普遍的，具有一定的强制性。道德是个体的，具有自由的选择性。公共道德，既不是普遍伦理的强制，也不是个体道德的自由，而是人们在公共生活中形成的道德共识。公共道德以个体的独立性和道德的自由为前提，以个体之间的平等、尊重、承认为基础，构建开放、融通、团结、合作的关系，确立一种小我与大我、个体与共同体、个人与社会一体的道德共识。"有了共识后，还需要进一步确立共识的权威性。要树立共识的权威性，就需要把共识变成人们的

---

① ［美］约翰·罗尔斯：《政治自由主义（增订版）》，万俊人译，译林出版社2011年版，第196—197页。

一种公意、公义和公理"①，表现为公共道德与法律。作为公共规则，"法律是成文的道德，道德是内心的法律"②，二者如车之两轮、鸟之两翼，是相互联系、相互贯通的有机体。

4. 公共关怀与责任

个体在公共生活中有两种存在方式，一种是主体间的平等，另一种是他者的关怀。主体间的平等相对于私人间的亲密性生活，使公共生活平等面向每一个，构成了公共生活中陌生人之间的交往关系。基于主体间的利益平等，个人在公共生活中只关心自我和自己亲密的人，尽自己分内的义务。他者性关怀，则超越自己的分内义务，以利他的方式主动关心陌生人和社会，担当社会责任，表现出一种公共关怀和大爱情怀。公共生活不仅要建立在冷冰冰的理性的制度、法则之上，还要建立在关怀伦理之上。不仅关怀亲密的人，还关心陌生人，使私人生活的亲密关系和公共生活的陌生人关系实行双向转化，即从"由熟变生"再到"由生变熟"。③

5. 公共参与和行动

公共人不只是表现在言语中，表现在思想认识和行为态度上，更要表现在行为上，做一个公共精神的承载者、公共利益的维护者、公共领域的建构者、公共领域的行动者。④公共参与，既是公共人重要的行动表现，也是其他公共品格生成的机制。公共参与是公共人在公共生活中的积极行动，表现在政治公共领域中，就是作为一个公民具有知情权、参与权、表达权和监督权，积极行使人民当家作主的权

---

① 郭湛、王维国：《公共性的样态与内涵》，《哲学研究》2009 年第 8 期。

② 习近平：《加快建设社会主义法治国家》，《求是》2015 年第 1 期。

③ 程立涛、乔荣生：《现代性与"陌生人伦理"》，《伦理学研究》2010 年第 1 期。

④ 刘爱国：《中国公共人的生成逻辑》，武汉大学博士学位论文，2014 年，第 36—37 页。

利；在文化公共领域，认同和践行共同体的核心价值观和文化传统，参与公共文化的讨论，制造公共舆论，引领社会风尚；在社会公共领域中，有序参与公共事务，热心公益事业，勇于承担社会责任。因此，公共参与既是公民应尽的义务，也是公民的责任担当。激发公共意识，培育公民品格，最终的目的是使公民积极主动地参与公共生活，成为公共领域的行动者。

（三）公共品格的内容之维

公共意识、公共理性、公共道德和公共责任，是公民公共品格的形式，这些形式在公民公共生活的不同层面，包括社群（共同体）、民族—国家、世界和人类等有着具体的内容。

1.社群层面的公共品格：对共同体的理性认同和热爱

个人不可能单独生活，必须依赖于他人组成的大大小小的共同体，包括家庭、社区、单位和其他社会组织。现代社会，个体具有充分的自由，个体属于哪个社群，是自由选择的结果。我们可以选择和谁组建家庭，可以选择居住的小区，选择自己心仪的工作单位，根据自己的兴趣和意愿参加某一社会团体。一个人有选择社群的自由，这种自由建立在对某个社群的了解、认可的基础上，因此，选择一个社群，意味着对这个社群的认同，由此发展为热爱。社群有很多成员构成，每个人都自由选择了这个社群，因此，社群是以尊重每个人的自由为前提，在充分尊重个体差异和自由基础上，基于共同的目标，为了共同的利益，按照一定规则原则而组成的人们的共同体。我们以前也讲集体主义，但过分强调个人服从集体，致使个人失去了独立性，这就是马克思所批判的"虚假的共同体"。虚假的共同体，总是相对于各个人而独立的，"这些个人只是作为一般化的个人隶属于这种共同体"。这种共同体是个人之间机械的联合，"这种联合把个人的自由发展和运动的条件置于他们的控制之下"。① 虚假的共同体，借共同体之名，压制个人自由，使个人成为共同体的附属物和牺牲品。真正的共同体是对个人意志的普遍尊重，它生成于人们自主的、有着自由和责任的社群生活或公共生活。"在真正的共同体的条件下，各个人在自己的联合中并通过这种联合获得自己的自由"。② 所以，共同体的认同，不是被迫认同，而是自主、自愿和自由的选择性认同。人们之所以选择一个共同体，是因为对这个共同体的认同。当然，认同是理性的、认知的，认同的进一步发展，可以上升为情感，使理性的认同成为对共同体的热爱。在这个意义上，基于真实集体的集体主义就是公民在共同体层面的公共品格。

2. 民族—国家层面的公共品格：民族精神、爱国主义

社群是公民生活共同体的统称，小到一个单位、一个组织、一个社区，大到一个民族、一个国家。民族和国家是公民公共生活的文化共同体和政治共同体，因此，也需要对民族和国家有着理性的认同和热爱，这就表现为民族精神和爱国主义。

民族有广义和狭义之分，狭义的民族是我们每个人自然身份的族群，如汉族、回族、彝族等。广义的民族是国族，如中华民族，是对当代中国境内 56 个民族的一个共同称呼。公民品格所指向的民族精神是国族意义上的民族。民族精神不是某个族群的文化、观念和伦理、习俗，而是一个国家在文化上价值理想和追求、一个民族所秉持的公共精神、公共文化。"任何民族的民族精神，实质上就是该民族公共的文化精神的理论表达、共同的价值理想信念的理解和不懈追求。"③ 虽然不同国家的民族精神不同，但民族精神都包含着本国本民

---

① 《马克思恩格斯选集》第 1 卷，人民出版社 2012 年版，第 201—202 页。

② 《马克思恩格斯选集》第 1 卷，人民出版社 2012 年版，第 199 页。

③ 袁祖社：《"公共精神"：培育当代民族精神的核心理论维度》，《北京师范大学学报》（社会科学版）2006 年第 1 期。

族的"公共"精神，凝聚着该国公民共同精神追求、预示着一个国家社会发展共同的价值文化、思想观念。如以爱国主义为核心的团结统一、爱好和平、勤劳勇敢、自强不息就是中华民族的伟大民族精神。民族精神是一个民族"公共"的、"共同"的精神，这一"公共性"是民族精神的形式，但作为公民的公共品格，民族精神还要强调民族精神内涵的"公共性"。形式的公共性，是任何民族精神都可以有的；内涵上的公共性，不是每个民族都有的。民族精神内涵上的公共性，是公民在民族公共性上最重要的表征。中国传统的封建宗法制和新中国成立后高度集中的计划经济，扼杀了个人的存在，没有为民众提供真实意义上的"公共生活"空间和领域，缺乏公共生活，也没有孕育出民族的公共性。当今时代，中华民族的民族精神应该是一种涵摄"公共性"的文化精神，必须铸牢中华民族共同体意识，构筑中华民族共有精神家园。

在国族意义上，民族与国家是统一的，因此，民族精神以爱国主义为核心。其实，虽然它们都指向同一个共同体，但侧重点不同，民族侧重其文化和精神表达，国家侧重其政治表达。民族是一个想象共同体，国家是一个政治共同体。任何一个公民，都隶属于特定的国家。作为一个国家的公民，对这个国家的认同，尤其是政治认同，是国家公民所必需的。因此，爱国主义首先是国家认同，没有国家认同，理性上不认同国家的政治、法律等制度，就谈不上爱国。"国家认同是爱国主义的坚实基础，是爱国主义教育的理论内核"[①]。爱国是公民对国家的一种深厚情感，这种情感不是盲目的狂热，而是一种理性的爱国。爱国只有建立在理性基础上，对国家的爱，才会发自内心，才是深沉的。作为公民的一种公共品格，爱国是把自己的理想同国家的前途、把自己的命运同民族的命运紧密联系在一起，把自己融

---

① 郑航等：《国家认同与爱国主义》，中山大学出版社 2016 年版，第 32 页。

入国家之中，以维护祖国统一和民族团结为着力点，以建设国家为根本，贡献自己的力量。当代公民都是国家的公民，爱国是每个国家对公民的基本要求，但每个国家政治体制不同，爱国的内容也有不同。习近平总书记指出，"实现中华民族伟大复兴的中国梦，是当代中国爱国主义的鲜明主题"。① 对于我国而言，建设中国特色社会主义，祖国的命运与党的命运、社会主义的命运密不可分，因此必须坚持爱党和爱国、爱社会主义相统一，这是当代中国爱国主义精神最重要的体现。

习近平总书记指出："中国人是讲爱国主义的，同时我们也是具有国际视野和国际胸怀的。"② 前者爱国主义是就国家层面而言的，后者的国际视野和国际胸怀，是就超国家的人类命运共同体层面而言的。面向国家和超越国家，在今天二者必须统一起来，在人类命运共同体的意识下，深化对爱国主义的理解。

3. 国家与国家之间的公共品格：人类命运共同体意识

公民必须具有爱国主义，但在今天，爱国主义必须超越狭隘的民族主义、国家主义。因为全球化时代，世界多极化、经济全球化深入发展，各国利益交织空前紧密，全球性问题日益突出，各国人民的命运从未像今天这样紧紧相连。因此，虽然国家依然是主权的存在，但必须超越国家，建构人类命运共同体。党的十八大报告把"人类命运共同体"界定为"在追求本国利益时兼顾他国合理关切，在谋求本国发展中促进各国共同发展，建立更加平等均衡的新型全球发展伙伴关

---

① 《习近平在中共中央政治局第二十九次集体学习时强调　大力弘扬伟大爱国精神　为实现中国梦提供精神支柱》，《人民日报》2015 年 12 月 31 日。

② 《习近平接受金砖国家媒体联合采访　强调走和平发展道路》，http://news.cri.cn/gb/27824/2013/03/19/3365s4058092.htm，2013 年 3 月 19 日。

系，同舟共济，权责共担，增进人类共同利益"。^① 人类命运共同体追求人类共同的利益，但不放弃自己国家的利益，而是谋求国家与国家之间的合作。为了尊重国家之间的合作，必须放弃国家单一的主体思维，"尊重世界文明多样性，以文明交流超越文明隔阂、文明互鉴超越文明冲突、文明共存超越文明优越"^②。

人类命运共同体不是国家消亡后的整体化，而是国家与国家之间的合作关系。党的十八大报告提出了"平等互信、包容互鉴、合作共赢"的人类命运共同体意识。平等互信，就是坚持国家不分大小、强弱、贫富，一律平等，国家之间要相互尊重、相互信任，共同维持世界的和平与安全。包容互鉴，就是要尊重世界文明多样性、发展道路多样化，具有全球意识和开放的心态，尊重世界多元文化的多样性和差异性，相互借鉴，求同存异，取长补短，推动人类文明进步。合作共赢，是国家与国家之间的合作，坚持全球正义，积极参与跨文化交流，关注人类面临的全球性挑战，谋求各国共同发展，增进人类共同利益。

在人类命运共同体中，每个公民既是国家公民，具有爱国主义的情怀；也是世界公民，具有世界的胸怀，这就要超越公民单一的民族、国家身份，赋予其世界公民、全球公民身份，发展其世界视野、人类命运共同体的意识，使每个国家的公民都能够为世界的共同发展负责。

4. 类存在的公共品格：类意识和天人合一

从国家到人类命运共同体，人类联合的意识正在逐步增强，人类

---

① 胡锦涛：《坚定不移沿着中国特色社会主义道路前进 为全面建成小康社会而奋斗——中国共产党第十八次全国代表大会报告》，《人民日报》2012 年 11 月 9 日。

② 习近平：《决胜全面建成小康社会 夺取新时代中国特色社会主义伟大胜利——在中国共产党第十九次全国代表大会上的报告》，《人民日报》2017 年 10 月 28 日。

命运共同体使我们看到了类存在的曙光。马克思在《共产党宣言》中指出："随着资产阶级的发展，随着贸易自由的实现和世界市场的建立，随着工业生产以及与之相适应的生活条件的趋于一致，各国人民之间的民族隔离和对立日益消失。"①170多年前，马克思对资产阶级和市场经济发展的预言，已经和正在变成现实，而且全球化时代，人类命运共同体的构建，加速了人类一体化的进程，社会也将进入"人类社会"或"社会的人类"阶段，即共产主义阶段。马克思人类社会的理想是："代替那存在着阶级和阶级对立的资产阶级旧社会的，将是这样一个联合体，在那里，每个人的自由发展将是一切人发展的条件"。②自由人的联合体是马克思所理想的共产主义社会，也是消灭了国家之后的真正的人类社会。

马克思指出："人是类存在物"③。人作为类存在，面临两大关系，一是人与自然的关系，二是人与社会的关系。人类的发展是人与自然、人与社会从原始的自然统一到对立，再到融合的过程，人的关系将历史地发展为一种类关系，这种关系，"作为完成了的自然主义，等于人道主义，而作为完成了的人道主义，等于自然主义，它是人和自然界之间、人和人之间的矛盾的真正解决，是存在和本质，对象和自我确证，自由和必然，个体和类之间的斗争的真正解决。"④所以，自由人的联合体是人的类特性——"自由的有意识的活动"⑤的最终实现。在自由人的联合体中，每个人都是一个独立的人，拥有自由的本

---

① 《马克思恩格斯选集》第 1 卷，人民出版社 2012 年版，第 419 页。

② 《马克思恩格斯选集》第 1 卷，人民出版社 2012 年版，第 422 页。

③ 《马克思恩格斯选集》第 1 卷，人民出版社 2012 年版，第 55 页。

④ 《马克思恩格斯全集》第 42 卷，人民出版社 1979 年版，第 120 页。

⑤ ［德］卡尔·马克思：《1844 年经济学哲学手稿》，人民出版社 2000 年版，第 57 页。

性；人与人之间又具有共同的类本质、类属性和类关系。在类存在阶段，每个人既是他自己，又是类的存在物，在他的身上，展示着类的特性。就公共品格而言，在人与人之间，体现为人的类意识；在人与自然之间，体现为天人合一的境界。人与自然、人与人之间关系的异化，根本就在于人丧失了质的本性，推动了人的本真。

五、公共性公民品格的培育

作为一个群居性和社会性的存在，人与人"如何在一起"，始终是伴随人类发展的一个问题。与马克思关于人类社会发展的三个阶段相对应，人类生活也可以分为三个阶段，分别是共同生活、个体生活和公共生活。从前现代的共同生活到现代的个体生活，再到当代的公共生活，人类的发展也从"无我"走向"有我"，从"自我"走向"我与你"，走向"我们"。由雅克·德洛尔任主席的国际21世纪教育委员会向联合国教科文组织提交的《教育——财富蕴藏其中》报告，明确提出21世纪教育的四大支柱，其中之一就是"学会共同生活，学会与他人一起生活"，这是最重要、也是最难实现的目标。

（一）确立多元主体共生的理念

培育公民的公共品格，在理念上，首先要反对虚假的共同体和单子式个人主体两个极端，确立多元主体共生的公共生活理念。

第一，反对虚假的共同体。在人类社会发展的第一个阶段，人依附于群体而存在，每个人都是群体的附属物，群体的共同性代替了个体性，使个体失去了独立的人格。同质性的共同体是历史的产物，虽然这段历史早已过去，但同质性共同体的理念还出现在现代社会，表现为以共同体（集体）的名义反对个人，强调个人无条件地服从共同体（集体），把个人与共同体（集体）对立起来，把个人视为个人主义，加以压制和打击，在共同体中消解个体的存在。

第二，反对单子式个人主体的膨胀。近代以来，作为现代性启蒙的重要标志，个人主体性的出现具有积极的意义。但个人主体性的主客关系，也为其发展埋下了祸根。随着个人主体性膨胀，最终出现了以自我为中心的占有性个人主体性。在这种主体性中，"只有个别的人存在，只有各个不同的有他们自己的生命的个人存在"，不存在道德上优于他人的存在，也"不存在为它自己的利益而愿承担某种牺牲的有自身利益的社会实体"。① 也就是说，个体具有绝对优先性，没有任何人可以为他人而牺牲自己。占有性个人主体性的无限膨胀，最终使其走向黄昏。主体性的黄昏，不是要在一般意义上否定主体性，而是要改变其单子式的观念，使单子式个人主体性转变为多元主体的主体间性、交互主体性，主客体间的占有关系转变为主体间的平等关系。

第三，坚持多元主体共生的理念。"共生"是个生物学概念，它是指几种生物在有机联系的共生条件下互相得益的关系，有的共生达到了彼此不能分离的程度。共生关系虽然是不同生物体之间的关系，但因为共生，它们成为一个整体。这个整体不是同质的，而是异质的。以共生关系理解公共生活，公共生活是一种囊括多元主体的相关性和联系性的生活方式，是多元主体共在、共生的生活。费孝通先生描述的"各美其美，美人之美，美美与共，天下大同"是多元主体共生的境界，也是公共生活的理想状态。培育公共人，必须按照多元共生的理念，建构真正的共同体。真正的共同体是异质性的多元共生体，个体需要摆脱自我，开放自我，如果"没有向公共生活及其价值

---

① ［美］罗伯特·诺齐克：《无政府、国家与乌托邦》，何怀宏等译，中国社会科学出版社 1991 年版，第 41 页。

空间保持开放性，那么个体将会始终活在私己性个人之中"①，难以成为具有公共性的价值主体。所以，在价值上，公共生活把个人融在共同体之中，既保持个体性，又具有公共性，实现个体性与公共性的有机统一。

（二）建设学校公共领域，引导学生积极参与公共生活

公民的公共品格是在公共生活中成长出来的，没有公共生活实践的公共人，充其量只是具备公共知识的公民。所以，学校的公民教育应当避免纯知识性教育，应引导学生参与公共生活，将公共品格的培育融合在学生生活的各个方面。

第一，建设学校的公共领域，为学生公共生活开辟场域。现代教育不是个人生活领域，不是家庭生活领域，也不是经济交换领域。现代教育是公共教育，以培育国家和社会需要的公共人为目标，体现着国家的意志和社会的公共要求，具有国家的政治属性和社会的公共属性。学校生活包含政治生活、文化生活和社会交往生活，体现着公共性的要求。在这个意义上，学校都可以视为公共领域。但在哈贝马斯的公共领域意义上，我们需要有意建构。公共场所是公共领域的形式和平台，公共媒介是公共领域的传播中介。建设公共领域，首先就要建设公共场所和公共媒介，如体育馆、演播厅、研讨室、广播站、社团以及报纸、刊物、广播、电视、网络、自媒体等。我们可以在公共场所中通过公共媒介，组织沙龙、社团活动、班会、学生自治、演讲、辩论、政治模拟、志愿者服务等，出版报纸、刊物、发布自媒体信息，开展网络交流等，使每个学生都有机会充分表达自己观点，活跃民主气氛，形成学校公共舆论。

---

① 刘铁芳：《学生何以进入公共生活之中——基于学生视角的学校公共生活建构》，《山西大学学报》（哲学社会科学版）2013年第5期。

第二，建立学生的共同体，为他们的公共生活提供有效平台。现代共同体区别于原始共同体。原始共同体因为"同"而成为一体。这种"同"不是来自人的自然特征，而是来自整体主义，以整体性压制个人，个人服从于整体。现代共同体因为"异"而一体，它是由平等的个人经公共协商建立起来的共同体。共同体是一种关系概念，学校生活中存在的师生、生生之间都可以组成各种共同体，包括班级共同体、课堂共同体、学习共同体、劳动共同体、社团共同体和管理共同体，等等。共同体不是自发形成的，而是我们主动建构的。在建构过程中，要摒弃整体主义和共同主义，避免以权威的名义或非正当的理由损害个体学生的正当权益，以一种"求同存异"的思维方式，为学生的个性发展留下充分的弹性空间。

第三，引导学生积极参与公共生活。学校的公共领域、公共组织和共同体都是外部条件，关键是学生要积极参与公共生活。公共生活是公共人共同参与的生活，体现着公共人的自由、民主、平等和尊严。公共生活需要公共参与。参与公共生活是培育公共人最关键的一步。公共参与是公共人对公共事务、公共利益的关切和行动。教师要主动引导学生的公共参与，一方面使他们具有公共生活的意识，明白公共生活对于个人发展和社会民主的意义，激发他们参与公共生活的热情；另一方面要激励他们积极参加班级、学校和社团的公共生活，同时，也要拓展学生参与公共生活的渠道，引导他们积极参与社区生活以及更为广阔的社会公益活动，使他们在参与公共事务的讨论、决策中掌握了协商、审慎的态度和行为方式，在公共交往中加深其对互惠、公正、合作、协商、宽容、共享等价值的理解与体验形成一种平等共处、协商共事、利益共享的行为方式。

（三）以道德教育促进公共品格的发展

公共品格是公民的一种道德品格，我们必须将公民公共品格的培育作为新时代赋予道德教育的新使命，在战略上把公共品格纳入"时代新人"的内涵之中，纳入教育目的和培养目标，在课程体系中加以规划，尤其是道德与法治、思想政治、社会、历史和综合实践活动、劳动等学科的课程标准、核心素养与课程内容选择，必须考虑公共品格及相应的道德教育，并从制度、课程和教学等方面加以系统化落实。

第一，共同体认同教育。公民是具有共同体身份的人，公民以对共同体的认同为前提。共同体不是事实性的，而是建构性的。只有认同共同体，才能使共同体成为自己的共同体。作为一个公民，有国家的政治共同体、民族的文化共同体；作为一个单位人，有组织的共同体；作为一个社会人，有社区的共同体和公共场所的想象共同体。无论是正式的，还是非正常的，共同体都不在于实体组织，而在于公共精神，这种公共精神有国家的核心价值观、民族的文化传统，也有公共伦理、道德与规则、法律。共同体认同不只是告诉学生属于哪个共同体，最重要的是认同其精神和文化。共同体认同教育，就是要引导学生认同国家政治制度、民族文化传统，弘扬和践行社会主义核心价值观，遵守国家法律，强化社会公德，引导学生明大德、守公德、严私德，做一个文明的社会公民。

第二，共同体的集体精神教育。公共人的教育不仅具有共同体的认同，还需要具有共同体的集体精神。共同体的集体精神也称为"集体主义教育"，但由于以往总是把集体主义与个体对立起来，用集体压制和排斥个体，剥夺个体的利益，所以，这里使用"共同体的集体精神"。根据马克思提出的人类社会发展三个阶段理论，第一个阶段是原始的同质共同体，个人依赖共同体获得规定；第二个阶段，人类进入阶级社会，共同体对于个人来说成为异己的存在，这就是马克思指出的，"从前各个人联合而成的虚假的共同体，总是相对于各个人而独立的；由于这种共同体是一个阶级反对另一个阶级的联合，因此对于被统治的阶级来说，它不仅是完全虚假的共同体，而且是新的桎梏"。① 马克思所说的人类社会发展的第三个阶段，不是以共同体否定个人的独立性，而是把个人融合于共同体之中，各个人在自己的联合中并通过这种联合获得自己的自由。"也就是说，只有在共同体中才可能有个人自由。"② 具有公共品格的公民既不是第一个阶段原始的群体人，也不是第二个阶段异己的个人，而是第三个阶段"自由联合体"中的人。共同体的集体精神教育就是要避免传统集体主义的"公极人"和个人主义的"私极人"两个极端，兼顾个人利益和共同体利益，把个人融入共同体中，在共同体中实现个人的自由发展，成为具有公共性的人、类本性的人。

第三，公共品格教育。公共品格是公民在公共领域中参与公共事务，开展公共交往，过好公共生活所必需的道德和行为，包括公共意识、公共理性、公共道德、公共参与。公共品格教育，就是面向青少年学生，通过开展公共意识教育，使他们充分认识公共生活和公共价值的必要性，确立公共立场和公共生活自觉；通过开展公共理性教育，培育他们独立思考、理性协商、理性批判和审辨思维的品质，以及坚持真理、说真话、讲实话，热爱真理、捍卫真理的道德勇气；通过开展公共道德，培育他们平等对待、互相尊重、宽容理解、诚实守信的道德品质和关爱他人、关心集体、家国担当、胸怀世界的大情怀，"成为有大爱大德大情怀的人"③；通过开展公共参与教育，引导学生有序参与公共事务，积极参加公共活动和社会服务，勇于承担社会责任，做公共生活的践行者和行动者。

---

① 《马克思恩格斯选集》第 1 卷，人民出版社 2012 年版，第 199 页。

② 《马克思恩格斯选集》第 1 卷，人民出版社 2012 年版，第 199 页。

③ 《习近平在全国教育大会上的讲话》，http://www.moe.gov.cn/jyb_xwfb/s6052/moe_838/201809/t20180910_348145.html，2018 年 9 月 10 日。

我们要把公共品格教育具体化为集体主义教育、爱国主义教育、社会主义教育、人类命运共同体教育和生态文明教育，培育公民在社群、民族—国家、人类命运共同体、人类与自然生命共同体等层面上的公民品格。

（四）公共品格在公民实践中成长

公共品格的培育要坚持教育引导、实践养成和制度保障相结合。公共品格体现在公民的政治、社会和日常生活等活动中，因此，需要国家、社会、社区为公民公共品格发展提供实践路径和制度保障。

第一，建立和完善国家治理的渠道，使公民积极参与政治领域的公共生活。我国是人民民主专政的社会主义国家，国家的一切权力属于人民，人民当家作主。党的十九届四中全会明确提出，"坚持和完善中国特色社会主义制度，推进国家治理体系和治理能力现代化"，并就政治、法治、社会治理等方面提出了公民参与政治生活的具体路径。在政治上，坚持和完善社会主义民主政治建设，依法实行民主选举、民主协商、民主决策、民主管理、民主监督，使各方面制度和国家治理更好体现人民意志、保障人民权益、激发人民创造，确保人民依法通过各种途径和形式管理国家事务，管理经济文化事业，管理社会事务。在法治上，坚持法治建设为了人民、依靠人民，加强人权法治保障，保证人民依法享有广泛的权利和自由、承担应尽的义务。在社会治理上，坚持和完善共建共治共享的社会治理制度，建设人人有责、人人尽责、人人享有的社会治理共同体，激发公众参与的热情，完善群众参与基层社会治理的制度化渠道。[①] 推进国家治理体系和治

---

① 《中共中央关于坚持和完善中国特色社会主义制度 推进国家治理体系和治理能力现代化若干重大问题的决定》，《人民日报》2019 年 11 月 6 日。

理能力的现代化，就是要扩大公民参与公共政治生活的范围，增加参与的方式、途径，推进公民有序政治参与的制度化、常规化，发展全过程人民民主，最大限度地发挥社会主义民主制度的优越性。

第二，重视公共传媒的建设，引导公民积极参与社会和文化领域的公共生活。哈贝马斯把公共媒介作为公共领域的重要因素，"公共领域说到底就是公共舆论领域，其基本特征就是不受限制的、理性的、批判性的公众讨论"。[①] 传统的公共传媒有报纸、杂志、广播、电视等，新的公共传媒借助于信息技术出现了网络、微博、微信等新媒体。新闻与传播学的研究表明，从传播的实践来看，传统媒介以传播者为中心，新闻生产主要是专业生产者的活动，公众的参与度较小。新型媒介以用户为生产、发布主体，媒体与公众之间充分互动，微博、微信实现了全民参与和共享，充分体现了社会交往的公共性。[②] 新型传媒为社会交往和文化交流提供了便利条件，但这并不等于新型传媒就是公共传媒。公共媒介的核心不在于传播载体，而在于其公共性。公共媒介是公民发表见解的平台，为公民提供公共服务。每个人都应该秉持公共之心，从公共利益出发，就公共问题开展互动交流，协商研讨，达成建设性的政治、文化、道德等方面共识，形成公共舆论，引导良好的社会风尚。

第三，搭建社区公民公共性发展的机制，引导公民积极参与日常公共生活。日常生活是公民最经常的生活，也是国家良好政治秩序的根基。公民的道德水准和文明素养，在日常生活中折射出来，也反映出一个民族和国家文明的面貌。因此，我们必须重视日常生活中公共品格的培育。当前我国社会转型，正在从"熟人社会"向陌生人社会

---

① 杨仁忠：《公共领域论》，人民出版社 2009 年版，第 258 页。

② 常媛媛、曾庆香：《新型主流媒体新闻身份建构：主体间性与道德共识》，《西南民族大学学报》（人文社会科学版）2020 年第 3 期。

转变，加之人们居住空间的改变，村庄和大杂院式的居住环境被现代化小区所替代，也阻隔了人与人之间的密切交往，甚至他人已经成为不能够完全信任的陌生人。桑内特对公共人衰落的原因分析，其中一个重要原因就是公共空间的死亡。所以，建设日常公共生活，社区必须提供公共空间，提供公共交往的场所。社区公共空间以及公共生活的建构，还应当创新社区管理的方式，健全社区管理和服务机制，引导社区居民积极参与社区治理，加强自治性的公共事务讨论平台建设，积极组织开展社区各种公益活动、志愿服务，组织开展丰富的文化活动，搭建社区交往的平台，增加社区人际交往频率，提升人际的互信和对社区的认同感、归属感，使每个人真正成为关心社区的公共人，进而走向社会，成为关心社会的公共人。

第六章　公共生活及其在公民品格培育中的价值

　　"人的世界是共同世界，人在世界中就是与他人共同存在。"① 这就是公共生活的本体论依据。人的本质是社会关系的总和，人是一个社会性的存在，这是公共生活的人性论依据。共在的本体论和社会性的人性论，决定了人不应该，也不可能离开他人而存在。但人与人之间共在的方式，在不同的历史阶段受不同的制度、文化或伦理、习俗等因素的影响，存在着不同。从历史的发展看，当代世界包括中国社会的发展，在个体平等的基础上，人与人之间的交往越来越普遍、越来越密切、越来越充分，公共生活越来越凸显，已经成为当代社会的基本生活形态。人在社会中，即人在生活中，人建构着生活，也在生活中成长，不同的生活参与人的不同的成长。公共生活以公共性为旨归，自然促进公民的公共精神、公民公共品格的发展。公共生活与公民公共品格、公共精神是一体的。生活作为动态的生命，生命的发展就是生活。所以，培育公民品格，不是在生活之外再造一个生活，而就在生活之中。生活的范围是社会，自然包括学校。学校教育在青少年公民品格培育中承担着不可或缺的重要作用。学校既是学生生活的最主要的公共领域，又是公民品格培育的最重要的场所。学校必须在开展课程知识学习的同时有意识地引导学生过一种公共生活，从而在公共生活的建构中有效地培育学生的公民品格。

---

　　① ［德］马丁·海德格尔：《存在与时间》，陈嘉映译，生活·读书·新知三联书店 1987 年版，第 146 页。

一、公共生活的内涵与特性

人在生活中，生活是人的存在形态。生活中的人不是孤独的、单子式的存在，是一种"共在性"存在。在这个意义上，人都需要联合其他人"共同"生活。但共同生活并不都是"公共生活"。"共同"生活可能是私人生活，也可能是公共生活，这取决于共同生活的人们之间是一种什么样的关系。

私人生活并不是一个人的孤立生活，鲁滨逊式的人物是不存在的，即便偶然存在，也不是常态。私人生活也是一种共同生活，其内在的结构与公共生活不同，遵循的规则与公共生活也不同。亚里士多德在《尼各马科伦理学》中讲到"正义"和"友爱"两种德行时，区分了家室的"正义"与政治的"正义"，家室的友爱、伙伴间的友爱与公民的友爱，[①]家室的正义与友爱是基于家室中父亲同子女之间、丈夫与妻子之间两种不平等的交往关系，属于私人生活和个人伦理的范畴；政治的正义和友爱，是平等的人们之间基于法律和契约的公共性交往关系，属于公共生活和公民伦理的范畴。因此，共同生活并不是公共生活，也可能是私人生活。不同的生活，塑造着人的不同身份和素质。私人生活形塑的是私民，公共生活形塑的是公民。公民之"公"，就在于公民必须过一种公共生活。公民生活是一种公共生活。

公共生活是人们在公共领域中，通过参与公共事务而形成的相互联系和相互影响的共同生活。它以公共领域为场域，以公共事务为中介，以公共参与、公共交往为手段，以公共伦理为调节，以公共性为目的。以下我们从这几个方面认识和把握公共生活。

---

① ［古希腊］亚里士多德：《尼各马可伦理学》，廖申白译，商务印书馆2003年版，第147—149、245—247页。

公共生活发生在公共领域之中，是公民在公共领域中的生活。公共领域是一个什么样的领域，其本身也是不断变化的。哈贝马斯在《公共领域的结构转型》中考察了公共领域的历史演变，指出了三种形态的公共领域。第一种是针对城邦而言的，是指以政治生活为本质内容的公共生活。亚里士多德对家庭和城邦作了区分。在他看来，家庭代表着私人领域，城邦代表着公共领域。城邦是由公民组成的共同体，城邦中的公民不仅自由平等，而且"参加司法事务和治权机构"，公民作为公众法庭的审判员（陪审员）和公民大会成员，行使议事、审判和行政管理。公民生活主要是一种政治生活，公共领域也是一种政治生活领域。公共领域的第二种含义是针对中世纪欧洲封建社会而言的，哈贝马斯称之为"代表型公共领域"。哈贝马斯认为，作为制度的范畴，公共领域作为一个和私人领域相分离的特殊领域，在中世纪中期的封建社会是不存在的。代表型公共领域不是一个社会领域，是封建领主、贵族阶级高贵地位的一种象征，它以一整套关于"高贵"希望的繁文缛节为标志，诸如权力的象征物（徽章、武器）、生活习性（衣着、发型）、行为举止（问候形式、手势）以及修辞方式（称呼形式、整个正规用语）等。封建社会的代表型公共领域，既非私人领域，也非公共领域，而是"以私充公"，把封建领主和贵族阶层的意志变为公共意志。封建领主代表的是其所有权，而非民众。[1] 第三种形态是资产阶级公共领域，它是一个私人自主权的领域（市民社会）与公共权力（国家）之间的中间地带。对于资产阶级公共领域，哈贝马斯指出："其最突出的特征，是在阅读日报、月刊评论的私人当中，形成一个松散但开放和弹性的交往网络。通过私人社团和常常是学术协会、阅读小组、共济会、宗教社团这种机构的核心，它们自发地聚集

---

① ［德］尤尔根·哈贝马斯：《公共领域的结构转型》，曹卫东等译，学林出版社 1999 年版，第 5—7 页。

在一起。剧院、博物馆、音乐厅，以及咖啡馆、茶室、沙龙等对娱乐和对话提供了一种公共空间。这种早期的公共领域逐渐沿着社会的维度延伸，并且在话题方面也无所不包：聚焦点由艺术和文学转到了政治。"[①] 资产阶级公共领域最早指文学公共领域，现在已由文学公共领域延伸到政治公共领域。政治公共领域是从文学公共领域中产生出来的，它以公共舆论为媒介，对国家和社会产生影响和调节作用，与国家的强制性权力相对抗。哈贝马斯预言，公共领域的话题还会扩大，直至变得"无所不包"。如此，若以话题来限定公共领域，不是一个合适的方法。因为任何的话题，包括政治的、社会的、文化的，都可能成为公共话题，政治领域、社会领域和文化领域都有可能构成公共领域。但无论什么样的公共领域，都是由私人集合而成的公众领域，它向所有公民透明地开放，"任何在公共场合出现的东西都能被所有人看到和听到，有最大程度上的公开性"[②]。总之，尽管公共领域在不同时期、不同领域有着不同的所指，但就其核心意义来说，它是向所有公民开放的，以公共参与和公共对话、交往为手段，具有公共性的社会行为空间和社会舆论空间。当代公共领域主要通过公共舆论发挥社会引导、批判功能。

公共生活以公共交往为手段。交往是人与人之间的相互影响、相互作用，但交往并不都是公共交往，也可能是私人交往。这取决于交往的对象和交往的方式。个人在家庭生活中的交往，邻里、朋友、伙伴间的交往都属于私人交往。这种交往是基于血缘、地缘关系的"熟人间的交往"，亲情、友情在交往中起着重要作用，是一种以情感为

---

① ［德］尤尔根·哈贝马斯：《关于公共领域问题的答问》，《社会学研究》1999 年第 3 期。

② ［美］汉娜·阿伦特：《人的境况》，王寅丽译，上海人民出版社 2009 年版，第 32 页。

主要纽带的伦理关系。中国传统文化中的"差序格局"，讲究亲疏有异、远近有别，体现的就是一种私人交往。公共交往是现代社会中"陌生人之间"的交往，每一个人都作为一个普遍的他者、复数的他者与别人交往，交往所依据的契约或公共规则，是一种陌生人之间普遍的、无差别的关系。因此，公共交往是一种陌生人间的普遍的、无差别的平等交往。家庭中私人交往是一种不自由、不平等的交往。阿伦特分析了家庭和城邦的区别，认为家庭中的人被自己的需要和欲望所驱动，因此，家庭共同体的产生是必然的，这种必然也支配着家庭中的所有行为。"城邦区别于家庭之处在于唯有城邦知道'平等者'，而家庭则是严格的不平等场所……自由不存在于家庭领域之内，对于家长，即家庭的统治者来说，他是自由的，仅仅在于他有权离开家庭和进入政治领域，在政治领域中，所有人才是平等者。"[1] 城邦是从封闭的家庭生活走出来的体现解放性和自由性的领域，是从必然的支配中超脱出来的公共领域。作为政治生活的公共领域，城邦体现的是自由、平等与非暴力，而"强制和暴力在私人领域是才正当的"[2]。家庭成员被视为家庭的私有物，必须服从于家庭的需要，家庭的血缘关系使家庭成员之间存在着长幼和尊卑。封建社会的"三纲五常"就是家庭成员关系的写照。近代以来，受政治民主化的影响，公民交往关系已经深深介入了家庭私人领域，家庭关系也逐渐趋于民主，但与公共领域相比，家庭关系更多的还是一种亲情关系、伦理关系，而不是一种基于契约的平等关系。如若公民把家庭关系置入公共领域，就会造成亲疏有别，任人唯亲，破坏社会的民主、平等与公正。所以，公共

---

　　① ［美］汉娜·阿伦特：《人的境况》，王寅丽译，上海人民出版社2009年版，第20页。

　　② ［美］汉娜·阿伦特：《人的境况》，王寅丽译，上海人民出版社2009年版，第19页。

领域必须坚持公开的、面向所有人的公共交往。

公共生活以公共性为核心。判断一个场域是公共场域还是私人场域，一种行为是私人行为还是公共行为，是私人交往还是公共交往，最核心的依据是公共性。如何理解公共性，阿伦特指出，"公共"一词表明了"两个相互联系却又完全不同的现象"。其一，公共领域中展现的任何东西都可为人所见、所闻，具有最广泛的公开性。公开意味着面向所有人，是开放、平等的。其二，不同于个人空间而言，"公共"一词还表明了世界本身。作为一个共有的世界，公共领域可以把我们聚在一起，又防止我们彼此竞争。公共性的两个方面，前者强调公共领域面向每个人的公开性，后者强调公共领域的共有与统一。正是这两个相反的方向，使公共领域既蕴含"私"，也蕴含"公"。公共领域不是完全一致的同一性领域，公共生活也不是完全共同的生活。亚里士多德早就意识到，城邦若趋于整体化（同一性），最后一定不成其为一个城邦。城邦的本质就是许多分子的集合。[①] 公共领域意味着差异性的同时在场。具有差异性的私人聚在一起，正如哈贝马斯所说，公共领域是"一个由私人集合而成的公众的领域"[②]。在其中，大家就共同关心的议题相互交流、相互沟通、相互尊重、平等协商。这里进行交流的是一些私人，私人构成公众，组建公共领域。因此，公共领域不仅是一个公共生活的世界，也是一个承认个体性的公开世界。公共性是个体性和共同性的统一，它使公众既保持独立，又有着合作；既有自我的权利，又有公共的利益；既有自我的表达，又有公共的意见。

---

① ［古希腊］亚里士多德：《政治学》，吴寿彭译，商务印书馆 1965 年版，第 45 页。

② ［德］尤尔根·哈贝马斯：《公共领域的结构转型》，曹卫东等译，学林出版社 1999 年版，第 32—33 页。

公民在公共生活中扮演公众的角色。公共性与私己性、公共事务与私人事务把公共生活与私人生活区别开来。在私人生活中，个体为自己的利益而存在，从事着私人交往。在公共生活中，个人为公共利益而存在，是为了公共利益与众人一起对话、商讨的一员，扮演着公众的角色。私人不是公民，但公民需要以私人为前提。"私人生活是第一性的，公共生活是第二性的；私人是人的第一身份，公民是人的第二身份。"[①] 私民不同于臣民，是具有独立人格的个体。私民过一种私人生活。公共生活的公共性，必然要求公民成为公众。"公众是由公民派生出来的一个用于分析社会发展的工具性角色，以用来着重关注公共领域发展过程中公民的表现。所有的公众必然都是公民，而公民并不完全都是公众"。[②] 公众是公共领域的主体，而公共领域是处于国家政治权力领域之外的一个独立的领域。在哈贝马斯那里，主要是公共舆论领域，它和公共权力机关直接相抗衡，发挥着批评功能。在这个意义上，具有批评功能的公众，有时候会站在履行政治职责的公民的对立面。公众是公共领域，尤其是公共舆论领域中，自由地集合在一起，自由地讨论，自由地播散思想的人们。徐贲在他的《什么是好的公共生活》[③] 后记中写道：公共话语是公众的话语，它的基本要求是理性、逻辑和常识判断。当然，正如哈贝马斯已经将公共领域从文学领域延伸到政治领域，乃至所有领域一样，公众角色的发挥也不只局限于公共舆论，也可以表现为政治领域、社会领域。如公民权利问题，公民的私己角色关注的是公民个人的生命权、财产权、自由权等，公民的公众角色则关注的是公民的选举权、被选举权、监督权、参与权、集会权等。在亚里士多德那里，公民作为"参加司法事

---

① 王江松：《公民与公共生活》，《公共艺术》2009 年第 10 期。

② 张凤阳等：《政治哲学关键词》，江苏人民出版社 2006 年版，第 183 页。

③ 徐贲：《什么是好的公共生活》，吉林出版集团有限公司 2011 年版。

务和治权机构的人们"，表现的是一种公众的角色。近代随着市场经济的发展，个人独立性的增强，公民的公众角色不断弱化，私民的角色不断增强，马歇尔的公民身份几乎就成了"私人公民"，致使西方社会公民公共生活的参与率下降，出现了公共冷漠和公共性的衰落。公民作为个体性和公共性的统一，在公共性衰落的今天，保持二者的平衡关系，需要加强公共生活，强化公民在公共生活中的公众角色。

因此，公共生活具有下列特点：第一，公开性。公共首先是公开，没有公开，生活就变成某个人或某部分人的生活，是属于他们的特殊生活，就不是公共生活。所以，公共生活在对象上首先是公开的，是面向每个人的生活，向所有人开放，人人可以参加的生活。第二，多元性。多元性不仅表现为公共生活主体的数量多，而且表现为公共生活主体的独特性、差异性。公共生活的主体都是普遍的他者，每个人都是平等的他者，因此是有差异的、多元的。第三，平等性。公共生活不是共同生活，共同生活以同一性要求每个人，抹杀了个人的独特性，因此，每个人不是作为他自己，而是作为一个抽象的人存在。公共生活尊重每个人的独特性，每个人都是一个"他者"，人与人之间是平等的。第四，交往性。公共生活中的主体是一个个独立的、独特的个人，他们之间之所以能够结成公共生活，除了平等的关系外，更重要的是通过交往活动。公共生活是共同体的成员，通过理性的交往活动建构起来的。交往性、交互性是公共生活生成的根本。没有交往，个体之间就没有互动，也就不会有公共生活。第五，公共性。公共性是公共生活的本质属性，表现为尊重差异的共识性和价值追求的普遍性。公共生活中的公共性，不是一个整体的"一"，而是多元中的"一"。人与人之间作为多元的主体，"一"是通过主体间交往中的理性协商、对话而达成的"重叠共识"。公共生活中，尽管主体各异，但都具有共同的价值追求，这就是"公共善"。公共善是对整个公共生活价值追求的一种总概括，"交互主体因'公共善'而采取的协调性集体行动所导致的结果，便具有了鲜明的公共性"。[1]

二、公共生活的构成要素

生活不是先于我们而存在的，不是现成的、既定的，而是需要自觉建构的。人的有意识的生命活动及其状态，就是其生活。所以，生活既是过程，也是结果。公共生活同样如此。

简单地说，公共生活就是人与人通过交往而形成的共同体的生活。在公共生活中，有三个最基本的要素：公共人、交往和共同体。公共人是主体，交往是人与人之间的活动，共同体是交往的结果，也是公共生活的存在形态。但人与人之间什么样的交往，才能构成公共生活，这既有交往的介质，也有对交往的要求。就介质而言，主要有公共空间和公共话语；就交往的要求而言，主要是遵循公共规则。因此，公共生活是在公共空间中，公共人之间借助于公共话语，以公共规则为依据展开公共交往，形成的共同体生活。所以，公共生活的要素包括：公共人、公共规则、公共话语、公共空间、公共交往和共同体。

（一）公共人：公共生活的行动主体

公共生活是建构的，主体是建构公共生活的能动要素，也是第一要素。公共生活的主体是谁？这是一个亟须澄明的问题。对于公共生活的主体，有不同的说法，有人认为是普遍的他者，[2] 有人认为是公众[3]，

---

① 陈付龙:《当代中国社会公共生活建设研究》，人民出版社 2017 年版，第 45 页。

② 崔丽娜:《良序的公共生活何以可能》，中国社会科学出版社 2019 年版，第 50 页。

③ 陈付龙:《当代中国社会公共生活建设研究》，人民出版社 2017 年版，第 45 页。

有人认为是公共人①。其实，这些提法只是着眼点不同，它们之间并不矛盾。普遍的他者，是着眼于私人生活与公共生活的比较。私人生活是基于血缘、亲缘的"熟人交往"关系，如父母与子女、亲戚朋友之间的关系，以情感为纽带，相互之间不一定是公平公正的。但公共生活中，人与人之间的关系，是"陌生人"之间的交往关系，它追求的是人与人之间的公平正义。所以，公共生活的主体是"陌生人"，不是"熟人"；是"普遍的他者"，不是具有特殊背景、特殊关系的人。主体只有以陌生人的身份，把每个人都当作一个普遍性的他者，才能避免公共生活中的人情关系，使公共生活成为面向每个人的公平正义的生活。

陌生人是就公共生活中人与人之间关系而言的，公众是就公共生活群体而言的，是由"普遍的利益"而共同聚集的群体。笔者更倾向于用"共同体"或者"共生体"来形容公共生活的群体，这个群体中的个人，或者说公共生活中的人，笔者更倾向于称之为"公共人"。公共人是基于公共立场，参与公共生活、展开公共交往、谋求公共福祉、具有公共品格的行动者②。公共人建构了公共生活，公共生活也塑造了公共人，公共人与公共生活是相互形塑、相互决定的。之所以使用"公共人"，没有使用"公民"一词，就在于近代以来西方主导的公民概念，只强调公民的权利和义务，缺少公民公共性或公共精神。公共生活中的主体是公民，但不是那种只有自我利益的公民，而是具有公共精神、公共责任的公民。在这个意义上，公共人就是公共生活中具有公共精神、公共责任，为了公共利益和公共福祉的公民。

---

① 冯建军：《公共人及其培育》，《教育研究》2020 年第 6 期。
② 冯建军：《公共人及其培育》，《教育研究》2020 年第 6 期。

（二）公共规则：公共生活的遵循

公共生活不是一个人孤立的生活，哪怕是两个人以上的生活，就需要有一个共同的生活规则作为行动依据，处理人与人之间的关系，否则生活就可能充满矛盾。所以，共同的生活规则是公共生活的保证，也是其基本的构成要素。公共生活的规则可以分为两类，一类是硬规则，包括契约、合同、规则、制度、法律等，具有强制性，是公共生活中不得不遵循的要求，违背规则必须受到相应的惩罚。公共生活依规则而行，规则是理性的，不是情感的。依规则而行的生活是理性的生活，这也使公共生活区别于私人生活。公共生活的规则，应该代表所有人的意志，至少是大多数人的意志，反映一种公意。公共规则不是那个人说了算，公共规则是大家协商的规则，作为协商结果的公共规则，反映着每个人的利益，当然，为了公共规则的达成，需要每个人都适当妥协和让渡，但不能为了一些人的利益而损害另一部分人的利益，哪怕是少数人的利益，也不容侵犯。

另一类是伦理，是公共生活的软规则，是公共生活暗藏流动的生活规则。伦理与道德有联系，但也有区别。伦理是社会关系的反映，具有公共性。道德是个人自由意志的反映，具有自由性和选择性。现代社会，虽然人人都有道德选择的自由，但公共生活需要公共伦理。缺少公共伦理的认同，道德自由就会成为脱缰的野马。"伦理认同与道德自由的矛盾，已经成为现代性尤其是西方现代性道德文明的基本矛盾，矛盾的主要方面，是脱离伦理认同的道德自由"[①]。道德社会要以公共伦理为前提。公共伦理是公共生活伦理关系的反映，它不是先验的，而是建构性的，是我们如何在一起的伦理规则。公共生活是陌生人之间的生活，因此，公共伦理是契约性的，非美德性的。

---

① 樊浩：《伦理之"公"及其存在形态》，《伦理学研究》2013年第5期。

（三）公共话语：公共生活的中介

人是言说的动物，人的行动是通过言说来表达的。阿伦特说："没有言语相伴，行动就不仅失去了它的揭示性质，而且失去了它的主体……无言的行动不再是行动，因为没有行动者"。[①] 公共生活是行动的世界，也是言说的世界。公共生活中的言说是一种公共言说。什么是公共言说？公共言说首先要针对公共生活中的公共问题，私己的问题不是公共言说的对象。公共言说是围绕公共问题而展开的，公共问题是每个人都共同关心的问题，是与每个人的利益紧密相连的问题。在言说公共问题的时候，采用公共言说的方式，就是自由表达、交流、理性对话等。公共言说的目的是就公共问题形成"重叠共识"，这些重叠共识包括公共规则、公共伦理，也包括公共舆论。

公共话语不只是公共符号，它是一种对公共生活的表达，既有对"是什么"的表达，也有对"怎么表达"的过程和"表达结果"的展示。所以，公共话语是围绕公共问题而展开个人的充分表达、相互交流、对话而形成的具有重叠共识性的意见和态度。

（四）公共空间：公共生活的场域

生活的发生需要一定的场域，没有场域，就没有交往的可能，就不会有生活。私人生活在私人空间中进行，比如家庭，公共生活就需要公共空间。公共空间也称为公众场所、公共场所，是公民公共交往的物理场域、物理空间和现实场所。历史上公共空间有市政广场、街头聚会、体育馆、剧场、教堂、咖啡馆、茶馆、沙龙等。理查德·桑

---

① ［德］汉娜·阿伦特：《人的境况》，王寅丽译，上海人民出版社2009年版，第140页。

内特揭示公共人衰落的一个重要原因就是公共空间的死亡。[①] 没有公共空间，每个人都躲进私人空间中，公民的公共交往就自然减少了，公共性缺少了生成的现实境遇。

作为政治学的术语，公共空间不同于建筑学的公共空间，在建筑学看来，大多数街道，包括人行道、城市广场和公园都是公共空间。街道主要是用来行走的，公园主要是用来休闲和锻炼的，这样的公共空间就不能成为政治学中的公共空间。所以，公共空间既是一个物理场域，也是一个社会场域。作为一个物理场域，公共空间为公共生活提供了交往场所，具有公开性和共享性。公开性意味着公共空间是任何人都有权进入的地方，譬如，人们不用缴费或购票进入，或进入者不会因背景受到歧视具有非排斥性。共享意味着公共空间为所有人所使用、所共有。有的公共空间比如私营购物中心，虽然面向每个人，但不为每个人所共享，就是"私人空间"。从物理性来说，有的空间虽然是公共空间，但只是为公共空间提供了前提，充其量是潜在的公共空间。一个物理公共空间是不是公共空间，还要看是否进行公共活动，包括公共研讨和公共交流。只有进行公共研讨、公共交流，具有公共意义的空间，才是社会意义上的公共空间。

传统的公共空间都是物理空间的概念，随着信息技术的出现，现在的空间打破了物理空间，增加了虚拟空间。人们的公共生活越来越借助于网络的虚拟空间进行。网络改变了人们的生活样态，网络生活成为人们生活的重要部分，网络论坛成为虚拟空间中的重要公共场所，为公共生活、公共交流提供了更加便利的条件，使公共交流超越了物理时空的限制，为公共空间创造了新的可能。所以，公共空间既可以是有形的场地、建筑等物理空间，也可以是无形的、

---

① ［美］理查德·桑内特:《公共人的衰落》，李继宏译，上海译文出版社2014年版，第14页。

人与人之间的公共交流。公共空间为公民提供了公共交往的渠道和场所。

（五）公共交往：公共生活形成的机制

公共生活是两个人以上的生活，两个人以上就要发生相互关系，但并非所有的互动都是交往，互动还可能是一方对另一方的支配和压迫，如古代社会奴隶主和奴隶、地主和农奴的关系，而公共生活作为公民之间平等共在的生活，公民之间是一种交往关系。公共生活的众多要素只有通过交往活动，才能使静态的要素变成动态的活动，使公共生活变成现实。公共交往是公共生活形成的机制。公共生活就是公共交往的动态呈现。

公共交往不同于私人交往，私人交往是具有亲密关系的人们之间的交往，诸如家人的、朋友的、伙伴的、熟人的，等等，交往是基于亲情、友情，交往双方不一定都处于平等的关系，在这种交往关系中不能产生公共性的交往关系。公共交往是陌生人之间的交往，"他／她面对的是同他／她没有感情关系、不具有直接的、个别的相互回应性、因而对他／她而言没有差别的陌生人"[①]。陌生人并不一定都是不认识、不熟悉，而是无差别地对待所有人，交往中遵循的规则是公共的、理性的，不因为某种亲情或者是熟悉而形成一种人际的偏袒。私人交往是特殊的、有差别的，公共交往是普遍的、无差别的。公共交往遵循公共理性、公共伦理，而且按照公共程序、法律与契约，开展一种交流、对话和民主的协商。私人交往诉诸情感，公共交往诉诸理性、契约。公民的公共品格，诸如尊重公共规则、契约意识、权利和义务意识、公正与正义的观念等，都是在公共交往中形成的。

---

① 廖申白：《私人交往与公共交往》，《北京师范大学学报》（社会科学版）2005 年第 4 期。

（六）公民共同体：公共生活的家园

共同体是人与人之间交互活动的产物。人与人之间怎样交互，决定着有什么样的共同体。德国古典社会学家滕尼斯在《共同体与社会》把共同体分为：血缘共同体、地缘共同体和精神共同体。血缘共同体是基于血缘关系而形成的共同体，地缘共同体是因为居住在一起而形成的共同体。无论是血缘共同体，还是地缘共同体，都是传统的共同体，是基于交往的不充分而形成的，类似于家族、村落的共同体。在血缘共同体和地缘共同体中，更多的是家庭、家族的私人生活，而非作为公民的公共生活。现代社会中市场经济的发展，个人独立人格的觉醒和交往的不断扩展，打破了传统的血缘和地缘关系，传统共同体被现代意义上的"公民共同体"所取代。

现代社会，每个人作为一个独立的主体，与他人进行平等交往，形成了公民共同体。公民共同体中每个人都是作为独特个体，共同体是个体自由交往而形成的。这就是鲍曼所说的"一个相互的、共同的关心编辑起来的共同体；一个由做人的平等权利，和对根据这一权利行动的平等能力的关注和责任编辑起来的共同体"。[①] 公民共同体不是因为个人生活而结成的共同体，也不是为了个人利益而结成的共同体。公民共同体是一种利益共同体，它是以谋求公共利益、公共福祉为根本，同时又必须超越利益，因为利益结合的共同体是契约共同体，是不牢固的。超越利益共同体，走向滕尼斯所说的"精神共同体"，这种精神就是公共性、公共精神，连接你与我，形成内生性的公民共同体。公民共同体不是同质性的，而是异质性的。公民共同体的公共精神和公共性，具有统一性，这种统一性是基于不同主体的交

---

① ［英］齐格蒙特·鲍曼：《共同体》，欧阳景根译，江苏人民出版社2003年版，第186页。

往而形成的"重叠共识",而不是"唯一的真理""唯一的答案"。真正的共同体从来不排斥个人的自由和独特性,而是对自由和个性的保护。为避免把共同体的公共性理解为"同一性",也有学者提出使用"共生体",强调共生体中个体的独特性和差异性。

三、学校公共生活的特殊性

学校生活不完全是公共生活,学生在学校还有属于每个人的私人生活。公共生活的存在不以排斥私人生活为代价,恰是为了保护私人生活。公民个人的私人领域与自由空间是他人不能随意干涉的,国家对于公民亦是如此。因此,学校不能以公共生活排斥学生的私人生活,必须为学生留有私人生活的空间,保护私人生活的秘密。学校公共生活也不特指某一部分的生活,如班级生活、课堂生活等。生活具有弥散性,班级生活、课堂生活不是天然的公共生活,可能是公共生活,也可能不是,关键看生活是否具有公共性,体现公共精神。学校公共生活是蕴含公共性的学校生活,是一种特殊的学校生活。

学校公共生活的特殊性,不仅表现在它是学校生活中具有公共性的特殊生活,而且表现在它是公共生活中的一种特殊生活,这种特殊性表现在:学校公共生活是一种"准公共生活",是一种以培育学生公共性为目标的"教育公共生活",是师生自觉建构的"好的公共生活"。

(一)学校公共生活是一种"准公共生活"

学校公共生活不是典型的公共生活,只能说是一种"准公共生活"。主要有三个方面的原因:

第一,教育领域是"准公共领域"。教育不是一个完全独立于政治和市场的领域,它受政治和市场的制约,是一个相对独立的公共领域。教育有自身的规律,教育不能政治化,也不能市场化,教育必须遵循教育的逻辑和规律。但教育不能脱离政治和经济的影响。就政治而言，政治制约着教育的目的、性质、教育方针、教育权和受教育权，以及课程的设置和内容的选择，等等。政府、政党是国家的代表，作为国家的教育，必须反映政府和政党的利益，与政府、政党保持一致，培养具有国家意识、忠于国家的公民，以维护政党和国家的利益。尽管我们培养公民对政府的批评和监督能力，但绝不意味着教育要以政治为对手，致力于政治的批判乃至推翻。从经济学的角度看，教育发展的规模、速度，人才培养的质量规格，教育专业结构以及课程设置、教育内容的选择都受到经济制约。经济不仅提供着教育的物质支持，而且教育培养的人才也必须符合市场的需要，否则"在教育成果与社会需要之间产生了矛盾"，就会出现"社会拒绝使用学校的毕业生"现象①。总之，教育不是政治，不是经济，具有公共领域的一面，但教育又受到国家政治的制约，受到经济发展和市场的影响，具有非公共领域的一面。因此，只能说教育是一个"准公共领域"。

第二，教育是一种"准公共产品"。教育作为一种社会服务的产品，既具有公共性，也具有私人性。从教育的结果来看，最终受益的不仅有国家、社会，也有家庭、个人。只不过不同教育阶段、不同教育领域，公共性的程度有着区别。例如义务教育公共性的程度远远高于其他领域，但即便是义务教育也不意味着只有国家受益，个人没有受益。义务教育作为国家对公民的基本要求，是一种必须接受的强迫教育，是一种制度规定的"公共产品"。其他教育，尤其是高等教育、职业教育，个人的受益远远超过国家的受益。从产品的供给来说，国家提供义务教育的全部产品，因此，义务教育面向每一个学生，实行免费。但制度化教育的本性决定了一个人受教育是以另一个人不受

---

①　联合国教科文组织国际教育发展委员会：《学会生存》，教育科学出版社1996年版，第37页。

教育为代价的，客观上排斥了另一个人接受教育的机会。即便是义务教育阶段，个人若获得更多、更好的教育资源，就会参加各类社会培训，额外支付教育费用。随着家长对优质教育需求的不断提高，学生不仅参加各类社会培训，而且出国留学，个人教育费用也会急剧增长，成为家庭消费的重要组成部分。教育突破了国家所提供的资源，越来越成为家庭消费的重要部分，显示其私己性的一面。

第三，教育生活中还渗透着情感的私人生活。公共生活以公共交往为手段，以公共伦理为调节机制，实现公共性。公共交往是一种陌生人之间普遍的、无差别的平等交往，每个人都是作为一个普遍的他者、复数的他者与他人交往，交往依据的是公共制度、公共规则，因此，社会公共生活中的交往伦理是公共伦理。在教师平等面向每个学生，与学生平等交往方面，教育是一种公共生活。但教育关系不完全是一种契约关系，师生也不能完全成为陌生人。教育关系还有一种情感关系、一种爱的关系。教师不能视学生为陌生人，而是像对待自己的孩子一样对待学生。真正的教育必须饱含师生的情感，没有爱就不会有教育，爱是全部教育的基础。"真教育是心心相印的活动。唯独从心里发出来，才能达到心灵深处"。[①] 教育是生命对生命的影响，心与心的交融。契约式的生活，是一种心灵隔离的生活。所以，教育生活既有公共生活平等的一面，以普遍的尊重和平等相待的态度对待所有学生，同时，还必须具有私人生活亲密的一面，以爱的情感建立与学生的联系，以恰当的方式关怀学生。

（二）学校公共生活是以培育公共性为目标的"教育公共生活"

学校公共生活与社会公共生活的另一个不同，还在于学校公共

---

① 陶行知：《陶行知全集》第 2 卷，四川教育出版社 1991 年版，第 446 页。

生活功能或目的的特殊性。哈贝马斯的公共领域，无论是文学的公共领域，还是政治的公共领域，都是通过公众的交流对话，形成公共意见和公众舆论，然后"以公众舆论为媒介对国家和社会的需求加以调节"，[①]发挥对国家政治权力的批判功能。在这个意义上，公共领域是政治公权力的对立面。社会公共生活发挥的是政治功能。相对于社会公共生活而言，学校公共生活突出的是教育，核心是培养公民的公共性。因此，学校公共生活是教育生活，是以培育学生公共性为目标的"教育公共生活"，"教育性"是学校公共生活的价值诉求。

公共性是公共生活的基本特征，也是公共人的基本素质要求。学校公共生活的目的就在于促进学生公共性的发展，培育学生对公共事务关切的意识和公共精神，发展学生的公共理性和公共德行，提升学生公共参与的能力。公共生活对学生公共性的培养主要表现在以下方面：第一，公共生活培育学生的公共意识和公共精神。公共生活是一种以公共利益为核心的生活。学生只有在公共生活中，从事公共事务，进行公共参与，才会有对公共利益和公共善的感受和体验，才会形成公共意识，进而发展成为公共精神。第二，公共生活是一种公共交往生活。公共交往遵循普遍的公共规制，不仅使公民个体之间养成相互尊重、平等相待的主体间性品格，而且能够促进社会公德的形成，提升学生的公共德行。第三，公共生活有助于发展学生的公共理性。公共理性是理性在公共生活中的运用。公共生活中运用公共理性，就是要学会协商，学会对话，学会批判，学会解决冲突，达成妥协，形成共识。第四，公共生活提升学生公共参与能力。生活本身就是参与，没有参与就没有生活。学生正是在参与公共生活中，增强公民的行为能力和公共参与能力。没有公共生活的历练，没有公共参

---

①　［英］尤尔根·哈贝马斯：《公共领域的结构转型》，曹卫东等译，学林出版社 1999 年版，第 35 页。

与，仅靠学生对公民知识的学习，体会不到公共生活的意义，也没有实践公共规则的机会，所谓的公共理性、公共德行和公共行动能力，都是空中楼阁，缺少生根之地，真正的公民也就无从诞生。公民公共性品格的培养，只有在公共生活中才能落地生根、发芽、开花、结果。

社会公共生活主要以具有完全行为能力的理性成年人为主体，但学校公共生活的主体主要是未成年人的公民，是亚里士多德所说的"在含义上有所保留的虚拟公民"。[①] 学校公共生活，不是社会公共生活的简单照搬与翻版，它是按照公共生活的基本要求与特征，精选学校与社会生活中的公共性主题，以师生为主体，有意设计和安排的一种教育公共生活。它不是公民在社会中的公共生活，而是学校中关涉学生事务的公共生活。学校公共生活是社会公共生活在学校教育的缩影和模拟。学生在教师的引导下，通过过一种公共生活，掌握公共生活的一些规则，体验民主理念，践行民主与公正观念，形成公共意识、公共理性和公共参与能力，为日后走入社会生活做准备。学校公共生活在学生公民精神养成过程中起到一种小型公民生活的模拟、运作、训练作用，对社会公共生活来说具有准备性。[②]

（三）学校公共生活是师生自觉建构的"好的公共生活"。

有什么生活就是什么样的教育，好生活是好教育，坏生活是坏教育。从生活发生过程看，有自然发生的公共生活和有意建构的公共生活。自然发生的公共生活不一定是好的公共生活，但我们可以有意地建构好的公共生活。教育是一种有目的的干预活动，干预的目的就在

---

① ［古希腊］亚里士多德：《政治学》，吴寿彭译，商务印书馆 1965 年版，第 130 页。

② 王慧：《班主任的情感素养与班级公共生活》，四川教育出版社 2022 年版，第 51 页。

于抵制媚俗、功利、自私，发挥教育的引导性，建构一种好的生活，使学生在好生活中养成好的公共品质。学校生活的主体是教师和学生，因此，学校公共生活是师生合奏的生活，是师生自觉建构的"好的公共生活"。这种"好"，一是符合学生的发展需要，具有教育的意义；二是符合"好的公共生活"的特点。这两点决定了学校公共生活不是社会公共生活的简单复制、机械照搬，而是好的公共生活在学校生活中的映照和体现，是学校的好生活，教育的好生活。

　　什么是"好的公共生活"？徐贲说，好的公共生活就是民主、自由、平等和尊严。大多数民众可以按照民主、自由、平等和尊严的原则来共同生活之好。① 民主、自由、平等和尊严是所有公共生活的核心价值。公共生活不同于共同生活，共同生活在于同一，公共生活在于多元。公共生活取得共识，也是基于多元的重叠共识。因此，公共生活不压制个人的自主生活，反而以个人的自主生活为前提。参与公共生活的人们都是异质者，他们具有独立的人格和自我的个性，他们不会被所参与的组织同化。尽管是公共生活，但公共生活中的个人是自由、平等的，因此，公共生活是人们自由的生活、平等的生活。公共生活个体的异质性，使生活必然存在着矛盾与冲突，解决冲突的方式不是打压和武力，而是理性的对话与协商，这是一种民主的生活。无论是自由的生活、平等的生活，还是民主的生活，都必须以个体尊严为首要原则。一个人的自尊和尊严，不是来自荣誉和自豪，而是来自人格免于受辱，尤其是免于受制度的羞辱。所以，玛格利特把"不羞辱"作为正派生活的第一原则，就是有人格尊严的体现。

　　民主、自由、平等和尊严的生活价值，它适合于社会公共生活，也适合于学校公共生活。学校公共生活的建构就是要以好的公共生活

---

　　①　徐贲：《好的公共生活需要价值共识和公民启蒙》，http://www.aisixiang.com/data/51351.html，2014 年 4 月 5 日。

的价值标准审视和批判已有的生活，以自由、民主、平等和尊严的价值标准重塑师生生活、课堂生活、班级生活等，造就民主、自由、平等和有尊严的公共生活。

好的公共生活，需要师生共同建构。作为教师，一方面自身要具有民主、平等和尊重的意识；另一方面，要积极对学生进行引导，为他们提出参与意识、必要的参与技能、能力与知识方面的要求，给他们创造参与的机会。作为学生，要改变孤立状态，改变同学之间的对立与竞争关系，与同学进行平等的交流和沟通，主动关心公共事务，主动参与公共生活。总之，学校公共生活不是自发的，需要师生有意识地自觉建构。生活的过程是个体发展的过程，因此，学生公共性的培育不是在学校公共生活之外，而是在学校公共生活之中。

四、公共生活在公民品格培育中的价值

（一）公共生活对于公民品格形成的价值

公共生活是公民品格成长的温床，公民是在过公共生活中形成公民品格的。公共生活对公民品格形成的价值表现以下方面。

第一，公共生活可以形成健全的公民主体人格。公共生活是相对于私人生活而言的，没有私人生活的出现，没有公私分化，就没有现代意义的公共生活。在这个意义上，原始社会的氏族、城邦与个人是一体的，"正像单个蜜蜂离不开蜂房一样，以个人尚未脱离氏族或公社的脐带这一事实为基础"①。氏族、城邦代替了个人，只有氏族和城邦的利益，没有个人的利益，因此也没有私人生活。现代社会公共生活是建立在私人生活基础上的。"公共生活的基础是一个个具有平

---

① 《马克思恩格斯文集》第 5 卷，人民出版社 2009 年版，第 388 页。

等人格的个体，即一个个具有私权的个体"①。在公共生活中，每个人都是独立的，都是具有自身利益关切的、具有自主判断和自主选择能力的主体。但公共生活的主体又不是单子式的病态的个人存在，它关涉公共利益、公共存在，是公共生活中一种健全的个人存在形态。因此，公共生活的主体，恰当的称谓是"私人的公众"或者"公众"。法国学者丹尼尔·戴扬描述了公众的特征：一是具有交往性和稳定性的社会群体；二是通过内部商讨、谈论建构而成的一种社会群体；三是公众在"自我展示""自我表达"上能够公开展示；四是公众能够通过商谈、自我表现而对某些价值观形成认同，进而遵循某种共同的价值；五是公众具有把个人性质成功转化为公共性质的能力；六是公众是独立的、自主的、具有自我意识和自我审视的主体。②丹尼尔·戴扬对公众的认识包括公共性和个体性两个方面，公众是关注"普遍的利益"和公共性，但这种普遍利益和公共性是以尊重个人的自主和独立为前提的。个人在公共生活中具有独立性，这种独立性不是单子式的孤立的，而是通过商谈形成的社会群体中的独立性，是一种健全的个人独立性。

第二，公共生活可以形成主体间性的品格。公共生活不同于原始城邦的共同生活，就在于它由独立的个体组成，每一个个体都是平等的，因此，他们在公共生活中具有平等的主体间关系。主体间关系不是一种对立和分裂的关系，而是一个合作交往的关系。主体间关系中，既有不同个体间的关系，也有个人利益与公共利益、私人权利和公权力的关系。公共生活中的主体间关系，在初级层次上是一种契约

---

① 杨清荣：《公共生活伦理研究——以中国的社会转型为背景》，人民出版社2016年版，第34页。

② 陈付龙：《当代中国社会公共生活建设研究》，人民出版社2017年版，第25页。

关系，在高级层次上是一种情感关系。就契约关系而言，以公共契约和规则，确立公民的权利意识，保证了每个主体平等的权利和个人利益不受侵犯，也保证了公众对社会公权力的监督。但公共生活中主体间的契约关系是冷冰冰的关系，它是基于个人利益纷争的公平解决，缺少公共生活的向心力和凝聚力，因此，公共生活遵循契约伦理，但要超越契约伦理，追求一种社会情感和社会关怀的美德，诸如善良、宽容、诚信、团结合作和价值共识等。

第三，公共生活可以促进公共性品格的形成。以个体的主体间性结成的公共生活，其实质是公共生活的个体立场。在这种公共生活中，每个主体立足于自身的利益，为自身利益考量成为人们是否参与公共生活的动力。这种以自身利益为基础的主体间公共生活，必须以公正的制度和契约约束个体的利益，同时寻求个体之间的最大公约数。但这种主体间的公共生活存在着个人主体扩展的危机，致使公共生活呈现出一种私域性样态，难以形成多元主体之间的"最大公约数"，阻碍了公共生活的健康发展，公共生活的公共性本质或公共性资源未能得到较好彰显或使用。所以，公共生活的理想状态不是"我"与"你"在一起，而是"我们在一起"，从"我"与"你"的主体间关系转变为"我们"的公共性。

不同于以个人利益为基点的主体间公共生活，以公共性为基点的公共生活，强调公民自觉地以公共性为追求，参与公共事务，在公共事务中发展公共参与能力，发展全球公民的责任意识、博爱精神、公共关怀和民胞物与、天人合一的精神。当前社会，个人主体性的极度膨胀，正在消解着公共性。虽然主体间性从公平的制度和契约精神上缓解了个人主体性的危机，但根本上解决问题，实现以公共性为目标的公共生活，还需要借助于他者性视野来转变对主体性的认识。在他者性视野中，主体性不是自我的主体性，而是他者的主体性，对他者的责任，是主体性的根本。因此，我们必须沿着从主体性到主体间性，再到他者性，最终才能实现公共性。[①]

（二）公民品格在公共生活中培育成长

公民是积极理性地参与公共生活的主体。公民品格孕育并发展于公共生活，公共生活是生发、孕育公民品格最丰厚的土壤，是改变、提升私人生活品质的条件。因此，公民品格的培育，必须深植于公共生活。公民品格培育，是基于公共生活，通过公共生活，为了公共生活，造就公民品格的教育。

第一，公民品格培育要基于公共生活。道德哲学必须回答"苏格拉底问题"——"人应当过什么样的生活？"有什么样的生活就有什么样的人，过什么样的生活决定了"我是谁"。人以生命而存在，生命与生活具有同一性，生活是生命活动的样态。人不可能孤立地存在，"人的本质不是单个人所固有的抽象物，在其现实性上，它是一切社会关系的总和"[②]。因此，人的生活是人与人之间相互联系方式的存在。这就是说，"我是谁"取决于"我是如何生活的"，但生活中不只有我，还有你、他（她）、我们，没有离开你和他（她）的"我"。因此"我是谁"，在根本上取决于"我们"如何在一起生活。公民面对的是公共生活。说公民基于公共生活，不是否认公民的私人生活，相反，"公共生活是在私人生活的基础上生成的，是在与私人生活相比较而言中获得其原初规定性的"[③]。人作为群体的一员，只有寓于公共性之中，只有在公共生活中发育的个体才是完整的。但公民决不

---

① 冯建军：《从主体间性、他者性到公共性——兼论教育中的主体间关系》，《南京社会科学》2016 年第 9 期。

② 《马克思恩格斯选集》第 1 卷，人民出版社 2012 年版，第 139 页。

③ 陈付龙：《当代中国社会公共生活建设研究》，人民出版社 2017 年版，第 60 页。

能把私人生活中的"任性"、情感关系带到公共生活之中。所以，公民品格必须在公共生活中培育，建构公共生活是培育公民品格的重要途径。

第二，公民品格培育要通过公共生活。如同亚里士多德所说，"我们也是在做公正的事情当中成就公正的人，在审慎当中成就审慎的人，在勇敢的行动中，成就勇敢的人。"[①] 公民只能在做公民中成为公民。所以，公民品格培育不只是传递公民知识，而且是要使公民过一种公共生活，在公共生活中培养公民品质和公共精神，成为真正的公民。公民品格教育的对象不限于未成年的学生，成年人也是教育的对象。所以，作为公民道德建设组成部分的公民品格教育，必须全面体现在家庭、学校和社会生活的各个方面，将国家、社会、个人层面的价值观要求贯穿公民道德建设各方面，全面推进社会公德、职业道德、家庭美德、个人品德建设，引导人们明大德、守公德、严私德，实现国家民族的大德、社会的公德和个人私德的有机统一。

第三，公民品格培育要为了公共生活。公民品格与公共生活不是先后的关系，而是一体的关系。教育的目的是培养人，人是社会的主体，社会通过教育培养人，创造未来的新社会。同样，公民教育的目的是使公民具有公共品格，公民通过对社会公共生活的积极参与，对公共规则的遵守和维护，过一种更好的公共生活，建构更加文明和谐的公民社会。公共生活中的公民，要把公共利益放在首位，自觉地从公共利益出发，为了公共利益而展开思考、批判和行动。但公民强调公共利益不是否定和牺牲个人利益，而是要放弃自私的个人利益，从公共利益出发，实现个人利益和公共利益的双向共赢。

第四，公民品格教育的目的是培养"公共人"。健全的公民形象

---

① ［古希腊］亚里士多德：《尼各马可伦理学（注释导读本）》，邓安庆译，人民出版社2010年版，第81页。

应该是公共人的形象。由于近代以来伴随资本主义兴起并主导的是自由主义公民理念，过分强调个人的权利和自由，丧失了对公共性的关注，导致现代社会普遍存在的自我迷恋和膨胀的个人主体性，出现了"公共人的衰落"，这是对公民公共品格的异化。基于公共生活的公民品格的培养就是要矫正资产阶级社会"公民的唯私综合征"，将公民置身于公共生活中，培育具有公共性的"公共人"。"'公共人'是具有公共理性、公共德行以及公共精神的人，他能够避免个体人的孤独、封闭、自私自利等问题，积极履行公共责任，捍卫公共价值，追求公共利益的满足，从而促进国家、社会以及学校的公共生活的完善"①。

　　学校作为公民品格培育的场所，必须引导学生过一种公共生活，因此，对青少年学生进行公民品格培育，必须建构公民的公共生活。

---

　　①　叶飞：《从"个体人"到"公共人"——论道德教育如何培育人的公共品格》，《教育科学》2019 年第 1 期。

第七章　学校公共生活中制度的建构

一个人的生活不需要制度，完全可以自由放任，但这种情况是不存在的。因为社会是人与人之间的交往，社会生活是人与人交往的产物，必须用制度约束个人的私利，公平分配社会资源，协调人与人之间的关系，维持社会的有序、和谐。所以，制度是社会生活的必然要求，是社会生活的刚性框架。没有制度，就不可能有和谐的社会生活。制度是和谐社会生活的需要，也是和谐社会生活的保障。社会生活是在制度规约下的生活，一定意义上也是制度生活。

任何社会生活都需要制度，但不同的生活需要不同的制度，公共生活与私人生活的制度是不同的。学校制度是学校公共生活的行为规范，它引导和规约师生的公共生活。建立什么样的制度，直接关系到师生过什么样的生活，也关系到培养什么样的公共品格。

一、制度与学校制度

世上本无制度，从发生学上说，一切制度都是创生的，都源于社会交往的需要。因为"以一定的方式进行生产活动的一定的个人，发生一定的社会关系和政治关系"[①]。制度是对社会中人与人之间关系的调和，是一定社会关系的产物。因此，高兆明教授指出，"制度在根本上首先是客观、稳定的社会交往关系结构，这个客观、稳定的交往关系结构，首先标识的是特定的社会交往关系的框架结构、运行机制及其程序，这种框架结构、运行机制是对社会不同阶层、集团基本

---

① 《马克思恩格斯选集》第 1 卷，人民出版社 2012 年版，第 151 页。

权利—义务关系的基本安排"。① 高兆明教授对制度的解释是在本体论的意义上，理解和认识的是社会最一般的制度。社会制度是社会结构的关系，它规定了社会不同阶层之间的关系，不同阶层之间的权利—义务关系，由这种权利和义务关系所决定的一般的交往规则及其秩序。

（一）制度的内涵与特点

制度不是先验的，从发生学上来说，源于人的社会交往，是社会交往关系的一种组织架构，社会交往关系变化，必然要求组织结构的调整。社会交往关系及其架构在实践中被证明为有效的，就被一定的社会固定下来，成为后续处理社会关系的遵循。因此，有的制度虽然不是我们直接创生的，但它"不过是各个人之间迄今为止的交往的产物"②，是我们对历史的继承和延续。一旦既有的制度不能适应新的交往关系，就会变革其中的制度。例如前现代社会以"血族团体为基础"，人与人之间是一种身份关系；现代社会打破了这种身份关系，以独立个人为基础，人与人之间是契约关系。从身份关系到契约关系，就是前现代社会制度到现代社会的制度变革。

从根本上来说，制度是稳定的社会关系结构的反映。制度一旦形成，就成为固定的存在，发挥着对社会关系的调节作用。在这个意义上，制度是一种调节社会关系的规范。正如新制度经济学代表人物柯武刚、史漫飞所说："文献中的'制度'一词有着众多和矛盾的定义。不同学派和时代的社会科学家们赋予这个词以如此之多可供选择的含义，以致除了将它笼统地与行为规则性联系在一起外，你不可能给出

---

① 高兆明：《制度伦理研究》，商务印书馆 2011 年版，第 12 页。
② 《马克思恩格斯选集》第 1 卷，人民出版社 2012 年版，第 202 页。

一个普遍的定义来。"① 作为"规则体系"，是制度最经常的用法。《现代汉语词典》对制度的定义就是："要求大家共同遵守的办事规程和行动准则"。②

尽管制度通常被认为是规则，但各个学科也会从不同的角度看待规则。视规则的功能不同，对制度的认识也有所差异。

从社会学的角度来认识，汤因比指出，"制度是人与人之间的表示非个人关系的一种手段，在所有的社会里都有"。③ 社会学把制度视为调节人与人之间关系的手段，但制度不是基于具体的甲与乙之间的某一特殊关系，而是一种普遍的社会关系。米德也指出："社会制度就是有组织的社会活动形式或者群体活动形式"，④ 正是社会制度，把单个人联系起来，形成了共同体，使人们之间彼此合作。米德的社会制度是为建立共同体的需要而设立的。

从政治学的角度来认识，罗尔斯指出，"制度是一种公开的规范体系，这一体系确定职务和地位及他们的权利、义务、权力、豁免等等"⑤。罗尔斯所说的制度指向公民的政治生活。在政治生活中，最重要的是公民的权利、义务等，制度就是要公平分配社会职位及其权利、义务等，过一种公平正义的政治生活。

从经济学的角度来认识，柯武刚、史漫飞指出，制度是"由人

---

① 柯武刚、史漫飞：《制度经济学：社会秩序与公共政策》，韩朝华译，商务印书馆 2000 年版，第 32—33 页。

② 《现代汉语词典》，商务印书馆 1996 年版，第 1622 页。

③ ［英］汤因比：《历史研究》（上），曹未风等译，上海人民出版社 1986 年版，第 59 页。

④ ［美］乔治·赫伯特·米德：《心灵、自我与社会》，霍林桓译，华夏出版社 1999 年版，第 282 页。

⑤ ［美］约翰·罗尔斯：《正义论》，何怀宏、何包钢等译，中国社会科学出版社 1988 年版，第 50 页。

制定的规则，它抑制着人际交往中可能出现的任意行为和机会主义行为。制度为一个共同体所共有，并总是依靠某种惩罚而得以贯彻"[①]。诺思认为，"制度是一系列被制定出来的规则、守法程序和行为道德规范伦理，它旨在约束追求主体福利或效用最大化利益的个人行为"。[②] 经济学中的制度主要是用来分配经济生活中的物质资源，约束个人的私利。因此，经济学更加注重制度对私利的抑制和惩罚作用。

社会学、政治学和经济学对于制度的定义稍有差异，主要是因为制度所调节的关系不同。社会学视野中的制度调节社会关系，目的在于维持和建立共同体；政治学视野中的制度调节人与人之间的政治关系，目的在于公平分配政治地位、政治权利等；经济学视野中的制度调节人与人之间的经济关系，目的在于防范经济生活中可能出现的任意行为和利己主义行为。但在总体上，都把制度作为调节人与社会、政治和经济关系的规则体系和手段。

作为一种规则体系，制度不是单一的，是一套规则体系，具有整体性和层次性。所谓整体性，指制度是一组体系，具有共同的理念和价值追求，只是在不同层面的具体体现不同，即具体制度不同。制度在不同层面的表现，即是制度的层次性。有学者把制度在纵向上分为宏观的、中观的和微观的。宏观层面指规定社会性质的基本制度，中观层面指体现社会基本制度的公共管理制度，微观层面指某个群体和单位的具体的管理制度。[③] 上位的制度具有普遍性，下位的制度具有特殊性。在最一般的意义上，制度是一种稳定的社会关系的结构，这

---

① 柯武刚、史漫飞：《制度经济学：社会秩序与公共政策》，韩朝华译，商务印书馆 2000 年版，第 32 页。

② ［美］道格拉斯·C.诺思：《经济史中的结构与变迁》，陈郁，罗华平等译，上海三联书店、上海人民出版社 1999 年版，第 225—226 页。

③ 赵敏：《教师制度伦理研究》，社会科学文献出版社 2016 年版，第 26 页。

种社会结构需要体现在具体的方面，构成了具体的制度。具体的制度虽然具有特殊性，但必须在理念和价值追求上与一般制度保持一致，只有这样，各个层次的制度才能构成一个体系、一个整体。

制度从形式上来说，有正式制度和非正式制度。正式制度是成文的制度，诸如政策、规则、法律、法规、契约、合同、章程，等等。正式制度通常是由一定的组织或机构设计出来，要求其成员遵守和实施的规范，具有一定的强制性，违反就要受到惩罚，否则，制度就是无效的。非正式制度是指伦理道德、风俗习惯、社会风尚以及社会价值观、传统文化等社会行为规范，是人类社会发展过程中逐渐积累形成的，具有一定的内生性。与正式制度相比，非正式制度虽然不具有强制性，但违背非正式制度，依然会受到共同体或者社会的谴责，这种谴责不是外在的惩罚，而是舆论、道德上的谴责。就发生学上来说，非正式制度先于正式制度，正式制度是在非正式制度基础上，对其部分进行规范化、程式化的结果。非正式制度虽然不成文，缺乏强制性，但具有强大的生命力。正式制度只是制度的冰山一角，人类社会的诸多关系都是靠非正式制度来维系的。即便今天，正式制度和非正式制度也相互作用、相互补充，共同构成了维系人类社会的行为规范。

制度是一种规则或者规则体系，但不能把这种规则理解为外在于人、强加于人的规则体系。规则是社会生活的规则，是在社会生活中产生，协调人与人之间的交往关系的规则。所以，我们不能把制度理解为外在于人的静态的条条框框，把制度理解为对人的约束。如果这样理解的话，我们就不是需要制度，而是要打破制度，争取自由。制度不仅源于社会生活中人与人的交往，而且本身是人在社会生活中的交往规则，是对人自由、权利的保护，是人们为了更好地生活建构的必要的实体规则。所以，制度是人们在交往中建构的规则，是为了更好地协调社会生活中的关系，增进秩序，减少合作的成本，维持社会秩序的良序运行。

人的社会生活离不开制度，没有制度的生活是不存在的，所以，社会生活也是制度生活。在这个意义上，制度不仅是一种规则体系，而且也是一种社会生活方式。对于我们来说，有的制度已经存在，不需要我们创造，但需要转化为我们的生活方式。只有把制度转化为社会生活方式，制度才得以真正实现。[①] 所以，制度与生活是一体的，制度具有生活性，生活也具有制度性。所谓制度的生活性，是指制度源于生活的需要，在生活中产生。制度反映生活的要求，为人们的社会生活提供了行为规范，促使人们和谐有序地生活。所谓生活的制度性，是指人的任何社会生活都需要一定的制度规范，换言之，都是以某种制度架构的生活，带有某种制度的印迹。只不过，不同生活对制度的要求不同，或者说，不同制度塑造了不同的生活，但都不否定人的生活的制度性约束。

（二）制度的两个层面

这个社会之所以需要制度，是因为制度能够解决利益分配的问题。什么样的制度是合理的，罗尔斯正义理论中分蛋糕的例子，最好的分配办法是让一人来划分蛋糕并得到最后的一份，其他人都被允许在他之前拿。他将平等地划分这个蛋糕，这样他才能确保自己得到可能有的最大一份。这种分配制度好像是一个分蛋糕的程序或者说是技术，其实背后暗含着一个公平的价值取向。所谓的制度就是一个"引导人们合力产生较大利益，并在此过程中分派给每一合理要求以应得的一份的活动方案"。[②]

---

① 杜时忠、张敏等：《重构学校制度生活 培育现代公民精神》，华中师范大学出版社 2016 年版，第 43 页。

② ［美］约翰·罗尔斯：《正义论》，何怀宏、何包钢等译，中国社会科学出版社 1988 年版，第 85 页。

制度是社会生活中公民之间利益分配的一种方案，这个方案有两部分组成，一个是分配程序或者机制，一个是程序或机制的价值追求。没有纯粹的分配程序或机制，任何的分配程序或机制都体现某种价值追求。这就是制度的双重属性：技术性和价值性。制度的技术性是一种制度的分配程序，它包含着分配什么、怎样分配，是一种分配工具。但分配的工具，不是纯粹的技术，它具有内隐的价值性。制度作为一种社会成员权利—义务关系的安排，本身就是一种价值关系，表达了特定的价值观念，具有伦理性。[①] 制度的技术性确保制度的有效性，价值性确保制度的合理性、技术性和价值性的统一，最终保证制度的合理而有效。

所以，一个好的制度，或者说是"善"的制度，应该包括两个方面：形式的"善"或技术的"善"，内容的"善"或实质的"善"。[②] 内容的"善"是根本，但内容的"善"总要通过一定的形式呈现于外，成为一种具体的制度存在。内容的善是灵魂，形式的善是外壳。一个具体的制度是形式的善与内容的善的统一，是工具性和价值性的统一。制度的外在形式只有被赋予制度的内容，才能真正成为有价值的制度。

（三）学校制度

学校作为社会的组成部分，学校制度是社会制度在学校中的具体体现，与社会制度具有方向上的一致性。社会制度有不同的层次，按照社会制度的宏观、中观和微观之分，学校制度属于微观的层次。这里的学校制度不同于学校教育制度，学校教育制度简称学制，是指各级各类学校的系统，是一种教育体系。这里的学校制度，是学校生活

---

① 高兆明：《制度伦理研究》，商务印书馆 2011 年版，第 27—28 页。

② 高兆明：《制度伦理研究》，商务印书馆 2011 年版，第 53 页。

的交往规则和管理制度。按照制度的正式和非正式之分，学校制度既包括学校生活的规章制度等成文的规则，也包括协调师生关系的伦理道德、教育传统、社会风俗等非成文规则。非正式的学校制度，作为一种习俗、伦理，具有内生性和渐进性，是难以设计和改变的。我们能够设计和改变的主要是显性的、正式的学校制度。

所以，尽管我们可以多方面理解学校制度，但我们这里所说的学校制度，主要是指向学校内部，以协调学校公共生活为目的的正式的学校规则、规章制度等。学校公共生活中制度与政治制度、经济制度有联系，但重点不同。政治制度主要是权力和利益的分配，使权利、义务保持统一；经济制度主要是通过利益博弈而达成一种"合理"状态。学校制度虽然涉及学生的权利、义务，也涉及教育资源的分配，但学校生活的制度主要是学校中的人，包括师生之间、学生之间如何达成一种公共关系、过一种公共生活，进而养成公共品格。因此，学校制度是为了学校公共生活，培育学生的公共品格而设计的教育制度。学校制度具有生活性、公共性、道德性和教育性。

第一，生活性。表面上看，制度先于生活而存在，制度对于个人来说是先在的、必然的，是公共生活必须遵循的规则。但从根本上说，制度不是先验的，是一定情境下为处理人与人之间的关系而产生的，是调节人们之间交往关系的行为规范和规则体系。换言之，制度源于社会交往，也服务于社会交往。交往就是社会生活。所以，制度是社会生活的需要，是社会生活的反映，也是为了社会生活更加和谐与美好。因此，有学者把制度视为"一定社会共同体在其实践过程中所形成和运行的公共生活的自我组织方式"①。制度离不开社会生活，社会生活也离不开制度。任何制度都是社会生活的制度，任何的社会

---

① 彭定光、陈新：《论中国制度优势的政治伦理基础》，《伦理学研究》2020年第4期。

生活都是在制度中的生活，制度保障生活，生活依赖制度，制度与生活具有同构性。因此，社会生活也是制度生活。

第二，公共性。制度作为人与人之间交往的规则，作为社会生活的规则，不是针对某个人的，而是针对所有适用制度的人。制度是面向某个群体，为这一群体所有人所遵循，也是为这个群体公共利益服务的。纯粹的个人行为不需要制度，但纯粹的个人行为也是不存在的。任何的社会行为都是两个及以上人的行为，这就需要制度。制度是一种规则，这种规则是对个人极端私利的限制，也是对公共利益的保护。制度适合这一制度的所有人，也应该是对所有人利益的反映和保护，因此，制度不应该成为特权阶层利益的保护伞，只为某些人服务。公共性是衡量制度优劣的重要价值标准。公共生活中的制度更应该强化公共性的价值。

第三，道德性或伦理性。"制度与道德原本就有着亲缘关系，起源上同根同源，内容上相互渗透，功能上相互支撑，特点相异而又义理相通"。[①]制度和道德都是调节人与人之间关系的，只不过调节的方式不同。从起源上看，应该是先有道德，后有制度。道德是非正式的制度。制度是道德的形式化、组织化、程序化。制度与道德同根同源，只是表达方式不同。习近平总书记指出，"法律是成文的道德，道德是内心的法律"。[②]制度与道德，相互促进。任何制度必须建立在善之上，奠定在道德合理性基础上，具有道德性。道德性或者伦理性成为制度的首要价值追求。没有道德的制度，就是借制度之名而进行的压迫和奴役，是不道德或反道德的。所以，有学者提出制度德行和制度伦理，就是从不同角度强调制度的道德性、伦理性。教育本身

---

① 梁禹祥：《制度伦理与道德建设》，《道德与文明》2000 年第 3 期。

② 习近平：《在首都各界纪念现行宪法公布施行 30 周年大会上的讲话》，http://politics.people.com.cn/n/2012/1204/c1024-19792087-2.html，2012 年 12 月 4 日。

就是一种引人向善的活动，学校教育的一切因素都应该具有道德性，以制度德性养成个人德性，以道德制度培育道德的人。[①]

第四，教育性。教育性是学校制度的根本特性，也是区别于其他制度的本质所在。政治制度保障人民的权利，经济制度实现资源的公平分配。教育的目的在于育人。所有的教育要素都应该为育人服务。制度作为学校教育的重要因素，也应该以学生的自由发展为目的，发挥制度育人的作用。有学者把制度解释为"集体行动控制个体的行为"[②]，这种制度具有一定的专制性，控制了学生的自由发展。公共生活中的学校教育制度，不是限制学生的发展，而是保护和促进学生的自由发展。制度作为教育的因素，为学生的发展提供了行动规范，引导人性向善，具有道德的教化价值。如果制度不利于学生的发展，就不是一个可以称为"教育"的制度。学校生活制度必须具有教育性，这是由教育本质和教育目的所规定的。

学校制度也有很多的层次和方面。作为一个整体，它是社会制度在学校生活中的具体体现，必须符合社会一般制度的特征和要求。社会一般制度是学校教育的背景制度，学校制度不能与社会一般制度相矛盾。这里的学校制度主要是指学校生活中的制度，局限于学校内部，既有面向学校整体的制度，如学校章程，也有面向学校某个群体的制度，如学生守则、教代会制度，还有面向某个特殊境遇的制度，如班级的规章制度、课堂的规章制度、学校公共场所的规章制度，等等。因此，学校制度上接社会的一般制度、教育的一般制度，下接学校内部的具体场景、具体活动，构成是一个层级体系。基本的制度具有根基性，越向上制度越具有特殊性，如某个班级的班规、某次活

---

① 杜时忠：《制度德性与制度德育》，《教育研究与实验》2002 年第 1 期。

② ［美］康芒斯：《制度经济学》（上册），于树生译，商务印书馆 1962 年版，第 87 页。

动的规则。这里对学校制度的探讨，不是针对某一具体的、特殊的制度，而是探讨学校生活中的一般制度的形式和价值。

二、学校公共生活中制度的形式／技术

（一）制度是主体契约关系的反映

人类出现之后，就必须在一起生活。但怎么在一起生活，古代社会和近代以来的社会是不同的。古代社会的依附状态，没有个人意识和身份，有的只是对共同体的依附。这种共同体包括血缘共同体、地缘共同体和身份共同体，在共同体中形成一种精神的依附，"每个人都感到并懂得自己处于群体这一整体的内部，都感到自己的血液循环于这一群体的血液之中，自己的价值是群体精神的价值的组成部分"。[①] 群体就是个人，个人消融于群体之中，成为群体的附属物，人与人之间自在、自发地融合在一起，人与人之间的关系不构成"问题"。近代以来，随着生产力的发展、市场经济的出现、个人意识的觉醒，个人摆脱了对群体的依附，每个人都成为一个独立的我，追求个人的利益，过一种自由的个人生活。但人与人又不得不一起生活，这时，人与人之间的关系就成为必须面对的一个问题。为了防止个人私利的膨胀，维护社会和谐，必须借助于契约、制度、法律等。社会不再是一个有内在精神的共同体，而是一个依靠契约、制度和法律等维持的松散联合体，是个人为了自己的利益而不得不在一起，没有自然的、牢固的精神纽带。所以，现代社会是契约社会，以契约为纽带维持人与人之间的关系。当代中国社会转型，从传统社会转向现代社会，也就是从身份社会转向契约社会。契约使人从身份等级中解放出

---

① ［德］马克斯·舍勒：《价值的颠覆》，罗悌伦等译，生活·读书·新知三联书店 1997 年版，第 153 页。

来，具有自己的尊严和权利，契约也使人与人之间走向平等的关系。

第一，契约是一种利益关系，保护个人利益不受侵犯。现代社会，人在社会生活中，首先是一个利益的存在体，是一个利己的存在者，这是人类发展的第二阶段——以物的依赖性为基础的人的独立性的必然表现。公民就是首先捍卫自身的利益，以保障自我利益为基本要求。现代社会是商品经济社会，"必须彼此承认对方是私有者。这种具有契约形式的（不管这种契约是不是用法律固定下来的）法的关系，是一种反映着经济关系的意志关系。这种法的关系或意志关系的内容是由这种经济关系本身决定的。在这里，人们彼此只是作为商品的代表即商品占有者而存在……人们是作为这种关系的承担者而彼此对立着的。"[1] 人与人之间之所以需要契约，就在于合理地保护个人的利益，同时防止个人正当利益被他人所侵占。所以，契约关系不是情感关系、道德关系，而是利益关系。人与人之间签订契约，不是基于道德的考量，而是考虑是否对我有利、是否侵犯了我的利益，经过协商，双方达成一种可以共同接受的利益分配方案。

第二，契约关系的主体是自由、平等的关系。在契约关系中，每个人都是作为主体而存在，是否需要契约、签什么约，主体有自己的选择，别人无法强制和胁迫。所以，契约是个人的自由选择，是自我意志的表达。这就是契约自由的原则。正因为契约是自己意志的表达，因此，个人必须对自己的选择负责，履行契约的义务。契约可以表达个人自由，但不等于随意表达，契约是双方或者多方协商的结果。在协商的过程中，每个人都是自由的主体，但也必须是平等的主体，也就是说，一方的意志不能强加于另一方，契约的双方或者多方，都具有平等的人格、平等的权利。个人人格和权利也必须得到对方的承认和尊重，并让每个人都能维护和实现自己的正当权益。

---

① 《马克思恩格斯文集》第 5 卷，人民出版社 2009 年版，第 103—104 页。

第三，契约是基于民主协商的一致表达。每个人都基于自我的利益，但契约是双方或多方共同协议订立的，因此，契约达成的过程是一个民主协商的过程。在这个过程中，双方平等是前提，但契约不能完全只顾自己的利益，还必须考虑他人的利益，契约达成的过程必须要个人作出必要的让步和妥协，才能形成最大公约数的协商一致。所以，契约是双方协商的"最大公约数"。协商是达成契约的关键。协商是一个过程，协商的过程是民主的，民主协商本身就是公民的生活。

第四，契约关系是相互的、对等的责任关系。契约关系经常是相互的，权利和义务之间往往是互相捆绑在一起的。签订契约的一方，享有权利，也必须承担义务，没有哪一方可以只享有权利而不承担义务。权利是对自己而言的，义务是对他人而言的。享有权利，就必须承担对对方的义务和责任。契约双方的权利、义务和责任是相互的、对等的，这是契约生效的基础。[①]

制度是以关系为基本结构，是对各种关系的处理。善的制度是"自由和平等的人们之间的公平合作体系"[②]。对于学校生活而言，既要处理外部的关系，又要处理内部的关系。在学校面对外部关系中，政府和社会对学校的单一管理必须转变为多元治理，学校参与其中。学校作为办学主体，要减少外界不必要的干涉。就学校内部而言，涉及领导和教师的关系、教师和学生的关系，等等。无论什么关系，在学校生活中，每个人都是学校的主人，都要参与学校规则的制定，确保每个师生的权利不受侵犯，公平享有学校的教育资源。

---

① 刘鑫淼：《当代中国公共精神的培育研究》，人民出版社 2010 年版，第85 页。

② ［美］约翰·罗尔斯：《作为公平的正义》，姚大志译，上海三联书店 2002 年版，第 24 页。

（二）公共性是公共生活中制度的灵魂

高兆明教授指出，考量制度的技术方面，看其是否自洽、严密、有效。因此，一个善的制度是一个系统、完整、自洽的制度体系，是一个有效力、有实效的制度。[①] 这是就一般的制度而言的。对于公共生活中制度而言，不仅要具有制度的自洽性和效率、实效性等一般特征，而且关键的是具有公共性。公共性是公共生活中制度的灵魂。缺少公共性的制度，可能有严密的体系，也有效力和实效，但可能是一个专制的制度。公共生活的制度必须以公共性为目标来建构。

第一，公开性。公共生活中的制度是面向所有人的。就对象而言，制度是面向所有人，不是面向一部分人，不是一部分人利益的保护伞，更不是一部分人惩罚另一部分人的工具。就实施过程来说，所有人都遵循同一个制度，不能因人而异，制度面前所有人具有无差别的同一性。就实施结果而言，所有人都平等参与其中，没有例外。不管这个制度是否合理，实质上是否正义，但对所有人都必须一视同仁，实现形式上的公平。

第二，透明性。公共生活中的制度是透明的，"每个人都有这样的权利，即可以公开得到或可以得到足以充分显示一个用于他的裁判程序是可靠和公平的信息。"[②] 每个人对于制度都有知情权。"公开透明已成为促进公共生活良序发展的前提"[③]。对于公共生活来说，不应该有潜规则。潜规则是不同于成文的正式制度的另一套规则。潜规则一般与正式的规则有抵触，甚至相反。潜规则虽然不是明文规定的正式

---

① 高兆明：《制度伦理研究》，商务印书馆 2011 年版，第 53—54 页。

② ［美］罗伯特·诺齐克：《无政府·国家与乌托邦》，何怀宏等译，中国社会科学出版社 1991 年版，第 107 页。

③ 崔丽娜：《良序的公共生活何以可能》，中国社会科学出版社 2019 年版，第 164 页。

规则，但它却在起着实际作用。如果一个社会、一个组织潜规则盛行，正式的制度就失去了执行力，失去了公信力，社会就陷入了无序和混乱之中。潜规则不仅与正式制度相抵触，而且潜规则也不透明。

第三，程序公正。一个事件处理得是否公平，首先要看这个事件处理的程序是否公平，这是"看得见的正义"，即程序的公正。纯粹的程序公正是一种形式公正，也就是说，不管制度本身是否公正，只要按照既定的制度运行，保证人人遵循制度，其结果就是公正的，不论最后是一个什么样的结果。程序公正要求制度公平对待所有的人。要求人们尊重制度所规定的相关程序，始终如一地执行制度，把制度的程序平等地运用于所有的人。[①] 程序公正关注的是一套理想的程序应用于制度的制定，关心程序本身以及程序运行的必要条件。在这一点上，著名的罗伯特会议规则就很好地体现了程序公正。

第四，众意或重叠共识。制度是基于个人的利益，但它不是某个人或部分人的特殊利益，而是每个人的利益，是所有人的共同利益。制度反映的不是某个人的意志，而是大家共同的意志，即众意。众意不是抽象的、高于个人意志的，而是每个人共同协商的结果。所以，公共生活中的制度，在个人意志面前保持中立，全面吸收参与者的意见，经过充分的对话、沟通、协商，最终达成共识，形成所有人都认同的公共规则。这也是罗尔斯所说的"重叠共识"。在重叠共识中，既有个人意志，又有公共意志，公共意志建立在个人意志基础上。因此，重叠共识应该反映每个人的意志，基于重叠共识的制度是一个公共规则。既然是公共的，也就必须为所有人所遵循。遵守公共规则，使制度从外在强制转变为自我的约束，公共规则就成为

---

① 冯建军：《教育公正：政治哲学的视角》，福建教育出版社 2008 年版，第308 页。

自己约定自己。陶行知提倡学生自治，他所说的学生自治是学生团结起来，大家学习自己管理自己，大家立法守法、共同治理。学生们共同所立之法，比学校所立的更加易行，这种法律的力量也更加深入人心。[①]

（三）公约：公共生活的制度形态

"公约"是针对公共议题，在公共协商的基础上拟定的，得到了每个人认同的规则、共同遵守的公共规则。公约既是基于个人的利益，也是基于公共的利益。公约表现为一个静态的文本，但公约的制定和执行是一个动态的过程。制定和执行公约，需要提出公共议题，建立利益表达机制和公共协商机制，形成一种理性共识，践行公共约定，扩大公共参与，谋求公共福祉。

第一，个体利益的充分表达：公约形成的前提。

公约是作为人与人之间的利益契约，它建立在个人私利的基础上。没有个人的自利，也就不需要公约。公约在一定意义上，是对个人私利的合理约束。公约约束个人私利，不是消灭私利，而是约束不合理的私利，即那些在公共生活中只为自己，不管不顾他人的私利。个人的私利不能侵犯他人的利益，侵犯他人的利益，即为不合理的私利。所以，在公约的制定过程中，必须使每个人充分表达自己的利益。如果没有个人利益的充分表达，就会造成以部分人的利益代表整个群体的公共利益，排斥或者忽视了另一部分人的利益。这样的约定就不是建立在所有人利益基础上的公约。所以，建立利益表达机制，是形成公约的前提。"利益表达机制就是在承认个体正当利益的基础上，允许社会成员通过正常合法的渠道和方式表达自己的利益诉

① 陶行知：《陶行知全集》（第 1 卷），四川教育出版社 1991 年版，第 29—31 页。

求的机制。"[1] 建立利益表达机制，首先要唤醒个人的主体意识。公约是每个人都参与其中的约定，个人必须在其中充分表达自己的愿望和利益。虽然个人的表达不等于公约，但公约必须建立在个人充分表达的基础上。其次，建立利益表达的畅通渠道。在我国，利益表达渠道主要有两种：一种是利益组织化表达，如通过行政组织和社团组织来表达；另一种是借助于报纸、网络、自媒体等媒介公开舆论表达，向组织和社会传递自己的声音。为此，社会要向个人释放空间，为公民提供充分的利益表达通道。就学校而言，要建立工会、教代会、学代会、学生会、校长接待日等师生表达诉求的渠道，也要通过校报、宣传栏、学校和班级的微信、微博等表达师生的意见，建立有效的利益表达机制，形成畅通的利益表达渠道。

第二，公共协商：公约形成的关键。

公约是所有人的公共约定，反映大家共同的利益。但建立在个人利益表达基础上，要形成公共约定，最合理的方式则是公共协商。所谓公共协商，即面向社会或特定组织所有人的协商。协商的主体取决于公约适用的范围，学校的公约面向所有师生，班级公约面向一个班级的成员，寝室公约面向本寝室成员。在所有成员充分表达个人利益基础上，面向所有人进行协商。按照博曼的说法："协商与其说是一种对话或辩论的形式，不如说是一种共同的合作性活动"[2]。协商是一种深思熟虑所形成的理性表达，而不是一种个人偏好的情绪化表达。协商需要借助对话，甚至是辩论，但对话和辩论的目的不在于说服对方，而是要形成一种具有包容性的最大公约数，因此，协商需要合理地妥协、让步。没有妥协与让步，固执于个人的偏好，永远不可能

---

[1] 利益表达机制，百度百科。

[2] ［美］詹姆斯·博曼：《公共协商：多元主义、复杂性与民主》，黄相怀译，中央编译出版社 2006 年版，第 25 页。

达成共识。协商以承认利益多元化为前提，充分考虑每个人的多元意见，通过协商的方式，协调各方利益，使个体偏好转化为一致意见，达成理性的共识①。在协商的基础上，把共识性的内容制度化，形成组织公约。协商是一种民主的方式，这种方式矫正了代议制民主"一人一票"可能存在的"多数人暴政"的风险。通过公共协商和讨论制定的基本规范，不仅其作用对象为所有学生，其产生过程也汇聚了所有学生的智慧，注入更多的公民参与因素，更接近民主的本质，因而具有了公共性。要建立一种公共协商的机制，提供公共协商的渠道，可以包括各种座谈会、讨论会、听证会，特别是多种形式的公开会议、开放的研讨会，邀请利益相关者或者全体成员参与，对涉及他们利益和公共利益的各种事项进行协商讨论，在对话交流的基础上增进相互理解和合作，进行公共决策。

学生是学校的主人，但长期以来，学校并没有把学生摆在主人的地位，常常是学校单方面制定规则，让学生遵守、服从。这样的制度不仅不是民主的，而且对学生也不会真正起到教育作用。在学校公共生活中，学生有公共决策的权利。学校所有规章制度，应该有学生的参与，并且应该以学生为中心，充分反映学生的利益和诉求，尤其是直接关系学生切实利益的班级公约、课堂行为公约，要通过开展班级讨论，达成共识，最后公约是由全体学生开会共同决定。

第三，公共参与：公约的目的。

制定公约的协商过程，本身就是一个公共参与的过程，除此之外，公共参与还要关注公约的实施和执行过程，否则，公约就会成为一纸空文。公约是基于个人的利益，但公约不是为了某个人的利益，而是为了共同的利益。因此，个人执行公约，不是要站在个人立场上，而是站在公共立场甚至是他者立场上，这就是公共参与。公共

---

①　王卫：《公共协商：民主的本质要义》，《天津行政学院学报》2018年第1期。

参与，不仅要每个人都参与，使参与具有公开性、开放性，而且是为了公共利益而共同参与。因此，参与中的主体，要抛弃狭隘的个人利益，把个人融入集体中，个人只有在集体中，才能获得真正的自由和健康的发展。

所以，公共性作为公约的核心，不能只是把"公共"理解为"你与我"，而要理解为"我们"。公约固然约束了"你与我"的私利，使"你与我"平等共在，但公约更重要的是把"你与我"联合起来，成为"我们"。"我们"是作为一个共同体而存在，它超越了"你与我"之和，成为一个"整体"。虽然公约是一种主体间的契约关系，但约束个人私利，只是公约的一个消极功能，契约的积极功能在于形成共同体。以往的研究和实践，关注了公约对个人的约束和自律，忽视了公约服务于公共利益、公共福祉。在这个意义上，我们必须基于公共立场，以公共性为目的，超越狭隘的契约关系，使公共生活中"你与我"成为共同体"我们"的一员，使每个人都能主动关心集体和他人，具有服务他人的品格，为共同体奉献的精神。

三、学校公共生活中制度的内容／价值

"一个'善'的制度，不仅仅是形式、工具意义上的'善'，更是实质、内容意义上的'善'。"[①]没有善的内容，制度的形式再完备，也都是一个空的外壳，沦为一个纯粹的工具，而不是一个真正"善"的制度。所以，内容的"善"是"善"的制度的灵魂。

（一）权利与义务：制度内容的基本维度

任何的社会关系，都是人与人之间的合作。我们之所以需要制

---

① 高兆明：《制度伦理研究》，商务印书馆2011年版，第56页。

度，就是为了建立一个公平合理的合作关系。处理这个合作关系，最基本的是公平合理地分配利益或者社会的善。社会利益或者社会善中，最基本的是权利和义务。每个人在社会生活中，既有权利，又有义务，问题在于权利和义务之间是什么关系。从逻辑上看，存在着既有权利又有义务、有权利而无义务、有义务而无权利等情况，就后两种情况而言，有权利而无义务，有义务而无权利，反映的是一种社会不平等关系，如奴隶社会的主奴关系，奴隶主只有权利不承担义务，奴隶是只有义务而没有权利。

现代社会建立在人人平等的基础上，因此，权利与义务是现代社会对人必须的要求，但也存在着权利与义务是否对等的问题。在现实生活中，可能存在着有的人权利大于义务，有的人义务大于权利。当然，对于社会中承担特定职务的人来说，可能存在着权利大于义务的情况。但对于一般公民而言，权利和义务作为公民社会生活的基本资源，应该是对等的。"一个人负有多少义务，就享有多少权利；他享有多少权利，就负有多少义务"。[1] 包括黑格尔所讲的权利和义务在内，都是在一般的、本体论意义上，权利和义务必须统一，享有权利必须承担义务，承担义务也必须享有权利。因此，权利和义务的对等，是现代社会制度内容的基本维度。

现代社会对于所有公民来说，基本的权利和义务应该是平等分配。所以，善的制度是能够在所有成员间平等分配基本权利的制度。所谓法律面前人人平等，不存在特殊化，就是基本权利平等的表现。但在具体的社会生活中，由于每个人所在的共同体不同，所担当的角色不同，个人所具有的权利和义务就不相同。所以，现代社会中具体的权利和义务，要依据社会成员在社会结构中所担当的角色而定。生

---

① ［英］黑格尔：《法哲学原理》，张企泰、范扬译，商务印书馆1982年版，第172—173页。

活在不同社会组织中的人，拥有不同的角色，也就被赋予各种不同的特定权利和义务。

权利和义务在社会生活中应该是对等的，但由于人的私己性，可能会出现有的人占有权利多而尽义务少等情况，制度就是要限制这种情况的出现，在社会成员间合理划分权利和义务，保证基本权利和义务平等的基础上，根据社会生活中承担的角色，分配具体的权利和义务。

学校作为师生生活的一个共同体，教师和学生除了具有公民的一般权利和义务，还具有作为教师和学生的权利和义务。如学生具有受教育的权利，依法享有平等的受教育机会，具有人身安全与隐私权；教师具有教学改革、开展教学研究，指导和批评教育学生的权利，等等。这些权利是国家为保护师生的健康和学习生活提出的。学校的制度首先要遵循国家的相关法律与政策，保护师生的权利，做到不歧视、不排斥、不羞辱，使每个学生在学校中都有人格尊严，有平等参与公共生活的权利。在具体的公共生活中，如班级生活、课堂学习、课外活动等，要通过民主协商的方式，讨论师生生活中公共主题，明确规定师生在活动中的权利和义务，通过制度安排保证师生权利和义务的实现。

（二）制度正义：制度首要的善

权利和义务都不是抽象的，它们都与利益相联系，权利关系自己的利益，义务关系他人的利益。所以，制度保障权利与义务的统一，就是要协调公共生活中人与人之间的利益分配，做到合理公平。因此，制度作为公共生活中的权利与义务分配的尺度，必须把正义（或公正）作为首要的善。罗尔斯指出，"正义的主要问题是社会的基本结构，或更准确地说，是社会主要制度分配基本权利和义务，决定由社会合作产生的利益之划分的方式"。[①] 正义标准就是以权利为基点的权利与义务分配的规则体系，它评价制度规定的权利和义务的基本内容以及权利和义务在利益主体间的分配是否合理。

正义作为学校制度首要的善，是维系学校公共生活的纽带，其主要表现为：

第一，相互承认。康德说，人是目的，这里的人是具有普遍性的所有人，不是某个特殊人。人是目的，是一种理想，这一理想的实现，都需要不断地争取"承认"。因为无论是历史，还是现实，都存在着一部分人把另一部分人作为手段。所谓承认，就是不被承认的他者争取被承认，为承认而斗争，最终实现人人作为目的、而不是一部分是目的，另一部分人是手段。对他者的承认，首先要尊重的承认，接纳人的独特性，承认他人具有平等的身份、平等的尊严、平等的人格。承认是人格、尊严和身份上的被认可，承认意味着"我与你"是一样的，都作为人，作为主体而存在。其次是权利的承认，通过诉诸法律的权威力量确保人人平等地参与社会交往。对他者平等身份的承认，是公共生活中善的制度的必备条件。在学校生活中，虽然存在着校长、教师和学生角色的区别，虽然学生的个性特征也存在着差异，但在人格、尊严上，他们都是平等的，必须得到普遍的承认和尊重。

第二，多元平等。在公共生活中，师生作为独立人格的主体而存在，每个人都是其独特的自己，具有绝对的差异性。承认是建立在多元主体差异性基础上，它反对主体间的同一性。因此，公共生活不是共同生活，它尊重每个人的独特性。制度不是某个人的意志，而是公共意志。公共意志是协商的结果，它反映的是多元主体的平等。在多

[①] ［美］约翰·罗尔斯：《正义论》，何怀宏、何包钢等译，中国社会科学出版社 1988 年版，第 7 页。

元的平等中，把每个人作为主体，作为目的而不是他人的手段，具有平等的人格和普遍的自由。多元主体的平等，意味着主体间对于平等的权利、身份、尊严的相互承认。

第三，平等互惠。在经济学中，制度是利益分配的机制。多元平等在利益分配上就是一种平等互惠。每个人都是基于自己的合法权利，争取自己应得的利益，得其所得，但又必须有利于他人，也就是平等互惠。但这里的平等互惠，不只是在经济交换领域的特殊性而言的，而是在社会交往关系的普遍性而言的。也就是说，"这个社会交往结构的本身，能够为生活在其中的社会成员提供一个平等互惠的客观生活背景。在这个平等互惠的社会结构中，既不会出现这种现象：任何一个社会成员因为其权力、财富和地位上的优越，就可以肆意伤害他人的正当权益而不受到相应的惩罚与纠正；也不会出现另一种现象：任何一个社会成员因为其权力、财富、地位上的不利，就可以受到来自强者的肆意掠夺而得不到有效的保护；既不是绝对无私，也不是绝对自私，而是介乎两者之间的中间状态。"①

第四，分配正义。制度是因为利益分配而起，之所以强调承认、平等和互惠，就是为了实现分配的正义。分配正义主要考虑是如何把物质资源合理地分配给社会每个成员，差别只是分配的原则和理论依据不同，建构了不同的分配制度。罗尔斯提出了"作为公平的正义"的一般观念："所有的社会益品——自由和机会、收入和财富、自尊的基础——都必须平等地分配，除非对某一种或所有社会益品的不平等分配将有利于最少受惠者"②，并具体为两个正义原则，第一个原则即平等的自由权利，第二个原则即机会均等和差别原则。罗尔斯认

① 高兆明：《制度伦理研究》，商务印书馆 2011 年版，第 137 页。

② John Rawls, *A Theory of Justice*, Oxford University Press, 1971, p.303.

为，前者优先于后者，权利平等优先于差别和补偿。罗尔斯关于正义的理念及其原则是制度正义的一个模板，也有学者对此提出了不同的意见，如诺齐克提出了持有正义，无论他们持有何种观点，都是属于分配正义的范畴。

（三）德性正义：超越制度正义

近代社会是建立在个人独立基础上，个人为了保护自己的权利和利益不受他人的侵犯，由此产生了制度，并且以正义为制度的首要价值。正义的制度是以个人权利和利益为核心的合理的利己。在制度正义背后，是一种单子式的、孤立的人，人与人之间的关系靠一种正义的契约和制度来维持，因此，人与人之间是一种冷漠的、对立的、陌生人的关系，由此建立的社会或者共同体是一种机械的、松散的共同体，缺少内在的凝聚力。

制度在维持与协调人与人之间关系中是必要的，它保证了人与人之间权利和利益的平等。但必须看到制度正义的局限性。首先，制度正义是表面的，它只能暂时约束人的行为，而不能真正使人的内心折服。其次，即便是正义的制度，也只能建立在德性的基础上，正如麦金泰尔所指出的："只有对于拥有正义美德的人来说，才可能了解如何去运用法则"[①]。在麦金泰尔看来，无论道德规则多么周全，如果人们不具备良好的德性，就不可能对人的行为发生作用，更不用说成为人的道德行为规范了。第三，制度是必要的，但过度依赖制度的社会，就会缺少道德。在社群主义看来，如果"把人类的仁慈或者自然的施予提高到足够的程度，正义将失去用武之地，取而代之的将是一

---

① ［美］阿拉斯戴尔·麦金泰尔：《谁之正义？何种合理性？》，万俊人等译，当代中国出版社 1996 年版，第 9 页。

些更高贵的美德，更有价值的祝福"①。假如说人类社会有道德的话，根本不需要正义的制度。制度正义只是在德性正义缺失时，可以起到暂时的补救性作用。所以，制度正义不仅离不开德性，而且要建基于德性之上。这种德性不只是作为正义的德性，而且是超越正义的德性——他者性的道德。正义的德性立足于自我，公平地保护自我的利益；他者性德性，立足于他者，回应他者的需要，对他者承担无限的责任。

学校的生活，尤其是作为师生间、学生间交往的公共生活，不完全是陌生人的生活，不完全以制度来维持。学校公共生活中，不只是利益的分配，更是人与人之间的心灵沟通和情感的影响。维持人与人之间的心理关系和情感交流，靠的不是正义的制度，而是尊重、关怀、爱与情感。德国精神科学教育学家诺尔（Herman Nohl）指出，教育工作的最终秘密就是正确的教育关系，其核心是教育爱，这种以爱、信任和尊重为特征的教育关系，是教育工作的基础。②没有爱，就没有教育。如果说制度是建构公共生活的客观基础，那么，道德是共同体良序发展的灵魂。学校生活既要靠正义制度合理分配教育资源，做到制度面前人人平等，维护人与人之间的平等关系，又要超越冷冰冰的正义制度，以一种道德关怀、关爱和友爱，建立一个有温度的班级、学校。真正的共同体，不是以制度约束人的自利，而是因为共同的目标、信念以及由此形成的爱的关系，建构有灵魂、有温度、有凝聚力的共同体。所以，学校公共生活既要以正义的制度，合理约束人的私利，又要超越制度正义，以他者性的道德关怀他人，走向他

---

① ［美］迈克尔·J.桑德尔：《自由主义与正义的局限》，万俊人等译，译林出版社 2001 年版，第 204 页。

② 彭正梅：《重回教育之爱：德国精神科学教育学视野中教育关系论研究》，《全球教育展望》2010 年第 5 期。

人，肩负起"为他者"负责的无限责任。学校公共生活是准公共生活，育人不仅需要制度，还需要爱，因此，既要遵循制度，以制度正义为首要善，又要超越制度，以"为他者"的爱与无私奉献，构建有温度的教育共同体。

第八章　学校公共生活中公共话语的建构①

　　学校的公共生活是培养学生公共精神的沃土，为学生的公民品格养成提供了平台和基础，学生在学校的公共空间中学会过一种公共的生活，培养公共理性，濡染公共道德，为日后社会的公共生活做好技能、心态与意志等多重准备。没有公共生活，学校公民教育将落入知识灌输、技能训练的窠臼，而无法真正触及学生的心灵与真实的生活世界。公共生活的扩展离不开公共话语，"话语的扩展开启个体走向公共生活的基本通道，话语本身即构成公共生活的基本形式"。② 公共话语言说的内容、方式等对公共生活的建构有着重要的影响，因此需要重视学校公共生活中公共话语的建构。

一、公共话语：建构公共生活的密钥

　　话语（discourse）是人类交往的前提条件，是主体间沟通交流的言语行为，即言说者和听说者在特定语境中通过语言符号系统而进行的思想或精神沟通。话语具有二重性，即物质属性和精神属性。现实中的话语由语言和言语组成，其中，语言是话语的物质部分，言语是话语的精神部分。③ 作为物质基础的语言，有文字、符号、手势等各种表现形式，作为精神表达途径的言语承载着主体的思想、情感以及

---

①　本章与研究生金羽西合作完成。

②　刘铁芳：《话语的扩展与学校公共生活的开启——从话语的视角看学校公民教育的实践路径》，《教育学报》2013 年第 2 期。

③　郭湛、桑明旭：《话语体系的本质属性、发展趋势与内在张力——兼论哲学社会科学话语体系建设的立场和原则》，《中国高校社会科学》2016 年第 3 期。

语言的意义。一方面，语言和言语相互依存，缺一不可，不存在没有言语的语言，没有言语的语言是无意义的呢喃、无价值的絮语；另一方面，没有语言作为依托与载体，言语亦不复存在，而成为抽象的人脑思考机能。语言和言语共同构成了话语，话语不只是"符号语言的拙劣替代品"，并非只具有交流与传递信息的功能。在行动与话语中，人们表明了自己是谁，并彰显出自己的独特思想与个性。

公共话语是人类在公共空间生存的基本手段与途径之一，人们通过公共话语生活在集体中，运用言说的方式表明观点、相互交流、澄清价值，在言说的过程中显现自身的主体性，在与周围世界的遭遇中确定自身，寻找自身的独特位置，并得到世界的回应。阿伦特谈道："无言的行动不再是行动……行动者、业绩的践行者，只有在他同时也是言说者时，才是可能的。他开创的行动通过言说向人显露出来，没有言语相伴，他的行为虽然也可以从其粗陋的物理形态上观察得到，但只有通过说出来的话语，那些物理形态才与他相关，宣布了他正在做什么，做过什么和打算做什么。"① 通过话语，一个人显现其自身，表达其自身，将自己从悲惨的"奴隶"境况中解救出来（奴隶生存着，但却是失语的），通过话语，人才真正成为社会的一分子，成为完整意义上的人。公共话语是开启公共生活的密钥，也是个人投身公共生活的方式手段。

（一）公共话语彰显理性行动者的主体性

首先，公共话语推动个体理性的形成与稳固发展。公共话语实践旨在公开运用自己的理性，这种运用促使人类脱离自己的不成熟状态。这种不成熟状态，指的是不经他人的引导，便无力或没有勇气

---

① ［美］汉娜·阿伦特：《人的境况》，王寅丽译，上海人民出版社 2009 年版，第 104 页。

与决心运用自己的理智。① 在公共空间中，经过深思熟虑的不同话语互相交流、互相激荡、互相澄清、彼此回应，在公开表达与等待检验的过程中，个体的理性能力得到发挥与锻炼，从安逸的非理性、不成熟状态中解放出来，挣脱怠惰的天性桎梏，在理性的发挥中获得人的尊严。其次，公共话语推进了个体的积极行动，使个体成为一个行动者，"我们以言说和行动让自己切入人类世界，这种切入就像人的第二次诞生……去行动，在最一般的意义上，意味着去创新，去开始，发动某件事"。② 也就是说，公共话语使个体从公共事务的旁观者转变成为参与者、行动者，意味着个体积极参与改造世界的进程，在这种行动中，个体身上展现出了巨大的可能性与开创性。最后，公共话语彰显了行动者的主体性。一方面，在理性的充分发挥与开创性的行动过程中，行动者体现出了自主、能动的主体性，"个体生命的有限性使人必须通过实践活动来弥补自身的不足，在这个意义上，人是自我的生成者，是自我的主人。人的实践活动决定着人的发展，人在活动中建构着自我，超越旧的自我，创造新的自我，具有独立自主性、自觉能动性、创造超越性。"③ 另一方面，通过言说与行动，人使自己与他人区别开来，彰显个人的独特性。在言说与行动中，个体将自我的主体性搭建在思维的相对独立性以及观点的形成与表达之上，在阐述、言说的过程中，从周遭世界沉默的大背景中凸显出来，成为一个独特的、独立的、具有自我意识的个体。

---

① ［德］伊曼努尔·康德：《历史理性批判文集》，何兆武译，商务印书馆1990年版，第22—24页。

② ［美］汉娜·阿伦特：《人的境况》，王寅丽译，上海人民出版社2009年版，第139页。

③ 冯建军：《回归本真："教育与人"的哲学探索》，中国人民大学出版社2019年版，第82页。

（二）公共话语形塑包容、团结的公共生活

首先，公共话语是公共生活展开的必要条件。公共生活建立在公共言说之上，"就公共话语来看，它表达的是一种公共性诉求，这种公共性源于对私人性诉求的集成，对阶级性诉求的过滤，因此，这种公共性的本质是一种集体性的'共同约定'"，[①] 这种集体性的"共同约定"，超越了私人利益的考量，内含着公共性精神，促使公共生活中的"公共精神超越狭隘的自私性、自利性而升华为公益性、互利性"[②]，构成了公共生活的一个基础性层面和必要条件，促使公共生活不断地展开。其次，公共话语凸显了公共生活的包容性。在公共话语表达中，不同利益主体发出各自的声音，在对话与协商的过程中，走向公议与共识。"这种共识是基于公共性的交往生活，通过交往生活和协商对话形成自主的价值选择和价值判断，而不是强制性地要求所有的公民'臣服'于某种价值选择，服从于某种强制性的伦理观"，[③] 也就是说，公共话语的实践并不寻求一个普遍适用的答案，将之加诸不同个体之上，而旨在塑造一个多元的环境，"平等地尊重每一个人，并非仅仅针对同类，而且也包括他者的人格与他者的他性"，[④] 尊重不同群体的权利，肯定不同群体的诉求，通过谦虚而谨慎的言说，在对话的过程中彰显人的差异性和复数性，凸显公共生活对于多元价值的包容性。最后，公共话语推进多元主体形成团结的公共生活。人们在

---

① 张健：《话语权的解释框架及公民社会中的话语表达》，《湖南行政学院学报》2008年第5期。

② 戚万学：《论公共精神的培育》，《教育研究》2017年第11期。

③ 叶飞：《公共生活的四维功能与公民教育的建构》，《高等教育研究》2014年第1期。

④ ［德］尤尔根·哈贝马斯：《包容他者》，曹卫东译，上海人民出版社2018年版，第32页。

公共话语实践中处理公共事务，相互交流、商讨甚至争论，逐渐学会尊重异见、妥善处理不同利益方的诉求，俨然已进入一种休戚相关、利益相连的公共生活。这个过程不仅增进了彼此的理解，使成员间的情感变得更为亲密，同时，协商、解决与每个个体的利益息息相关的公共事务，促进公共利益的发展，促使共同体向更良善的方向发展，而这反过来又落实到共同体中的个人利益，加深人与人之间的羁绊，由此发展出团结的公共生活，这种"团结不是为了集体的共识而放弃自我的价值，相反，团结来自集体对于自我的重视和承认，以及由这种承认所激发的个体的自豪体验"。① 因此，在对不同的主体的尊重与友爱中，公共话语推动多元主体形成一种具有关怀性质的团结公共生活。

（三）公共话语推动民主、公正的制度生成

公共话语不同于关注个体需要的私人话语与具有强烈阶级色彩并带有一定意识形态的国家话语，它介于两者之间，"既去除了国家话语的阶级性，同时也摒弃了私人话语的私利性，而集成诸多私人话语的共同点，是对国家话语与私人话语的一种整合与修正。"② 因此，在制度生成中，公共话语作为一种中间力量，集结了下级力量"产生于讨论之中的经过反思的产物，这种产物是经过批判性的思考而积极形成的共识，是大家共同努力的结果，是一种在共同的界定行动中的信念表达，被称为公共舆论"，③ 这种产生于公共话语实践中的公共舆

---

① 吕寿伟：《团结的教育生活与公民公共心灵的培育》，《高等教育研究》2015年第5期。

② 张健：《话语权的解释框架及公民社会中的话语表达》，《湖南行政学院学报》2008年第5期。

③ 韩升：《民主政治时代的公共话语表达——查尔斯·泰勒的公共领域概念》，《上海交通大学学报》（哲学社会科学版）2012年第2期。

论，由于本身具有的反思性与批判性，在制度生成中具有启发性与开创性，因此对上级力量具有规约作用，可以推动更民主、公正的制度生成。首先，公共话语推动制度生成中的民主参与，这是就制度生成的过程而言的。一方面，公共话语实践鼓励和推动个体积极参与公共议题的论辩、协商，这个过程中不同的主体基于自己理性、反思性的利益考量，代表了不同群体的利益诉求，积极参与制度的生成，使得参与者的理性意见在与他者的激荡中真正成为民主制度建构时的有机组成部分。另一方面，为了代表绝大多数人的利益，且不忽视少数群体的需求，同时为了使制度真正可以在共同行动中得到落实与执行，上级力量在制定制度时也必须考量公共话语，倾听公共生活领域形成的公共舆论。这两方面共同的作用，极大地提高了制度生成的民主性。其次，公共话语推动公正的制度生成，这是就制度生成结果的价值取向而言的。"公正指向社会的利益关系，是对社会利益关系的均衡的分配，其核心是给予每个人其所应得"[①]。在个体参与公共话语实践的过程中，通过发出自己的声音来争取制度保障自己的合理利益，得其所应得；也可通过公共话语实践形成批判性、反思性的公共舆论，敦促制度变革不合理之处，不断地推进制度向公正的方向生成与变革。综上所述，公共话语介于私人话语与国家话语之间，其存在有助于推动更民主、更公正的制度生成。

二、学校公共话语的基本载体

学校是代表国家意志和社会主流价值对学生进行教育引导的专门机构，学校中教师赋有教育学生的责任，学生赋有学习的任务。因此，学校中师生之间、生生之间构成的教育生活，不是私人生活，它

---

① 　冯建军：《论公正》，《河南师范大学学报》（哲学社会科学版）2007年第3期。

要体现国家和社会的要求，彰显公共性。因此，学校生活总体上是公共生活，必须遵循生活的规则。①学校作为家庭与社会的中间过渡，在学校中，学生需形成一种公共精神以为社会公共生活作准备。教育本身是一种精神交流活动，这种交流主要诉诸言语，学校生活是以言语交流为主的公共生活，言语交流体现在学校的所有活动中。当然，学校生活有日常和非日常之分，言语也有日常与非日常之分。作为有意识的教育活动，教育生活主要是非日常生活，教育言语也体现着国家的意志、社会的公共性和教育的引导性，体现在学校的教育教学活动中。

（一）课程、教材与课堂教学

课程与教学是学校公共话语最基本的载体。课程与教学占学生学校生活的绝大部分，其中课程的组织形式、教科书的话语方式、师生交流的话语方式、教学评价的方式等，都会潜移默化地影响学生公共生活的立场和公共性的发展。②首先，学校的课程以及教科书中充满了社会主流意识形态的话语。关于课程知识教育，阿普尔认为，"大量课程知识的正式内容受到一致认同的意识形态的统治"③。学校教育所培养的人是国家和社会所需要的人，课程的设计会根据国家与社会的实际需要而有所侧重。同样地，教材作为课程的具体化，代表国家的事权，也展示了国家和社会共同的价值与生活理念。其中最典型

---

① 冯建军：《论学校教育作为公共生活》，《华东师范大学学报》（教育科学版）2014 年第 3 期。

② 冯建军：《学校公共生活的建构》，《西北师大学报》（社会科学版）2014 年第 5 期。

③ ［美］迈克尔·W.阿普尔：《意识形态与课程》，黄忠敬译，华东师范大学出版社 2001 年版，第 65 页。

的"教科书总是在维护和张扬某些意识形态话语，同时也在反对和抑制另一些意识形态话语……教科书的这种意识形态限定，使得教科书文本的叙述本身就构成了一套颇具特色的'课本话语'系统"①。教科书体现国家事权，教科书的话语是国家意识形态和价值话语。在课程与教科书等话语的影响下，学生习得了一定社会的公共生活的基本要求，并设想了未来公共生活的基本形式。传统的课程只有国家课程，课程形态过于单一，存在话语的单向传递。现在的课程体系打破了单一国家课程，注重地方和学校的课程话语权，增加了地方课程和校本课程，甚至还有更个性化的班本课程、特色课程、微型课程、选修课程。国家、社会、学校和学生都在课程中具有一定的话语权利，彰显了课程的民主化。

其次，作为师生交往的公共空间，课堂教学中的话语是师生交互生成的公共话语。在大部分情况下，教学过程都通过语言和言语展开，公共话语贯穿始终。其中，师生对教学内容进行意义的阐释与建构，双方都具有一定表达自我、陈述观点与独立思想的话语权。对学生而言，课堂公共话语体现在课堂上表述自我、交流讨论、批判质疑的机会中；对教师而言，则体现在对教学内容的组织、安排以及提问中，教师根据自己对教学内容的理解以及独特的教学风格对学生提问，并且拥有指定特定学生回答的话语权，同时对学生的回答作出特定的解释、判断与引导。由此可知，课堂教学是一个灵活而广泛展开的公共话语空间，师生双方都可以在其中拓展自身的公共话语实践，形成"从教师到学生、从教材到学生、从学生到教师、从教材到教师、从教师到教材、从学生到教材等多向的话语流动，从中体现了话语主体积极主动地参与教学话语互动，在话语互动中积极思维，努力探究，

---

① 石鸥、石玉：《论教科书的基本特征》，《教育研究》2012 年第 4 期。

从而师生的智慧和潜力都得到挖掘"，公共生活也随之展开。[①]

（二）课外活动

课外活动作为学校公共生活的有机组成部分，是学校公共话语的基本载体之一。就内容来看，课外活动可以分为科技活动、学科活动、文学艺术活动、体育活动、课外阅读活动、社会实践活动、社会服务，等等；就组织方式来看，课外活动可以分为小组活动、个别活动和群众性活动。以各种组织方式开展的不同课外活动，有利于师生在其中进行公共话语实践，体验和参与学校的公共生活，而公共话语的扩展本身也有利于活动的高质量开展。就前者而言，一方面，相对课程与教学，课外活动的知识性、严肃性较弱，趣味性、实践性更强，学生以高度的参与感与主人翁精神行动，对活动易形成更深的思考与反思，这种理性的思考本身帮助学生建构课外活动领域的公共话语。同时，往往出于兴趣组合而成的课外活动小团队具有更强的亲密感与更少的隔阂，团队拥有一个相对一致且关切每一位成员的目标，学生更倾向于表达自己的思考与见解，以维护自身利益。另一方面，在课外活动中，师生易形成新型的民主合作的关系，在这种更为轻松融洽的关系状态中，师生各方对于表达自己的话语顾虑更少，师生、生生之间更易形成良好的话语互动，从而帮助建构起多元的学校公共话语体系。就后者而言，活动中充分开展的公共话语交流与互动，有助于更犀利地指出活动本身与运行过程中存在的不当之处，由此推动活动向着更良善的方向改进与发展，提高课外活动的育人德行。综上所述，课外活动以其丰富的实践形式、多样的实施渠道与自由的参与方式，形成了一个良好的公共话语互动场所，在其中，学生进行了更

---

① 刘桂影、李森：《论课堂教学话语的实质、价值与优化》，《教育研究与实验》2012 年第 6 期。

切己的公共话语实践，与同学、老师间开展和谐的话语互动，得到深刻且实用的公共话语表达经验，由此可以说，课外活动是师生进行公共话语实践的一个重要载体。

（三）学校制度

学校制度中体现了各个利益主体的话语互动与博弈。与被制度这张无所不包的大网包裹的现代社会类似，学校公共生活受学校制度影响深刻，制度日益成为建构与塑造公共话语的重要力量，这一方面表现为学校制度自身体现着公共话语，另一方面表现为无论是教师、学生还是管理者，想要在学校的公共生活中扩展自身的话语，都依赖于一定的学校制度。首先，学校制度本身就是一种公共话语的体现。"学校制度代表社会或学校对学生提出了明确的行为规范要求，为学生规定了特定的价值导向"①，体现了国家与社会的话语，而根据制定制度的主体不同，同时也展现了学校行政人员、校外专家、学校教师和学生等多方面的话语力量。由此可见，作为公共话语载体的学校制度依赖于制度本身的民主性。民主制度不同于专制，专制是只有独裁者的话语，而民主的制度才是公共话语。其次，在学校制度的执行过程中，利益各方能动性的制度实践也体现着个体的公共话语实践。一方面，在积极遵守制度的过程中切实形成公共生活经验；另一方面，针对学校制度运行过程中暴露出来的问题，个体可以公开表达意见，聚集集体的力量形成理性、反思性的公共话语，推动相关制度及其运行方式的适当修改，在这个过程中产生了合宜且高效的公共话语表达。最后，就功能而言，学校制度有助于保障与促进师生各方在学校公共生活中的话语实践。学校制度保障每个个体自由的话语权，使之不受

① 杜时忠：《制度何以育德？》，《华中师范大学学报》（人文社会科学版）2012年第4期。

任何形式的剥夺；保护发声个体，使之不受任何形式的报复与侵害；明确某些特殊情况下个体的参与义务，使学校中的每个主体得以最低限度地参与公共话语实践，参与学校公共生活。综上可知，学校中公共话语的形成与塑造正是在制度的程序与组织下进行，被制度所限制与控制，同时也依赖着制度予以最坚实的庇护。

三、学校公共话语的建构

公民依靠话语参与公共生活，交流本身就是公共生活。学校教育以语言交流为主要活动，所以，学校中的话语实践，是学生参与公共生活的根本渠道。教师要根据学校公共话语的基本载体，引导学生开启公共话语的实践，建构公共话语体系。公共话语体系主要由话语主体、话语区间、话语对象和媒介工具组成。[①] 话语主体是指进行话语实践的主体，例如教师、学生以及学校行政工作人员等。话语区间指在空间与时间两个维度上话语的有效性与广泛性。话语对象则包括了目标的话语对象与潜在的对象。媒介工具指话语得以传递的工具与方式。每个载体中四个要素的运行，既是公共话语的实践，也建构了公共话语。

（一）课程与教学中的公共话语建构

在课程中，重视地方和校本课程中师生的话语权。在我国，占主导的国家课程是自上而下制定的，话语主体是作为课程设计者、推行者的专家和机构，话语区间广阔、稳定，影响深远，教师、学生甚至学校作为话语的对象，没有太多自主发挥话语权的空间。但新课程

---

① ［德］伊丽莎白·诺尔·诺依曼：《大众观念理论：沉默螺旋的概念》，董璐译，中国社会科学出版社 2000 年版，第 95 页。

改革以来，我们重视了地方和校本课程的开发，为地方、学校和师生个人参与课程开发留下了话语的空间。首先，从理念上看，校本课程是体现本校特色的课程，特色既有学校的资源优势，更是本校学生发展的需要。即便是学校有资源优势，学生没有需要，也不应该成为校本课程。因此，校本课程的开发、制定与组织应以学生的声音和需求为中心，为了学生的个性发展与成长需要而积极地综合听取学生的话语。其次，应拓展话语传递与互动的媒介。在校本课程的开发与实施中，最重要的是确保有一个完善的发声机制、有效的沟通模式以及良好的组织团队。完善的发声机制保障师生进行公共话语实践的权利，有效的沟通模式与良好的组织团队则可以大量地减少话语互动的无效、低效过程，节约时间成本，更高效地推进校本课程开发的进程。在这个过程中，教师、学生、学校之间形成了一个公共话语场，每个人的意见与思想都得到了公开的表达与讨论，公共话语权从个体层面上得以落实。

在教学中，开展对话式教学，建构民主合作的公共生活。传统的课堂教学以教师为核心，话语主体只有教师一人，学生作为话语的对象，只能被动地重复教师与教科书的话语，以教师在课堂上的"灌输"传递话语，教师完全成为课堂上霸权式、独白式的话语主体，这样的课堂话语无法建构公共生活。建构公共话语的课堂，必须从教师的"独白"走向"对话"[1]。新课程改革改变了传统的教师单向灌输，强调合作教学、对话教学、小组合作，这些都正在逐渐改变课堂的生态，朝着公共话语的方向迈进。[2] 在课堂教学中，"对话教学的表征

---

①　蔡春、扈中平：《从"独白"到"对话"——论教育交往中的对话》，《教育研究》2002 年第 2 期。

②　冯建军：《学校公共生活的建构》，《西北师大学报》（社会科学版）2014 年第 5 期。

方式主要有'以教师为中心'的'问答'式、'以学生为中心'的'愤悱'式、'师生关系平等'的'交际'式以及'突出问题焦点的'的'辩论'式"[①]。"问答"式对话教学中，看似话语内容由教师制定，阐发了教师自身的话语，但教师提问必须依据知识的客观结构与学生的发展需要，其中也隐含了教师对学生话语的融汇。同时，在思考与回答问题时，学生也可以生成自己的独立话语，与教师对话和互动，形成课堂上平等对话的公共生活。"愤悱"式对话教学，教师耐心给予学生足够的时间，由学生独立思考、发现疑惑、提出问题，教师引导学生解惑，这个过程中，学生积极进行话语建构，教师适时引导，师生的话语共同激荡在教室这一公共空间中。"交际"式话语教学中，师生针对某一问题开展民主、合作的探讨，各抒己见、畅所欲言，双方的主体性都得到了极大的激发，都成为课堂这个公共话语场的话语主体，促使课堂这一公共生活焕发出更多的活力。"辩论"式话语教学由"交际"式的讨论发展而来，是一种更"激烈"的讨论，在"辩论"式教学中，师生双方暂时放下身份的束缚，针对焦点问题，酣畅淋漓表达自己的观点与思考，不同的话语相互碰撞，反过来加深话语主体的思考，使讨论走向深刻与理性，由此产生良好的课堂话语生态，生成了以追求真知为目标的民主、合作的公共生活。由于其日常性，对话教学中的公共话语实践广泛、深刻，影响深远，师生双方在积极进行公共话语实践的同时，也建构起民主、合作的公共生活。

（二）课外活动中的公共话语建构

课外活动形式灵活多样，相应地，也可以用多种灵活的方式进行公共话语的实践。从话语主体来看，应积极拓展学校公共话语实践

---

① 朱德全、王梅：《对话教学的模式与策略探析》，《高等教育研究》2003年第2期。

的主体范围，使教师、学生和学校行政人员、服务人员等形成一个多元、交互的公共话语主体群，将课外活动构筑为真正的全校交流、合作平台。从话语对象来看，有话语的发出者和话语的接受者。但无论是接受还是发出，都需要借助于媒介。传统的媒介包括演讲、辩论、作文等形式，一些专业媒介对发出者要求较高，因此参与者较少。网络时代则可以探索更为多样化的媒介与途径，例如自媒体，所有的人都可以自由参与，自媒体的世界构成了一个兼容并包的公共话语空间。就学校公共生活而言，凭借公共话语来扩展公共生活的具体形式，包括发表见解和建议，就公共问题进行演讲、辩论，对公共性事件的叙述等。除了这些传统的公共话语方式，还有 QQ 群、微博、微信等形式。

一方面，学校公共话语可在传统媒介中实践。首先，通过课间活动、社团活动等日常活动时间，针对学校、社区乃至整个国家与世界的公共事务，组织学生举办交流会、分享会等，理性、客观地发出自己的声音，提高学生对公共事务的参与感与效能感，学会过一种公共的生活。其次，积极办刊办报，在这些公共刊物上，学生成为自己学校生活的主人，对学校生活的各个方面进行思考、评论并提出改进意见，与教师、学校商榷，通过公共话语实践建构指向学校与师生更好发展的公共生活。最后，积极开展辩论赛、演讲比赛或趣味性更强的话剧表演、创意市集等丰富多样的活动，呼吁学生对学校的制度、决策、日常生活、学习生活等学校公共生活的方方面面进行反思并积极地提供自己的意见，让学生形成学校的小主人翁意识，在对公共生活的思考中形成更为理性、独立的公共精神。

另一方面，学校公共话语可在网络媒介中实践。当今时代，网络媒介的力量越发不可小觑。网络平台不仅具有方便、快捷、节约资源的优点，同时也能大幅提高自身的影响力，使校刊、班刊不止局限于本校、本班，而是走向社区、社会等更广阔也更为真实的公共生活，从而有效地扩展话语区间。一方面，可以创办班级、学校微信公众号，刊发师生的文章，展示多元观点；也可以创办班级、学校的QQ群、微信群等，师生、家长能够在其中自由地提出各自的意见以供交流。另一方面，网络空间在提供便捷、高效的福利的同时，也会产生一系列问题，如网络的匿名、网络伦理、后真相舆情等。因此，作为学校公共生活的延伸，学校的网络空间必须受到更高效、翔实的规则约束，如禁止匿名、对自己的言论负责等。在更为清朗的网络空间中，学生学会在多元的公共生活中公开、负责地发出自己的声音，积极承担自己作为一名成员的责任，学习成为一名合格的网络公民。

（三）学校制度中的公共话语建构

为了建构学校公共生活，个体需要借助一定的学校制度来进行公共话语实践。首先，个体通过参与学校制度建构进行公共话语实践，开展公共生活。一方面，为确保学生发声的媒介与渠道，"应在学校具体制度安排的基础之上建构更为基础性的'上位'制度——学生参与制度，规定学生参与学校制度建构的权利与责任，以及参与的条件、程序、目的、精神等内容的规范"[①]，以制度本身落实学生的公共话语实践权利。只有在制度的保障下，学生在学校制度建构中的话语权利才不会被肆意剥夺；在此基础上，通过平等的机会、公平公开的程序，多元的参与主体借助有效表达、理性协商、良好反馈的机制，在公共生活中理性发声，为建构具有多元价值的完善制度出一份力。另一方面，教师应引导学生理性运用权利。公共话语的实践与运用需要成熟的理性能力，为了帮助尚未成熟的学生更好地参与公共话语实践，教师应引导学生正确地看待手中的话语权利，不随意发牢骚，不

---

① 　张添翼、杜时忠：《论学校制度建构中的学生参与品质及其提升》，《中国教育学刊》2016年第2期。

肆意攻讦谩骂；良好运用话语权，提高表达、倾听、回应等公共话语能力；帮助学生形成理性的思维能力，形成对事物的全面思考；增强学生参与公共生活的意识，勇敢、负责任地进行公共话语实践。

其次，通过民主的学校制度运行，个体以参与民主管理进行公共话语实践。学校制度是师生共同协商的制度，它不是校长或教师用来"管理"学生的武器，而是师生共同治理良好学校生活的工具。一方面，在民主管理中，不论是老师还是学生，都可以对学校的发展和变革提出自己的意见和建议，更重要的是，管理者与被管理者之间要建立平等对话的学校管理方式，双方发展出对话的意愿，以谦逊的态度尊重、信任、期盼彼此的话语表达，相互接纳与共享，形成包容差异的公共生活。另一方面，学校应通过建立校务公开的民主管理模式来落实民主管理理念。要注重落实师生员工的知情权、参与权与监督权，师生员工在了解学校办学方针、政策、办理程序的基础上，通过各种途径和形式，有序、平等地行使参与学校管理的权利，对学校的政策、计划制定，教学、科研工作的展开等积极建言献策，同时，积极运用监督权，防范问题、发现问题、提出问题、解决问题。在这一系列的过程中，师生各方进行良好的公共话语实践，在民主管理中建构起学校公共生活。

第九章　学校公共生活中公共空间的建构[①]

空间存在于我们每个人的生活周围，其满足了个体的生存发展需求。只要个体能够充分利用好现有的空间，就能够有效地生存下去。但人不是孤立地存在于空间之中，除了最基本的生命延续的需求之外，个体还有进行社会交往实践的需求。"交往实践是诸主体之间通过改造相互联系的中介客体而结成社会关系的物质活动。"[②] 其中，对现有自然空间进行改造是个体进行社会交往的重要表现。经由个体改造后的自然空间被赋予了社会的属性，实现了社会化。自然空间的社会化就是"用一个地道的精神去覆盖一个自然空间"[③] 的过程。在社会空间中，各种关系与中介客体依据某种精神意志被赋予了具体的内涵。在不同的历史时期，空间作为交往中介客体被不同的精神意志影响，形成了不同的社会空间。古代社会，主奴精神主导社会空间的产生，因而具有明显的等级色彩。现代社会，民主与平等是社会精神的主流，与之相对应的社会空间则是含有民主、平等精神的公共空间。没有公共空间，就不可能实现民主。

在现代社会民主、平等的空间中开展的公共交往活动就是一种公共生活。公共生活的繁荣是和谐、民主社会的标志。为了促进社会的民主发展，社会管理者既要开放更多的公共空间，以促进公共生活的

---

① 本章与博士生商庆义合作完成。

② 任平：《走向交往实践的唯物主义》，北京师范大学出版社 2017 年版，第 61 页。

③ ［法］亨利·列斐伏尔：《日常生活批判（第三卷）》，叶齐茂、倪晓晖译，社会科学文献出版社 2018 年版，第 652 页。

繁荣，也要对社会成员进行公共生活启蒙。其中，学校教育是开展公共生活教育的重要阵地。为了有效地建构公共生活，学校的管理者和教师要积极将学校空间建构成公共空间。

一、公共空间：公共生活的载体

公共空间作为一种社会空间，是人发挥主观能动性改造自然空间的结果。人的改造活动体现在人与人之间的交往实践中。从这个层面上来说，社会空间以及公共空间，是人交往的产物。因为人的公共交往，产生了公共生活，也产生了公共空间。人的公共交往先于公共空间存在。因此，人与人之间的公共交往活动不需要一个特殊的公共空间。这个观点有一定的合理性，其将公共生活乃至公共空间的产生归于个体的公共活动自觉。从某种程度上来说，这里暗含了个体先验的公共倾向，但个体参与公共生活并不总是一种自觉活动，即使个体的先验的公共倾向是成立的，也需要进一步启蒙，而不是依靠个体的自我觉醒。在这种情况下，公共空间就可以简化为：空间＋公共生活＝公共空间／公共领域，但这种观点具有显著的片面性。例如，我们很难想象在一个充斥着不平等、歧视的学校空间里开展公共交往活动，能够培养出合格的社会公民。只有将公共生活置于公共空间，公共生活才能全面地发挥其作用。因此，在进行公共生活之前，首先要建构合格的公共空间，公共空间之所以能够成为公共生活的载体，最重要的原因在于公共空间是由开放性的场所、差异性的主体、公共的伦理要求等要素所构成，这些要素与公共生活是相契合的。

（一）公共空间为公共生活提供开放性的空间场域

公共空间的开放性主要集中表现在以下几个方面。首先，公共空间主体的多元性与差异性。市场经济活动扩大了个体的交往范围，也使得公共空间的主体呈现多元的趋势。这种多元性不仅是指数量上的多，而且是指在阶层属性上是多元的。虽然公共空间的阶层是多元的，但在公共空间中，各阶层在地位上是平等的。这种平等性真正体现了公共空间的公开性。其次，进入公共空间的自愿性。个体参与公共空间的意志不受自身的社会、经济背景影响。在市场经济发展欠发达以及公民参与意识不强的时代，公共空间的参与者往往是那些社会的上层人士。哈贝马斯在《公共领域的结构转型》一书中提出，在自由资本主义时期，"只有有产者可以组成一个公众。"[①]但在当代中国，党和政府极为重视社会的民主化和治理多主体化，每个人不会因为自身的经济水平、社会地位乃至学历水平不高而被阻止在公共空间之外。尤为重要的是，随着网络技术的快速发展，公共空间超越了现实物理空间的限制，实现不同地区、国家的人在同一个更为广泛的网络公共空间中交往，加速了全球化的实现。

（二）公共空间促成了公共生活中的公共伦理规范

公共空间是以公共伦理为架构的社会空间。当代社会逐渐由熟人社会空间向陌生人社会空间转变，而陌生人社会空间则是社会公共空间的具体表现。在熟人社会里，人与人之间的交往纽带往往是血缘、业缘以及地缘。在这样一个社会背景中，"私人之间具备伦理关系，无论是温情关系，还是友爱关系，抑或是关怀关系，其衡量标准均不是公共性。对于公共道德规范，私人之间的伦理关系是不需要遵守的。"[②]这在以农业经济为主的熟人社会里，亲人间、乡里乡亲间以

---

① ［德］尤尔根·哈贝马斯：《公共领域的结构转型》，曹卫东，等译，学林出版社 1999 年版，第 96 页。

② 崔丽娜：《良序的公共生活何以可能——基于唯物史观视域的考察》，中国社会科学出版社 2019 年版，第 53 页。

及族人间的友爱、相互关怀足以维持社会的稳定。但在以市场经济为主的陌生人社会里，以友爱、相互关怀为原则的伦理规范在陌生人社会难以实施。因为陌生人社会是一个重视契约、追求平等的社会。在这样的社会里，公事公办是第一原则，而熟人社会中的那些友爱、关怀与公事公办原则相背离。在以市场经济为主的陌生人社会里，让不同个体相遇的不再是亲情、友情，而是利益的冲突以及权利冲突。在这样的社会里，任由个体间的利益冲突发展而不顾，则会加速社会的分裂。因此，陌生人社会中的公共空间必须基于公共伦理。公共伦理的基本要求是，在公共生活中，给予每一个参与主体以平等的公民身份。

二、公共空间的内涵

一般来说，公共空间是指一种面向所有人开放，以公共伦理为准则，体现平等、自由精神，促进人与人之间有效互动与交往，具有公共意义的公民生活空间。它既可以是有形的、具体的物理空间，也可以是无形的社会空间。在理论研究初期，公共空间仅仅与个体政治生活有关。"公共空间不是单纯的物理空间或地理空间，它涉及国家治理现代化、政府职能转型、政府与社会关系处理等公共性问题，从根本上说，它属于政治学的范畴。"[①] 但随着理论的发展，越来越多的学科开始将公共空间作为自己的研究对象，并从不同视角对公共空间进行阐释，例如城市社会学、都市马克思主义等。在这样的理论背景下，公共空间不再是政治学以及政治哲学的"专利"，公共空间的范围也开始由个体的政治活动向日常活动转变，即"公共空间属于所有人的地方，是公共生活的舞台。朋友、陌生人在这里见面，交换货物

---

① 孟耕合：《民主视域下公共空间建构的多维审视》，《理论导刊》2018 年第 2 期。

和思想，进行政治社会参与和亲密活动"①。公共空间不仅在促进社会民主化上发挥着重要作用，而且有利于建立一种公民间相互包容的友爱共同体。

这里我们从政治和日常生活两个维度来理解公共空间。

（一）作为公民参与的公共领域

公民参与框架下的公共空间，往往是政治哲学抑或是政治学的研究范畴。

哈贝马斯认为，公共空间"意指我们生活的一个领域，在这个领域中，像公共意见这样的事物能够生成，公共领域原则上向所有公民开放"。② 在这一范畴下，公共空间往往也表述为公共领域。公民参与，包含公民的政治参与和社会参与两部分。因此，作为公民参与平台的公共空间包括政治参与型公共空间和社会参与型公共空间。

政治参与型公共空间的建构与形成是基于人之政治本性的假设。"政治是人的本性，人之为人，或者人类的存在、个体的成人，都是在政治性的行动中实现。这个政治不是说某些人统治另外大多数人，而是指人在本质上处于相互共戚的公共生活之中。"③ 阿伦特通过对极权社会的考察，发现极权社会的突出问题表现为，统治者忽视人的政治性，将个体困于家庭等私人领域。在这样的社会背景下，个体仅仅是一种生物性的存在，并成为统治者随意宰割的对象。因此，阿伦特强调，个体不能将自己的活动范围仅仅局限于私人空间，必须走出私

---

① ［英］理查德·罗杰斯：《建筑的梦想：公民、城市与未来》，张寒译，南海出版社 2020 年版，第 253 页。

② ［德］尤尔根·哈贝马斯：《公共领域的结构转型》，曹卫东，等译，学林出版社 1999 年版，第 35 页。

③ 金生鈜：《保卫教育的公共性》，福建教育出版社 2008 年版，第 315 页。

人空间，进入一个更为广阔的公共空间，才能成为一个真正的人。阿伦特将人的活动分为劳动、工作与行动，分别与私人空间、社会领域、公共空间相呼应。其中，行动是指向公民的政治活动。"行动，是唯一不需要以物或事物为中介的，直接在人们之间进行的活动，相应于复数性的人之境况，即不是单个的人，而是人们，生活在地球上和栖息于世界。尽管人之境况的所有方面都在某种程度上与政治有关，但复数性却是一切政治生活特有的条件。——不仅是必要条件，而且是充分条件"。① 在阿伦特看来，劳动和工作往往与人所面对的自然环境有关，因此其以物与工具为中介。但行动与人的自由有关，其存在于人的公共交往之中。只有行动才会赋予人生活的意义。因为行动对于人有着巨大的价值，从而决定了由行动所建构的公共空间远远高于私人空间。但这并不意味着私人空间是不必要的，因为"没有对私人生活的适当建制与保护，就没有自由的公共领域"②。

在阿伦特思想的影响下，哈贝马斯对公共空间理论作了进一步的阐释。哈贝马斯的公共空间主要是指资产阶级的公共空间。哈贝马斯在《事实与规范之间》一书中将公共空间定义为："首先可以理解为一个由私人集合而成的公众的领域，私人可以在公共空间中摆脱公共权力的控制，使一些具有公共性质的私人商品交换和社会劳动领域等问题可以同公共权力机关展开讨论"③。由哈贝马斯对公共空间的论述可知，公共空间是促进社会民主的重要保障。恰如哈贝马斯所阐述那

---

① 汉娜·阿伦特：《人的境况》，王寅丽译，上海人民出版社 2009 年版，第 1—2 页。

② 汉娜·阿伦特：《人的境况》，王寅丽译，上海人民出版社 2009 年版，第 43 页。

③ ［德］尤尔根·哈贝马斯：《公共领域的结构转型》，曹卫东，等译，学林出版社 1999 年版，第 32 页。

样：公共空间是一个可以让公共意见在此处形成的公共领域。公共空间的一个重要社会功能是允许个体参与政治生活，发表自己的意见，它构成了现代社会自由民主的政治秩序的基础。

政治性公共空间的形成不仅仅是人性假设的结果，而且是社会发展的必然要求。政治活动作为一种特定的人类活动，其在运行的过程中也必然能够孕育出特殊的政治空间，且不同类型的政治活动可以产生不同的政治空间。"政治是关于权力和决策的，这一原则适用于所有时代、所有制度和所有文化。"① 在封建社会，权力和决策与某一特定阶级有关，政治参与也必然局限于特定阶级范围之内。由此政治活动形成的政治空间是一种封闭并具有强烈排斥性的社会空间。在现代民主的社会里，尤其是社会主义中国，权力和决策与广大人民有关。虽然权力与人民有关，但将国家治理的权力具体到每一个个体身上是不现实的。因此，需要将权力由人民赋予政府形成具有公共属性的公共权力。"公共权力的第一要义就是该权力必须来自人民并为人民服务……公共权力必须满足每一个个体的权利并能为全体人民带来福祉，只有如此公共权力才能称得上'公共'权力。"② 将权力委托给政府，但这并不意味着我们没有机会参与决策。一方面，我们可以通过民主选举产生人大代表进行决策，或者通过网络问政等方式影响政府的决策，间接行使自己的决策权。另一方面，"大多数公众的政治参与主要集中在基层的公共事务管理，这种参与的性质已经是大众政治的民主参与。"③ 在当代中国，人民当家作主，人民代表大会制度和社

① ［德］多米尼克·迈克、克里斯蒂安·布鲁姆：《权力及其逻辑》，李希瑞译，社会科学文献出版社 2020 年版，第 1 页。

② 杨清荣：《公共生活伦理研究——以中国的社会转型为背景》，人民出版社 2016 年版，第 181 页。

③ 周敏凯：《扩大公民有序政治参与的理论思考》，《学习与探索》2010 年第 6 期。

会治理体系拓展了许多公民参政议政的空间。这些空间就是政治参与型公共空间。

自由平等是政治参与型公共空间的显著特征。这种自由平等是一种基于公共理性的自由平等。也就是说，我们要避免"一种公民聚集街头或公共领域并时常采取激进的方式参与政治事务的形式。这种激进的街头民主既会产生严重的政治后果，也会由于绑架和利用爱国主义从而使其背上恶名，并加以消解"①。

此外，公民的社会参与也是公民参与的重要内容。社会参与是一种非政治性和非国家层面的公民参与行为，例如参与环境保护组织，或参与某个公共论坛，共同探讨某个社会热点问题。虽然公民的社会参与不涉及国家政治，但有序的社会参与将会在极大程度上促进社会的民主化进程。首先，广泛的社会参与彰显了公民的主体性。民主的社会首先是一个人民当家作主的社会，但并不是所有的人都有机会直接参与到政治性的公共事务，允许公民参与那些非政治性的公共事务治理——参与环境保护组织——将会极大地释放公民的社会主人翁意识。其次，广泛的社会参与可以锻炼公民的民主能力。虽然社会参与不涉及权力，但与个体的权利密切相关。当个体间产生分歧时则需要民主协商的方式化解利益冲突。最后，广泛的社会参与体现了公民的社会责任感。一个民主的社会不仅仅是一个自由的社会，更是一个充满社会责任感的社会。公民参与社会治理不仅仅是为了维护个人的利益，更是为了维护公共利益。对于公共利益的关注将会使得公民的视野从社会层面扩展到政治层面。虽然社会参与不同于政治参与，但二者是交叉、重叠的。"当个体依托于某个团体或组织进行社会参与时，由此造成的社会舆论和影响力较大，很容易引起政府的主动关注和积

①　朱慧玲：《爱国主义的双重维度——基于公民共和主义的证成与辩护》，《哲学研究》2019 年第 10 期。

极介入，从而使得公共事件演变为事实上的政治参与。"① 由于社会参与也是一种公共性的公民行动。因此，承载公民社会参与的空间也是一种公共空间，即一种社会参与型的公共空间。

（二）作为公民日常生活交往的公共空间

阿伦特、哈贝马斯等人的公共领域思想的提出是对现代性危机的一种积极回应。在这些现代政治哲学家看来，现代性的危机就是政治哲学的危机。为了应对政治哲学的危机，他们主张回归政治，强调政治解放。但政治哲学的危机只是现代性危机的一个方面，片面强调政治哲学的危机，不仅无益于化解现代性的危机，而且会使政治公共空间成为一个理想的乌托邦。在阿伦特的观点中，政治公共空间与个体的劳动以及工作之间是泾渭分明的，从某种程度上说"城墙之外无政治"②。只有"那些摆脱了劳动必然性制约的少数人才能够参与公共领域"③。而对于哈贝马斯而言，"只有有产者可以组成一个公众。"④ 将公共空间置于一个抽象的政治理论框架下，致使公共空间与个体的日常生活相脱离，继而会诞生一种政治精英主义。而社会学、城市政治学、城市社会学等流派则将研究的关注点置于日常的生活空间，聚焦于我们所能看到的公共空间，例如图书馆、公园等最为显现的公共空间。

虽然日常生活视域下的公共空间是能够被我们感知的公共空间，但其并不局限于一种纯粹物理意义上的空间。将公共空间置于日常生

---

① 秦攀博：《公众参与的多维审视：分化与融合》，《求实》2019 年第 6 期。

② 许章润：《城墙之外无政治》，《读书》2010 年第 2 期。

③ 谭清华：《马克思公共性思想初探——基于阿伦特、哈贝马斯和罗尔斯的比较视角》，《中国人民大学学报》2013 年第 3 期。

④ ［德］尤尔根·哈贝马斯：《公共领域的结构转型》，曹卫东，等译，学林出版社 1999 年版，第 96 页。

活框架中的理论，更为关注公共空间的差异性和异质性。在现代社会，公共空间首先作为一个陌生人相遇的场域出现在世人面前，而不仅仅是公民参与政治生活的场域。因此，公共空间的一个重要的价值和意义则在于促进"不同社会阶层或团体的人们进行交流、融合，它的多元化和包容性的特征是形成社会相互理解和共融、促进社会安定和谐的重要因素"[①]。从某种程度上来说，日常生活之中的公共空间促成了社会成员之间的友谊，使得社会更为团结。但需要注意的是，公共生活中的友谊不同于私人生活中的友谊。"在公共生活中，友谊并不只是指私人朋友之间密切关系，而是指一个不断让陌生人加入'我们'的过程。这个'我们'也就是维系公民共同体意识的'团结'。"[②]从这个意义上说，日常生活视角下的公共空间是一种消极意义上的公共空间。在这样的一种空间中，社会成员并不会被视为一个积极参与到社会公共事务中的行动主体，而是弱化社会成员的公民责任意识。但是，允许消极公共空间的存在，恰是对社会成员作为社会主体的充分尊重。因为并不是所有人都愿意参与到社会公共事务中去。当个体不愿参与社会公共事务之中时，我们依然要确保其社会主体的身份，让其合理的享有公共空间资源。

三、作为公共空间的学校空间

公共性是学校教育的基本特征。也就是说，作为学校教育载体的学校空间也必须体现公共性和教育性。一方面，学校要为国家培养社会主义合格公民，彰显学校的政治属性。也就是说，学校空间是学生作为公民参与学校、班级公共事务的公共空间；另一方面，学校公共

---

① 陈竹，叶珉：《什么是真正的公共空间——西方城市公共空间理论与空间公共性的判定》，《国际城市规划》2009 年第 24 期。

② 徐贲：《通往尊严人的公共生活》，新星出版社 2009 年版，第 267 页。

空间是学生主要的日常公共交往空间。学校公共空间要体现其物理性和社会性，在社会性中体现其公共性、教育性、正义性等特征。

（一）学校公共空间是通达、宜居的物理空间

学校公共空间的通达是指进入学校公共空间的差异个体能够自由地相遇。这种相遇不是视觉上的相遇，而是行动和言语上的相遇。这就是说，一个通达的学校空间必须能够保证学生走出有限的学习活动空间，走向更为广泛的学校公共空间。这里的通达性可以从两个方面展开。首先，物理层面上的相遇，即突破学校空间的标准化设计，打破空间隔离，在差异性的空间场域遇见差异性个体。其次，心理层面上，即学生在心理层面上愿意并自觉地与差异个体相遇。

但在现实的教育情境中，学校空间的通达性往往受限于学校教育的竞争性、划一性思维。在市场经济的影响下，"我们的教育结构和制度设计本质上鼓励的是占有式个人主义，我们选择的是以占有式的个人成功为基础的教育竞争结构。"[1] 在这样的一个强调竞争的教育空间中，学生以自我为中心，将自身与他人隔离开来。为了战胜竞争对手，学生难以主动地与其他人开展一些共享性的交往活动。因此，即使学生群体具有差异性，但学生间的彼此隔离依然会使学校空间成为一个封闭的学校空间。此外，学生的占有性学习不仅和学生的利益相关，而且和成人尤其是教师的利益密切相关。因为只有保证学生获得更多的知识，取得高分，教师才能获得更多的利益。在这样的背景下，教学效率是教师考虑的首要因素，而规训化的教学方式是提高教学效率的有效手段。规训化的教育使得"教育成为一种事先谋划好的、以有效的方式控制儿童心智和身体的技术，成为一种必须服从的训练

---

① 金生鈜：《保卫教育的公共性》，福建教育出版社 2008 年版，第 195 页。

机制"①。在学校教育中,规训化的教学有多种形式,直接的形式有严苛的纪律、随意的惩罚以及专断的命令,较为隐蔽的是通过空间进行规训,例如,整齐划一的课桌、公共场所安装的摄像头。在这样的一个规训化的空间中,学生只能局限于自己的课桌进行"标准化"的活动。总之,无论是学生的占有式学习,还是教师规训化的教学,都使得学校空间成为封闭的空间。

学校公共空间能否成立,不仅仅取决于学校空间是否有公共交往,而且取决于学生是否自觉参与。学校公共空间应该是一个能够让学生体验到身心愉悦的场域,空间的宜居性使得学生在身体上感受到愉悦、舒适。学校公共空间的宜居性主要体现在视觉审美和物质功能两个方面。对于视觉审美来说,一个宜居的学校公共空间能够满足学生空间审美需求。因此,学校空间要经过精心的设计,使得学校空间成为一个丰富多彩的公共空间。但在片面强调知识获取的教育氛围里,存在着大量的标准化、单一化,便于规训的空间。在这样的空间中,学生只会产生乏味、枯燥的体验。对于物质功能来说,一个宜居的学校公共空间能够满足学生的安全性、便利性需求。这就需要在进行公共空间设计的时候,从学校空间的自然环境、公共设施等方面入手打开封闭的空间,拓展空间交流渠道。

(二)学校公共空间是正义的空间

正义的空间首先要符合空间正义。"所谓空间正义,就是存在于空间生产和空间资源配置领域中的,公民空间权益方面的社会公平和公正。"② 空间正义不同于分配正义,空间正义所追求的不是对物的平

---

① 金生鈜:《保卫教育的公共性》,福建教育出版社 2008 年版,第 87 页。

② 任平:《空间的正义——当代中国可持续城市化的基本走向》,《城市发展研究》2006 年第 5 期。

均分配，而是指向一种平等的空间伦理关系。也就是说，"空间正义就是一种符合伦理精神的空间形态与空间关系，也就是不同社会主体能够相对平等、动态地享有空间权利，相对自由地进行空间生产和空间消费的理想状态。"[①] 对于空间正义的研究，往往从一个宏观层面展开，即空间正义与不同区域间的空间布局有关。例如，在市中心往往聚集了大量优质的公共资源，而在城市的边缘，这些公共资源往往是稀缺的。对于教育而言，教育空间正义不仅要在宏观层面展开，也要在微观层面展开，即将教育空间正义问题从区域教育正义延伸到学校空间或是班级空间等微观领域。

空间正义是学校公共空间建构的根本要求。因为教育空间正义与否，决定了学生能否正确的认识、认同公共空间，进而主动地参与公共空间，开展公共生活。在教育生活中，由于教育空间非正义造成的排斥现象主要有两种表现。一是，学校空间的区域布局在市场的作用下，往往会遵循资本的逻辑。也就是说，优质的学校资源往往集中于经济水平较好的区域，经济落后区域的学校往往水平不高，因此，家庭经济状况不好的学生，就很难与家庭经济状况良好的学生共享优质教育资源。二是，在班级空间中，一些学生会因为自己的家庭经济状况不好、成绩不好等原因，导致自身的合法空间权益无法得到保障。

（三）学校公共空间是公益的空间

公共空间中的公共交往以公共议题为基础。公共议题的选择不是无条件的，只有那些公益性的话题才有可能成为公共交往的主题。也就是说，这些议题应该是与个人发展以及社会发展密切相关的话题。但在大众传媒飞速发展的今天，公共空间中充斥着诸多虚假、无益的

---

① 陈忠：《空间辩证法、空间正义与集体行动逻辑》，《哲学动态》2010 年第 6 期。

公共议题，即那些涉及私人生活领域的话题成为公众讨论的议题。例如，明星的隐私成为公共空间中的公共议题。"从表面上看，大众传媒的兴起促进了大众文化的繁荣，让人感觉好像实现了多数人即大众意义上的社会理想。但实际上，大众传媒本质上倡导的是消费主义，由于缺乏公共精神，民众只是在形式上汇聚在一起，成为数量上的多数。个体一方面处于孤立无援的原子化状态，在资本操控的社会中呈现单向度的困境；另一方面又过度关注自我，沉迷于世俗化生活的物质享乐之中，往往会以自我的名义最终消解自我的真正个性，流于平庸的私人生活。因此，人们仍然没有回归公共世界。"[1] 在学校空间中，公共空间的私人化则表现得更为明显。社会上的娱乐新闻充斥学生的日常生活。在校园中，我们经常看到，学生三五成群地围在一起讨论自己喜爱的明星，或是为自己喜爱的明星和别人争吵。通常情况下，教师和家长往往只重视学生的成绩，忽视培育学生的公共责任和公共精神。教师往往不会在意学生花时间去关注娱乐新闻，反而将这种行为视为一种正常的娱乐消遣。

（四）学校公共空间是教育性的空间

学校公共空间作为社会公共空间的一部分，不仅要担负满足学生公共交往需求的责任，而且要发挥公共空间的教育作用。"学校教育空间是一种特定的环境安排。它是为保证教育活动的顺利进行而设计的。一方面，学校教育空间以价值引导促进学生的社会化进程。无论是校园空间布局或是课堂空间设计，处处都呈现出价值预设，传达着对人的成长的期望。"[2] 对于学校公共空间而言，公共空间的教育性

---

[1]　孟耕合：《民主视域下公共空间建构的多维审视》，《理论导刊》2018 年第 2 期。

[2]　王枬：《学校教育的时间与空间价值研究》，《教育研究》2019 年第 11 期。

则体现为，让学生在公共空间中成为一个公共人。公共人是公共领域（公共空间）的行动者，是参与公共生活，开展公共交往，谋求公共利益，具有公共品格的社会人。[①] 公共空间的成"人"价值体现在：公共空间给个体的公共活动或公共生活提供了载体，使得个体能够在公共空间、与他人的公共交往中体验、领悟着自身的公共性。也就意味着，公共空间为个体对自身的公共性本质认识奠定了基础。从某种程度上来说，人的公共性本质决定了"人天生就处于公共的关系网络之中，只有他进入到公共空间，才成为一个人"[②]。

四、学校公共空间建构的路径

一般来说，学校公共空间的建构需要采取自上而下和自下而上相结合的方式进行。自上而下的建构方式基于这样的一种理解，即一个可以开展公共生活的公共空间首先是一个能够激发个体参与兴趣的公共空间。这就要求学校管理者通过民主、科学规划等方式，打造一个开放、宜居的校园环境，进而形成公共空间。自下而上的建构方式则是将学校公共空间视为一个由学生交流互动形成的开放空间。因此，自下而上的方式则是学生在学校制度允许的范围之内，凭借对学校公共事务的关心，以及自身的社会责任感去拓展公共交往时空，进而形成一个公共空间。关于采取自下而上的方式进行公共空间建构，本书已在学校公共生活中的话语建构、学校公共生活中的公共交往建构等章节已有涉及，本章着重论述自上而下的学校公共空间建构。

---

① 冯建军：《公共人及其培育：公共领域的视角》，《教育研究》2020 年第 6 期。

② ［德］尤尔根·哈贝马斯、符佳佳：《公共空间与政治公共空间——我的两个思想主题的生活历史根源》，《哲学动态》2009 年第 6 期。

（一）空间布局多元化，满足学生空间交往需求

建构通达、宜居的学校公共空间主要目的在于保证学校公共空间能够有效地促进不同学生的相遇，促进学生主动地走出自己的私人"领地"，走进学校公共空间，与更多的人进行公共交往。在建构的过程中，我们可以从班级内和班级外两个方面来进行设计。

1. 实现班级内部空间布局多元化，保障不同的学生可以自由地交流。

在变革班级空间布局过程中，首先要进行变革的就是座位的空间布局。传统班级空间，学生的座位往往呈现一种"插秧"式布局。在这样的一种空间布局中，学生被安排在一个个固定的、狭隘的空间中，并且每个座位之间有着明确的界限，随意地越过界限往往是不被允许的。在这样一个封闭的班级空间中，学生之间很难实现一种有效的公共交往。因此，变革班级座位的空间布局十分必要。第一，学校管理者可以将原有笨重的桌椅换成轻质的、便于移动和调节的课桌椅，这样就可以为多元的班级空间布局奠定基础。第二，师生共同协商，创新班级桌椅布局方式，最大限度满足不同学生的交往需求。一般来说，有利于师生间交流、沟通的桌椅布局方式是圆桌式和"马蹄"式布局。第三，丰富班级墙壁空间设置。在传统的班级空间中，无论是颜色还是物品的摆置都是单一、枯燥的，且不同年级是同质化的，这极易造成学生的审美疲劳。让学生失去在班级中进行公共交往的兴趣。因此，教师可以将班级墙壁空间的处置权交给学生，让不同的学生在协商的过程中，去规划设计自己的学习生活环境。

2. 实现班级外部空间布局的通达性。

班级外部空间——走廊、图书馆——都是学校公共空间的重要组成部分。这些地方的通达性是保障学校公共空间实现与陌生人相遇，进行公共交往的重要保证。但这些空间在设计之初往往只是遵循安全性和快速流通的原则，不具有柏拉图学园里的各类通道所具有的功能：随处停放、方便议事。现在学校里已有并向学生开放的公共交往空间，实际上只是交通便道，而不是交流的场所。因此，在对班级外部空间进行布局时，应从以下几个方面着手。第一，在校园中设置方便学生停留、议事的椅子，使学生在一个较为舒适的状态下进行公共交往。第二，在图书馆内部设置便于学生交流的空间区域。例如，可以专门开辟一个沙龙场所或专门的研究室。一般情况下，图书馆并不适合学生的交往，但开放的沙龙和研究室则可以最大程度满足学生的公共交往需求。

（二）维护学生合理、合法空间权益，提升学生空间认同感

在学校空间中充斥着一系列的教育非公平现象，这些教育行为或教育实践以空间化的思维方式反映在学校的各个方面，加剧了受教育者尤其是那些"弱势群体"的习得性无助，限制了学生的发展。维护学校空间的公平正义，应坚持维护弱势群体的利益，注重每个学生的发展，建构民主、平等的学校公共空间以及保护学生的私人合理空间不受侵犯。

1. 维护弱势学生群体的合法空间权益，避免空间剥夺。

在教育空间中，那些家庭经济状况较差、学习成绩不好的学生往往成为班级中不受教师待见的弱势群体。在当下的教育情境中，对弱势群体的不合理对待，往往不是一种直接的身体或语言上的羞辱，而是一种较为隐蔽的对弱势学生的空间剥夺。因此，建构正义的学校公共空间，要合并为一般维护教育空间中的弱势学生群体，使其能够自由、平等地享有空间权益。

第一，弱化教育空间布局的资本逻辑，最大程度保障不同社会地位与经济的地位的学生能够享有平等的入学权。一个具有公共性的学校空间，首先应该平等地向所有学生开放。从政府的角度而言，政

府要严防教育资源，尤其是公共教育资源受到社会资本的过度渗透和控制。此外，政府要加大投入，建设更多且更为多元的优质学校资源，以满足不同家庭以及学生的教育需求；就学校教育角度而言，为了实现学校空间正义，要采取一视同仁的态度对待不同社会背景、经济背景的学生，不能随意地排斥那些家庭经济基础差、社会地位低的学生。

第二，保障学校内部空间布局的平等性，促进教育空间资源共享。教师在编排学生的空间位置时应秉持公平公正的原则，优先保护弱势群体的空间权益，综合考虑学生的身心发展特点、行为习惯、性格特征、学习能力、学习的自觉性等多种因素，以成绩互补、兴趣互补、性格互补等多种互补方式灵活编排学生空间的置，尽量保证学生空间资源的均质性，使每个学生平等地享有教育资源。

2. 保护学生的私人空间不受侵犯。

自上而下形成的公共空间往往还会出现一个问题，即教师会忽视学生的私人空间。因为公共生活的存在并不意味着对学生私人空间的忽视，即使在学校公共空间之中，学生的私人空间依然存在，并且学生在私人空间里的私人活动应该得到尊重。私人空间对个体的发展也发挥着重要的作用。一方面，私人空间保障了个体个性的发展；另一方面，只有个体拥有私人空间并认识到私人空间神圣不可侵犯，那么个体才有自觉尊重他人私人空间的可能。而在当下的学校空间中，校方往往打着保障校园安全的名义，安装了大量的监控器。毋庸置疑的是，这些监控在维护校园安全方面发挥了重要的作用。但在现实的教育情境中，教师往往利用这些监控器去监视学生的行为。例如，调皮好动的学生往往不是教师喜欢的类型，在没有监控器的情况下，教师无法及时制止学生的调皮行为，但在监控的帮助下，教师能够掌控这些调皮学生的动向，并予以及时地制止。实际上，在大多数情况下，只要调皮学生的行为没有影响到其他学生，就不应该受到指责和粗暴制止。除此之外，教师对学生着装与发型的干预也是对学生私人空间的侵犯。

（三）学校空间管理向治理转变，确保学校空间学生主体地位

学校公共空间的公共性不仅仅表现在其为社会提供优质的公共服务，还表现在学校是所有人意志共在的空间。也就是说，学校空间内部的成员关系是一种民主平等的关系。民主、平等的学校公共空间首先体现为一种民主、平等的师生关系。在固有的教育观念中，教师是班级管理者、控制者。这种教师主导的教育空间，对于提高教学效率和稳定空间秩序有着显著的作用。但教师过大的权力会削弱学生参与班级公共空间活动的热情和积极性，不利于学生的健康自由发展。因此，在班级管理过程中，教师要避免以一种高高在上的姿态面对学生，主动地与学生进行交流、沟通，让班级空间成为一种教师与学生共同协作创生的平等空间。具体而言，教师在对班级空间管理的过程中，要改变以往单一的自上而下的教育控制模式，实行多元、民主的空间治理方式。多元的教育治理即规避以往学校管理的权力集中在少数人手里的现象，赋予学生一定的空间治理权，并鼓励广大学生积极参与班级的管理，激发学生的主人翁精神。

此外，民主的班级管理还意味着班级成员之间能够形成对话。这种对话不是一般意义上的交谈，而是一种基于差异的协商。因此，教师在制定班级管理制度时，要采取民主的方式，要尊重学生的个性，包容学生间的差异，切勿武断地用统一的规范标准去衡量、要求所有人，阻断学生间的差异性协商。真正的公共空间是不同个性的个体相遇的空间，在相遇的过程中，矛盾冲突会逐渐显现，但公共空间能够以一种宽容的态度接纳不同的个性。从某种程度上说，公共空间的丰富性正是由于这些差异的存在。个体的个性也正是由于他人个性的存在而有意义。但公共空间里的不同个体必须达成一种共识，公共空间才有和谐的可能，而这种共识必须通过个体间的相互协商。因此，必

须有对话。没有对话的"共识"，是一种把个人意志凌驾于公共意志的结果。因此，面对个体间的冲突只有通过对话协商，才能实现求同存异，达成公共善。

（四）创建学校公共议题空间，提升学生空间责任意识

由前文的论述可知，学校公共空间公益性表现为一种公共议题空间。公共议题是指与大多数公民切身利益相关的话题。例如，环境保护、法律政策的制定。当学生处于这样一种公共议题空间时，关心社会发展的热情和积极性将会最大程度地激发。在学校空间中，学校的管理者可以从两个方面来建构公共议题空间。首先，固定的学校公共议题空间。也就是说，学校要专门开辟出一个空间用作公共议题空间。在这样的一个固定空间中，教师可以通过报纸、电视新闻等媒体，营造一种良好的舆论氛围；其次，非固定的学校公共议题空间。这种非固定的空间弥散在学校空间中，教室、走廊、操场等空间场所都有可能成为一种公共议题空间。这就需要学校管理者充分利用好校园里的橱窗、电子屏幕等，为学生营造一个良好的舆论氛围。

报纸、电视新闻等仅仅为学校公共议题空间的建构提供了素材，学生是否愿意参与到这样一种公共议题空间，则需要发挥教师的作用。首先，教师要身体力行，积极主动地通过读报纸、看新闻等方式，关心社会发展，提高自身的公民素养。其次，教师要根据学生的年龄、性别等特征选择适合学生的公共议题。例如，对于低年龄阶段的学生来说，环境保护、动物保护等话题可能适合，而那些涉及法律政策制定的议题则不适合。再次，教师要选择适当的方式展现公共议题。常规的新闻媒体较为严肃，可能不适合年龄较小的学生。因此，教师在进行建构公共议题空间时，要将严肃的新闻转化为学生乐于接受的方式。例如，教师可以引导学生用漫画等轻松的方式来展现公共议题。最后，教师要营造一种自由、平等的学校公共议题空间。公共

议题空间的核心在于内部成员自由、平等的讨论。教师要与学生建立民主、平等的关系，主动与学生讨论公共议题。在讨论的过程中，要善于倾听并尊重学生的不同意见。教师不仅仅要鼓励学生表达自己的观点，也要引导学生理性、逻辑地分析问题。这也就要求教师用理性和逻辑性的思维参与到学生的讨论之中。

进入公共议题空间，并参与对公共议题的讨论，有利于提高学生的公民素养。但并不意味着，每个学生必须参与到这样一种议题空间。教师在建构空间的过程中要秉持学生自愿的原则，不强迫学生参与，更不能将参与学校公共议题空间作为一项评价学生的标准。除此之外，构建学校公共议题空间的一个基本目的在于，引导学生关心社会发展，而不是消耗更多的时间用来关注娱乐休闲。但这也不意味着不允许学生有自己喜爱的明星，面对学生的追星行为，教师要引导学生用理性的态度。

第十章　学校公共生活中公共交往的建构[①]

　　学校公民教育是培育学生的公民品格的主要途径，它承担着"使学生成为公民"的重要使命。但是，在当前的学校公民教育观念中，人们往往会更多地关注公民教育的知识体系的传授和学习，而忽略了真正的公民是在交往生活实践中培养起来的这一事实。公共交往作为一种特殊的生活方式，为公民品格的发展提供了实践、锻炼和认同的途径。公民教育不可能是在孤立的、自私自利的交往生活中完成的，而是需要通过公共性的交往生活来实现其目标。正如杜威在《民主主义与教育》中所指出的，"孤立的生活只能使生活僵化和形式制度化，使群体内部只有静止的和自私自利的思想"。[②]缺乏公共性的孤立的交往生活只会导致个体丧失公共精神和公民品格。学校如果无法为公民品格的成长提供公共交往实践的途径，那么公民教育将因为缺乏实践基础和生活基础而无法实现其目标。正因为如此，学校公民教育必须重视公共交往和公共氛围的营造，为学生公民品格培育提供稳固的交往生活基础。

一、公共交往：公民教育的实践基础

　　公共交往为学校公民教育提供了实践的基础。这一点可以从两个方面来加以理解。首先，从生活实践的角度看，学校公民教育不可能脱离公共交往实践和交往生活而存在，公共交往生活事实上为学校公民教育

　　① 本章由南京师范大学道德教育研究所叶飞教授协助完成。

　　② ［美］约翰·杜威：《民主主义与教育》，王承绪译，人民教育出版社 1990 年版，第 96 页。

提供了生活的土壤与根基，失去了这个根基，学校公民教育难以完成其培养公民的使命。另一方面，从伦理实践的角度来分析，学校公民教育也是需要以公共交往生活的伦理原则为基石的，学校公民教育的最终目的是为了培育具有公共精神和公民品格的人，而这无法离开公共伦理实践这一根基。因此，不论是从生活实践的角度，还是从伦理实践的角度来分析，公共交往生活都可以为学校公民教育提供更稳固的实践基础。公共交往与学校公民教育的这种特殊关系如图1所示。

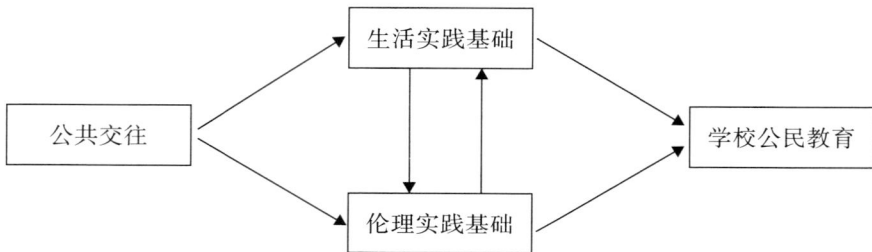

图1 公共交往与学校公民教育基础的建构

首先，公共交往为学校公民教育提供了生活实践基础。正如陶行知先生所言，"过什么样的生活，就受什么样的教育"。学校公民教育作为培育人的公共理性、公民品格的教育，它无法离开公共交往生活的支撑。学校生活中公共交往的形式可以是多种多样的，包括公共论坛、公共辩论、公共社团活动等。通过这些不同形式的公共交往活动，学校的公共生活得以形成和巩固，而学校公民教育也才能获得生活实践的根基。假设存在着这样两所学校（A校和B校）。在A校的学校生活中，公共利益、公共交往遭到漠视，学生只以自我为中心，而不去参与公共交往和公共讨论，那么这种学校生活显然无法为学校公民教育提供帮助，也无法为学生的公民品格养成提供生活实践的基础。而假设在B校，学生自觉地去过一种公共交往生活，积极参与学校的公共交往活动，在公共交往活动中捍卫自己的权利，同时也维护学校的公共利益。如此，B校中就形成了学校公民教育的公共生活基础。这种公共生活基础的完善需要学生积极投入公共交往实践，在公共交往中巩固和拓展公共生活的空间。显然，在这两所学校中，B校将更有利于公民教育的开展，也更有利于培育学生的公民品格，因为 B 校为公民教育提供了更为坚实的公共交往生活的基础。

其次，公共交往为学校公民教育提供了伦理实践基础。公民教育所要传递的伦理观念是一种公共性的伦理观念，而公共性的伦理观念显然主要不是经由强权或暴力压制而形成的，而是经由作为主体的公民在公共交往生活的基础上共同协商对话而达成的。公共伦理的本质属性正是其"作为公共生活规范的内在属性"。[1]公共交往生活提供了公共伦理的源泉，也促进了公共伦理观念的生成和发展；正是在公共交往生活当中，公民之间进行着伦理的商谈与对话，从而形成"公共的"伦理准则。因此，公共伦理的合法性来源于公民作为理性主体参与到公共伦理的交往商谈之中，最后建构出一种共同认可的、公共性的伦理规范。对于公民教育而言，促进学生形成公共伦理观念将是非常重要的目标，同时也只有当学生形成了公共伦理观念，公民教育才是成功的。而要让学生更好地形成公共伦理观念，则学校中的公共交往就显得非常重要。只有当学生有权利或有资格作为一个公民主体参与到学校公共伦理规范的协商、对话、交往和制定过程中，公民教育才具有了经由公共理性讨论的公共伦理的支撑。因此，公共交往在建构公共伦理的交互性商谈机制的同时，也在为学校公民教育提供着伦理实践基础。

二、公共交往的内涵与特性

早在古希腊时期，亚里士多德就关注到了人的两种非常不同的交往形式：一种是家庭私人生活中的私人交往，另一种则是城邦政治

---

[1]　周国文：《公民伦理观的历史源流》，中央编译出版社 2008 年版，第 31 页。

生活中的公共交往。①亚里士多德认为，私人交往所体现的是私人领域的人伦道德关系，比如家庭成员之间的友情、温情、关怀；公共交往则是发生于城邦国家的公共政治领域的交往活动，它追求城邦的正义和秩序，而非私人之间的情感和爱。在亚里士多德之后，汉娜·阿伦特继续了公共交往领域的理论探讨，她认可了两个领域的划分，并提出"一个人过一种纯粹的私人生活，像奴隶一样不被允许进入公共领域，或者像野蛮人一样自愿选择不建立这样一个领域，就不是完整意义上的人"②。这意味着，对公共交往生活的剥夺也就等同于剥夺了一个人成长为公民、成长为完整的人的可能性。因此，阿伦特强调，现代社会应当创造出一个自由、平等、非暴力的公共交往领域，以此来培养公民的公共品格，使人成为"公共人"。哈贝马斯也深入分析了公共交往与私人交往的区别。在哈贝马斯看来，公共交往领域是"由各种对话构成，在这些对话中，人们作为私人来到一起形成公众。⋯⋯他们可以自由地集会和组合，并在自由地表达和公布他们的意见的状态下处理普遍利益问题时，他们是作为一个公众来行动的"③。可见，哈贝马斯强调了公共交往的对话性、平等性和公共性的特征，并以此将它与私人交往相区别。

根据亚里士多德、阿伦特、哈贝马斯等哲学家对于"公共交往"内涵的理解和把握，我们可以看到公共交往与私人交往的显著差异，两者

---

① ［古希腊］亚里士多德：《尼各马科伦理学》，苗力田译，中国人民大学出版社 2003 年版，第 106、176 页。

② ［美］汉娜·阿伦特：《人的境况》，王寅丽译，上海人民出版社 2009 年版，第 24 页。

③ Jurgen Habermas, *The Public Sphere*//Chandra Mukerji & Michael Schudson（eds.）, *Rethinking Popular Culture: Contemporary Perspectives in Cultural Studies*, University of California press, 1991, p.398.

的主要差异乃在于一个是"公共的",而另一个是"私人的";一个是遵循"普遍性的"伦理原则的,而一个则是遵循"私人性的"伦理原则的。具体而言,公共交往体现出了私人交往所不具备的一些特性。

首先,公共交往是平等的协商对话性的交往活动。公共交往中交往双方是平等的,是出于自愿、平等的原则来参与到交往过程之中,对公共问题和公共事务展开平等的协商对话。这种交往关系意味着公民与其他公民分享着平等的公民权利,同时也承担着同等的公民责任。公民与其他公民一起探讨公共问题,这种探讨和交流是具有平等性、协商对话性的,是一种公共性的交往实践活动,"在这种交往实践中,交往行为的主体同时也明确了他们共同的生活语境,即主体间共同分享的生活世界"①。因此,在公民的平等交往中,公民与"他人"共同存在,并且把"他人"看作与"我"完全平等的主体,从而实现自我与其他公民的平等的协商对话。在这种协商对话关系之中,交往主体始终把对方看作平等的公民,并且从对方身上来理解自身的公民身份,来确认自身的公民权利与责任。因此,这种交往活动是公民之间平等的、协商对话性的交往实践活动。

其次,公共交往是遵循公共伦理的交往活动。在私人交往中,私人之间的伦理关系不是以公共性来衡量的,私人之间的温情、友情、关怀等并没有太多涉及公共生活和公共利益,因此也并不需要完全遵循普遍性的公共伦理规范。但是,在公共交往领域,人与人之间的交往关系所应遵循的伦理原则已经不再是私人性的人际伦理,而是一种普遍性的公共伦理,因为人与人之间的交往关系已经发展成为公民与公民之间的公共交往关系。公民之间的交往活动,不能以私人的情感来限定,而是要以公共伦理来约束。公共伦理的一个基本准则就是,

---

① ［德］尤尔根·哈贝马斯:《交往行为理论》,曹卫东译,上海人民出版社2004年版,第13页。

即使对方与你没有任何的血缘关系、亲缘关系或者情感关系，你也依然必须把对方当作一个平等的公民来对待，必须充分考虑对方的公民权利。双方之间的交往关系需要遵循普遍性的公共伦理原则，它超越于私人伦理和私人的情感关系。因此，在公共交往当中，人们之间的交往关系在很大程度上超越了私人的情感、利益、温情和友情，而走向了对公共价值、公共利益以及公共伦理的认同。

再次，公共交往是基于公共理性的交往活动。在公共交往中，公民是作为理性的主体来思考、对话、批判和行动的。公民通过理性的思考来形成自己对于公共事务的看法，来追求公共利益和公共价值。经过了公共理性的思考，公民才可以与其他公民个体或公民团体展开理性的对话。理性对话的目标是促进公共社会的发展，为公共社会争取更好的福祉，同时也保障公民个体的权利，承担公民个体的责任。以理性的方式来进行协商对话，要求公民按照既定的程序和议题来展开相互之间的交流和探讨，而不是进行非理性的吵闹、争论和互相责骂。必要的时候，公民可以就公共问题展开理性批判。公民的理性批判，不论是对公共政治问题，还是对公共环境问题或者公共交通问题等，都是公民所享有的权利，也是公民维持公共社会的良性运转所应承担的责任。通过理性的思考、对话、批判以及行动，公民可以为公共社会的发展贡献自身的力量。显然，公民可以通过公共交往而组成一个公民共同体。公民共同体的力量是强大的，它可以通过公共理性的运作来促进社会的变革。

最后，公共交往是以公共利益为旨归的交往活动。与私人交往不同，公共交往的旨归是公共利益，而非私人利益。在公共交往中，交往主体不再是以"个人"的身份进入公共社会之中，而是以"公民"的身份进入公共社会之中。个体作为公民已经意识到了自身所享有的公民权利以及所应当承担的公民责任，意识到自身作为公共社会中的一个成员所应当去完成的公民使命。在这个时候，公民投入公共交往实践之中，已经在很大程度上抛开了私人利益、私人情感和私人偏见，而是把自身的思考、批判和行动自觉融入公共社会当中，从公共社会的整体利益出发来看待问题。因此，在公共交往中，我们所看到的不是作为"私人"的个人，而是作为公共社会的组成部分的"公民"。公民展示着自身对于公共政策、公共事务、公共问题以及公共生活的思考和行动，这种思考和行动主要不是出于私人的目标，而是出于公益的目标，服务于公共利益。

三、学校公共交往的"四维"

学校公共交往空间的建构，需要在公共对话、公共协商、公共参与和公共治理等四个维度的基础上形成学校管理者、教师和学生之间的公共交往关系。因此，我们称之为学校公共交往的"四维"。第一个维度是，学校必须形成一个公共空间，允许教师和学生展开广泛的公共对话，每一个人都有权利在公共空间中发表自己关于公共问题的言论和看法；公共对话并不是为了追求一个统一的价值观或目标，而是为了捍卫公民的自由权利。第二个维度，学校在广泛的公共对话过程中可能会面临着众多的意见和舆论，在这种情况下公共协商就显得非常重要；学校有必要通过公共协商的方式来促进公共交往中的主体各方达成共识；共识的达成不是价值灌输和道德强迫的结果，而是交往主体在理性协商的基础上所形成的共识。第三个维度，交往主体各方将协商共识付诸公共行为，共同参与公共事务，推动和促进学校公共空间的完善；第四个维度是一种比较理想的状态，即交往主体各方在对话、协商和行动参与的基础上，形成一种公共治理的关系，即各方的交往关系不再是一种控制型的交往关系，而是一种"治理型"的交往关系，各方共享学校公共事务的治理权，同时也共同承担学校的公共责任。关于学校公共交往的"四维"建构，如图 2 所示。

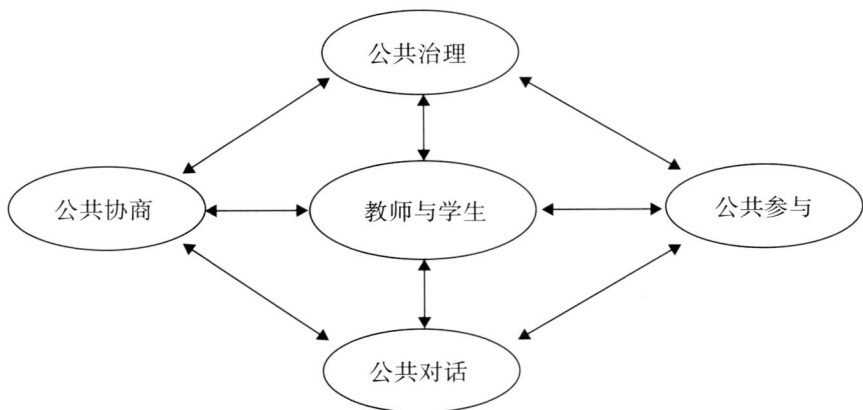

图 2　学校公共交往的"四维"

第一，公共对话。教师与学生之间的公共对话是学校公共交往的重要形式。在公共对话中，教师与学生首先是处于平等地位的，这种对话是一种民主、平等的对话。这种对话类似于马丁·布伯所说的"我与你"的关系，是"我"与"你"的相遇。[①] 在这种相遇中，教师和学生均是精神充盈的主体，是公共社会中的平等公民，都承担着相应的公民权利与责任。公共对话的目标是让教师和学生都能够以平等的公民身份介入，同时在对话过程中形成平等的身份意识。公共对话不是以追求一个"唯一正确答案"或"唯一真理"为目标，对话的真正目的就是让师生双方"畅所欲言"地说出自己想说的话，向对方敞开自己的内心世界，相互理解，达成共识。另外，教师与学生的公共对话主要是围绕公共问题而展开。公共对话不是漫无目的的闲聊，也不是关于私生活、私人情感的闲谈，主要是关于公共生活中的公共问题的讨论。公共对话为教师和学生提供了一个就学校公共问题或社会公共问题发表自己意见和思想的机会。在公共对话中，对话的权利

---

① ［德］马丁·布伯：《我与你》，陈维纲译，生活·读书·新知三联书店 2002 年版，第 36 页。

被赋予了教师和学生，使他们得以在学校公共空间中以公民身份介入公共问题的讨论，发出属于自己的声音。

第二，公共协商。公共协商和公共对话既有区别又有联系。公共协商具有对话性，但是并非所有的对话都是协商。按照詹姆斯·博曼（James Bohman）的理解，公共协商是一种带有特定目标的对话，它是公开利用公共理性以此来追求协商共识的对话过程。[①] 由此观之，公共协商虽然是一个对话过程，但是它与公共对话的区别在于以下两点：（1）公共协商追求一个特定的目标，即共识和理解。在公共对话中，交往双方并不一定要具有目的，同时对话也不一定要达成共识。但是，公共协商则具有较强的目的性，它渴望通过协商来对公共问题达成共识，从而为公共行动奠定共识的基础。（2）公共协商是一种公开运用公共理性的对话过程。协商交往的双方在公开的场合进行理性的交谈、讨论。这种理性是公民的公共理性。在学校公共空间中，教师与学生、学校管理者与学生之间可能会在某些公共问题上产生分歧和矛盾，比如学生觉得教师的严厉态度对自己的人格尊严造成了伤害，或者学校的管理制度侵犯了自己的合法权利等。对于这些公共问题，公共协商的解决策略支持教师与学生、学校管理者与学生、教师与学校管理者之间进行公开的、理性的对话与协商，三方都基于公共理性来展开思考和论辩，最终通过公共协商来达成对于各方都有益的共识和理解，从而以更民主而不是专断的方式来解决公共问题。

第三，公共参与。公共参与是指交往双方在公共对话和公共协商的基础上，积极地投入公共事务的行动领域，将协商共识的结果付诸行动。在学校公共空间中，作为交往主体的教师和学生，均有权利同时也有义务参与到学校的公共事务当中。学生参与公共事务，不仅可

[①] ［美］詹姆斯·博曼：《公共协商：多元主义、复杂性与民主》，黄相怀译，中央编译出版社 2006 年版，第 51 页。

以锻炼自身的交往能力和行动能力，同时也可以为学校、社区，更为广阔的社会公共事业作出力所能及的贡献。事实上，早在 20 世纪 90 年代，美国学校就已经开始提倡"服务学习"（Service Learning）的公共参与理念，主张公民教育应鼓励学生参与社区服务，在锻炼学生的公民行动能力的同时，也为当地社区作出贡献。[1]1998 年英国教育部门所颁布的《科瑞克报告》中也认为，公共参与是建构公民社会的基础，学校应鼓励青少年学生积极参与学校、社区的公共生活，锻炼公民品格。[2] 可见，交往双方对于公共生活的行动参与，是公民教育的重要方式，同时也是学校公共交往的重要组成部分。

　　第四，公共治理。公共治理（public governance）是对公共协商、公共对话和公共参与的进一步提升，交往主体双方在公共治理中已经不止于对公共事务展开对话、商谈和参与，而是展开对公共事务的治理，我们可以称之为"教育的公共治理"。教育的公共治理有宏观和微观之分。宏观的教育公共治理所讨论的是国家、市场、学校和公民社会之间的权力分配和交互关系；微观的教育公共治理所讨论的主要是学校公共空间内部的权力分配和交往关系。我们这里所谈论的主要是微观层面上的教育公共治理。在传统教育管理中，学校管理者、教师与学生之间所形成的是一种控制型的交往关系，管理权力高度集中于学校管理层和教师群体，权力运作采取的是"自上而下"的形式，处于权力底部的学生群体几乎失去了大部分的权力。而在治理型的交往关系中，学校管理者、教师和学生都是公共交往中的主体，管理主体呈现多元化的趋势。学校管理权力不再只由管理者和教师独享，同

---

　　① 　单玉：《"服务学习"（SL）与负责任公民的培养》，《外国教育研究》2004 年第 11 期。

　　② 　牛国卫、郭卿：《〈科瑞克报告〉与英国公民教育发展》，《外国中小学教育》2010 年第 4 期。

时也被学生以及学生自治团体所享有。因此，在治理型的交往关系中，管理主体的多元化和"去中心化"将促进管理权力的合理运作，民主的学校氛围也将取代独断的学校氛围，从而为培养民主的公民品格奠定基础。

四、学校教育中公共交往的实践

如前所述，如果没有实实在在的公共交往的支撑，学校公民教育所宣扬的"美德袋式"的公民知识只能停留在书本、教材当中，而无法真正进入学生的生活世界。只有充分地将公民教育与公共交往融合在一起，让受教育者在交往生活中接受公民熏陶，体验真正的公民生活，学校公民教育的效果和效率才能得到更大程度的提升。基于此，我们认为学校公民教育应当进行一种公共交往生活的实践建构，通过公共交往实践来形成更贴近受教育者的生活世界、更具有体验性和现实性的公民教育活动，从而有效地培育受教育者的公民品格和公共精神。基于公共交往来实现学校公民生活的实践建构，需要重视以下几种主要的公共交往形式，包括参与式交往、服务式交往、社团式交往以及论辩式交往等（如图3所示）。

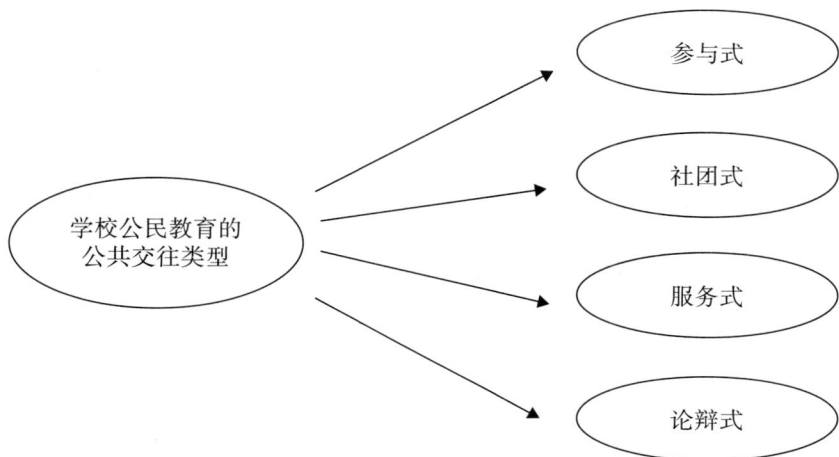

图3　学校公民教育的公共交往

学校公民教育要充分重视图 3 所示的这四种公共交往活动形式，通过这些交往活动来建构一个更具公共性、平等性和民主性的学校生活空间，形成学校生活的公共氛围和公共交往平台，最终更有效地促进学生的公共理性、公共精神和公民品德的发展。

（一）参与式交往

参与式交往是让学生参与到学校公共事务和公共决策过程中的一种特殊的公共交往类型。参与式交往可以增强学生参与学校公共生活、公共政治生活的热情，提高他们的公民意识和公民效能感。但是，从目前的情况来看，全球范围内都在面临着青少年学生丧失参与公共生活的热情的危机。根据国外学者卡森（Terrence R. Carson）的统计数据显示，2000 年联邦大选期间只有 22% 左右的加拿大青年选民参加了投票，而到了 2004 年虽然全社会大张旗鼓地呼吁年轻选民行使选举权，但是青年投票率却依然在下滑。[①] 而在 2004 年的美国总统大选中，青年选民参加投票的比例也非常低，体现出了与加拿大极为相似的趋势。[②] 在国内，青少年学生被"禁锢"于极端的考试竞争的教育环境之中，参与公共生活的热情也同样面临着比较严重的下滑趋势。显然，不论是国内还是其他国家的公共生活状况都表明，青少年参与公共生活（公共政治）的热情正在减弱。究其原因，一方面是因为庞大的国家政治机器导致了个体的无力感，致使个体倾向于认

---

① 特伦斯·R.卡森：《孤独的公民：民主、课程与归属危机》，载［加］乔治·H.理查森、［加］大卫·W.布莱兹著，《质疑公民教育的准则》，郭洋生、邓海译，教育科学出版社 2009 年版，第 18 页。

② 特伦斯·R.卡森：《孤独的公民：民主、课程与归属危机》，载［加］乔治·H.理查森、［加］大卫·W.布莱兹著，《质疑公民教育的准则》，郭洋生、邓海译，教育科学出版社 2009 年版，第 18 页。

为无论自己是否参与都无法改变国家、社会的公共生活；另一方面则与学校公民教育缺乏公共交往实践、未能鼓励学生参与公共生活有很大的关系。正因为如此，学校公民教育要想提高自身的效果，增强青少年学生参与公共生活的热情，则有必要进行"参与式交往生活"的重建，为学生搭建更好地参与、交往的公共平台。在参与式的公共交往中，学生和教师都应该成为公共交往的主体，作为交往主体的学生和教师之间是一种平等的交往关系。通过平等的公共交往活动，学生参与到学校校纪、校规的制定当中，参与到学校公共设施的维护和使用当中，参与到学校重大问题的讨论和决策当中。这一系列的参与式交往活动，不仅保障了学生在学校公共事务中的参与权利，对学校公共事务的管理和决策起到民主监督的作用，同时也增强和培育了学生的公民参与精神，促进了他们公民品格的发展。

（二）社团式交往

社团式交往是指学生基于公共的兴趣或共同的目标而组成社团组织，采取民主决策、民主管理的方式来追求社团的公共目标的一种交往类型。在目前的基础教育学校中，社团式的公共交往生活依然比较缺乏，中小学校的公民教育更多的是停留在课本和教室当中，而没有进入更为广阔的公共交往实践。冷漠、疏离、不信任的心理状态在青少年学生的生活世界中蔓延。在极端的考试竞争和学业竞争的教育环境下，很大一部分青少年学生往往只关心个人在学业成就、考试竞争中的优势，而丝毫不关心公共生活中的公益事业、慈善活动、志愿者活动等，也不参加任何与公共利益有关的社团组织活动。青少年学生更愿意把自我封闭于内心的孤独之中，追求自我的利益和内心的满足。这无疑是一个非常危险的信号，它表明青少年群体在公共性和私己性、公共利益与私人利益之间失去了平衡，最终可能使他们成为脱离公民团体、丧失公共精神的极端利己主义者。这种孤立的、逃避公共责任的自我中心的生活方式被查尔斯·泰勒（Charles Taylor）视为现代性的"三大隐忧"之一，因为"以自我为中心的生活既平庸又狭窄，它使我们的生活缺乏意义，缺少对他人及社会的关心"①。孤立的、封闭的、自我利益导向的生活致使青少年学生只关注自我的利益，而忽视了公共社会的福利，同时也远离了公共社团的生活。为了更好地培养青少年学生的公益精神和公民品格，中小学校应当鼓励学生成立各种公益性的社团组织，同时鼓励学生以学校的规章制度和公共伦理为准则，组织和制定社团的章程，开展协商、对话和参与式的公益社团活动。在社团的交往活动中，学生可以作为公民参与各种公益性的公共交往活动，形成公共的权利与责任意识，追求心中的公益性目标，为公民社会的发展作出自己的贡献。

（三）服务式交往

服务式交往主要是指学生以服务社区、服务社会的方式参与到公共交往活动当中，履行自己作为一个社会公民的权利与责任。事实上，服务式交往早已在欧美国家的学校公民教育中盛行。1998 年英国教育部门所颁布的《科瑞克报告》中就指出，"社区是公民教育的重要基地，鼓励儿童参加社区活动，本身就是公民社会的建构。"② 在《科瑞克报告》颁布之后，英国制定了公民教育的国家课程，强调通过社区参与、社区服务、社区交往等方式来展开公民教育，让孩子们在社区生活的实践中锻炼公民品格。《科瑞克报告》的这一公民教育理念在英国社会引起了巨大的反响，它促进了英国中小学校公民教育的效果的提

---

① ［加］查尔斯·泰勒：《现代性之隐忧》，程炼译，中央编译出版社 2001 年版，第 5 页。

② 牛国卫、郭卿：《〈科瑞克报告〉与英国公民教育发展》，《外国中小学教育》2010 年第 4 期。

升。与英国一样，美国学校公民教育近些年来也一直在倡导"服务学习"（Service Learning）的公民教育理念。小布什政府于 2002 年签署的《不让一个孩子掉队》（*The No Child Left Behind* Act）中就强调了要将公民教育与社区服务相结合，鼓励各级各类学校广泛开展服务学习活动。[①]"服务学习"不仅可以促进社区生活的发展，更为重要的是它可以为学生提供锻炼公民品德和公共精神的平台，更好地实现学校的公民教育目标。显然，服务式交往活动（以社区服务为主）作为一种独特的公民交往和公民学习方式，同样适合于我国的学校公民教育。通过让学生参与到社区的卫生、交通、基础设施、生态建设等公共活动当中，不仅有助于社区生活质量的提升，同时也可以培养学生的公民行动能力。此外，比社区更广阔的社会公共领域也是学生可以参与、服务的，学生可以作为一个社会志愿者（比如奥运志愿者）或社会公益事业的成员（比如慈善募捐活动）来参与服务公共社会的活动。这同样也是发展学生的公民精神和公民行动能力的重要途径。

（四）论辩式交往

论辩式交往是指学生在学校的公共生活、公共论坛和公共讨论等公共交往活动中展开对于学校公共事务和公共问题的探讨和论辩，以完善学校的公共生活和公共管理制度，最终促进学生的公民品格的养成。早在古希腊的公民传统中，论辩能力就是公民的一项基本能力，因为公民如果不具备论辩能力，那么他就无法为自己的自由权利辩护，同时也无法为公共生活的改善提供有力的辩论。论辩式的交往可以培养学生参与公共论辩的勇气和能力，同时更可以培养学生的公民品格和民主精神。但是，在国内的学校教育中，我们看到很主观论辩

---

① 单玉：《"服务学习"（SL）与负责任公民的培养》,《外国教育研究》2004年第 11 期。

的形式，论辩所应当蕴含的民主精神和公共精神却往往遭到忽略。学校虽然会组织各种辩论赛，但是这些辩论赛更多的是关于"知识性"话题的辩论，而缺少对于公共性议题以及公共问题的关注。因此，学校的辩论赛更重视的是学生的辩论能力，而并不是学生的公共关怀和民主品格，这并不利于公民教育的开展。为改变这种状况，学校应组织或者允许学生自发地组织起更多地以自由民主的公共辩论为特征的论辩式交往活动，比如思政课可以实施议题式教学；学校可以组织有关公共事务和公共问题的辩论会、听证会；学生可以自发组织学校公共问题的讨论会，对学校中的公共环境、卫生、学习乃至餐饮等问题进行公开的民主辩论和交流。在辩论会中，学生可以争取自身的权利，可以就学校亟须改变的公共问题展开申诉和辩论，也可以通过合法程序来进行权利救济，对学校的不合理的制度安排展开抗辩。同时，学生也可以对学校公共事务和公共问题提出合理的改进建议。学校必须对学生的申诉、抗辩和建议给予公共讨论和公共回应。如此一来，公共论辩不仅在形式上体现着公民精神，同时也在实质上促进着学校生活中公民精神的发展。公共论辩最终的目标是形成学校的公共氛围，培育学生的公民理性能力和公民精神。

总之，公共交往是一种以公共伦理和公共精神为基础的交往实践活动，它体现着公民社会的公共品格。公共交往可以形成公民教育的生活基础和伦理基础，使公民教育超越单纯的知识传授而获得坚实的生活土壤。对于学校公民教育而言，开展多种形式的公共交往活动（包括参与式交往、社团式交往、服务式交往和论辩式交往等），不仅可以培养起学生更为健全而稳固的公共精神和公民品德，同时还能避免公民教育陷入知识灌输的误区，保持公民教育的开放性和灵活性，最终促进公民教育的目标与使命的实现。

第十一章　学校公共生活中共同体的建构

人作为类的存在物，每个人生活在社会中，都隶属于特定的社群，或正式的组织，或非正式的群体。社群不仅提供了人与人交往的场域，满足人的社会交往需要，而且规定了人的身份及其所承担的责任、义务，促进人的社会性和公共性发展。社群有不同的范围、规模，也有不同的性质与类型。对于公民而言，公民生活的社群在性质上是共同体。共同体既是公民生活的场域，也是造就公民的载体。公民之所以是公民，公共性是其核心的一维。公民只有在共同体中通过公共交往，过一种负责任的公共生活，才能够发展其公共性，成为一个合格的或优秀的公民。学校作为学生成长和发展最重要的场域，必须按照公民共同体的要求，建设成为适合学生成长发展的公民共同体。

一、共同体的历史演进

人必须结合在一起生活，但结合的方式不同，构成了不同的共同体。因此，共同体是历史的、变化的。马克思关于人类社会发展的三个阶段，可以视为共同体发展的历史阶段划分，与第一个阶段人的依附状态对应的是自然共同体，与第二个阶段以物的依赖性为基础的人的独立性对应的是虚幻的共同体，与第三个阶段自由个性对应的是真正的共同体。

（一）自然共同体

生产力是推动人类社会发展的根本动力。在生产力发展水平很低的原始社会，个体的力量非常有限，人无法依靠个体的力量得以生存，只能聚合为共同体，以共同体的方式对待自然，谋求人类的共同生存。由于人的交往范围有限，古代社会以血缘、地缘关系组成了血缘共同体、地域共同体，诸如家庭、氏族、部落、原始公社、城邦等，这种共同体是原始的共同体。

滕尼斯是较早研究共同体的学者，他在《共同体与社会》中，区分"共同体"与"社会"的不同。他说："共同体是古老的，社会是新的。"①。共同体是一种原始的、天然的状态。他把共同体分为血缘共同体、地域共同体与精神共同体。维护血缘共同体的是血缘关系，表现为家庭、家族。随着交往的扩大，血缘共同体发展为地域共同体，维系地域共同体的是地缘关系，表现为居住在一起。地域共同体进一步发展为精神共同体，维系精神共同体的是心灵生活的相互联系，"精神共同体被理解为真正的人的和最高形式的共同体"②。滕尼斯提出的从血缘共同体到地缘共同体，最后到精神共同体。这种变化，一方面扩大了共同体的地域性范围，另一方面使共同体从地域走向精神，精神关系成为衡量共同体的关键标识。城邦是典型的精神共同体，亚里士多德视其为"追求最高善"的社会共同体。

家庭、家族、邻里等是滕尼斯所说的共同体，它们被理解为一种"亲密的、秘密的、单纯的共同生活"，"人们在共同体里与同伴一起，从出生之时起，就休戚与共，同甘共苦"。③因此，共同体总给人以安全感、归属感。鲍曼指出："共同体是一个'温馨'的地方，

---

① ［德］费迪南·滕尼斯：《共同体与社会》，林荣远译，北京大学出版社2010年版，第44页。

② ［德］费迪南·滕尼斯：《共同体与社会》，林荣远译，北京大学出版社2010年版，第53页。

③ ［德］费迪南·滕尼斯：《共同体与社会》，林荣远译，北京大学出版社2010年版，第43页。

一个温暖而又舒适的场所。它就像是一个家（roof），在它的下面可以遮风避雨；它又像是一个壁炉，在严寒的日子里，靠近它，可以暖和我们的手"。[1] 瑞典学者罗森伯格（G.Rosenberg）把共同体称为"温馨的圈子"，"在这一'温馨圈子'里，人们不必证明任何东西，而且无论做了什么，都可以期待人们的同情与帮助"。[2] 可见，在自然形成的共同体中，人与人之间有着自然而然的共同的理解、亲密的关系，满足了人们追求安全感和归属感的需要。在这里，每个人都不属于他自己，自我是天然的共同体的一部分。

（二）虚幻的共同体

随着生产力水平的提高，以私有制为基础的商品经济迅速发展，打破了自然发生的血缘、地缘关系。商品的交换，使人走出了原始共同体，成为孤立的"我"。马克思指出："交换本身就是造成这种孤立化的一种主要手段。它使群的存在成为不必要，并使之解体。然而，一旦事情变成这样，即人作为孤立的个人只和自己发生关系，那么使自己确立为一个孤立的个人所需要的手段，就又变成使自己普遍化和共同化的东西。"[3] 孤立的个人，是指脱离了原始共同体束缚的个人。个人不再依附于原始的共同体，获得了自身的解放，使自己成为独立的自己。独立的个人以占有物为前提，因为个人占有了物，借助于交换，就获得了自我存在的资本。这种孤立的个人之间结成的社会，就是黑格尔所说的市民社会。"市民社会，这是各个成员作为独立的单个

---

① ［英］齐格蒙特·鲍曼：《共同体》，欧阳景根译，江苏人民出版社2003年版，序言，第2页。

② ［英］齐格蒙特·鲍曼：《共同体》，欧阳景根译，江苏人民出版社2003年版，第6页。

③ 《马克思恩格斯全集》第30卷，人民出版社1995年版，第489页。

人的联合……这种联合是通过成员的需要，通过保障人身和财产的法律制度，和通过维护他们特殊利益和公共利益的外部秩序而建立起来的。"① "在市民社会中，每个人都以自身为目的，其他一切在他看来都是虚无……其他人便成为特殊的人达到目的的手段。"②因此，在市民社会条件下，"现实的人只有以利己的个体形式出现才可予以承认，真正的人只有以抽象的 citoyen［公民］形式出现才可予以承认。"③

从原始共同体到市民社会，市民社会分解为独立的个人，人与人之间的关系不再是一种原始统一关系，而是一种分离的关系。区别于共同体，滕尼斯将之称为"社会"。他说："社会是一种暂时的和表面的共同生活"，"他们像在共同体里一样，以和平的方式相互共处地生活和居住在一起，但基本上不是结合在一起，而是基本上分离的。"④在社会中，不存在着统一的行动，行动都是为自己而发生的，"在这样一个社会中，每个人都变得极其自恋，所有人类关系中无不渗透着自恋的因素……自恋就是不断追问'这个人、那件事对我有什么意义'。人们总是不断地提出别人和外界的行动跟自己有什么关系的问题，所以很难清晰地理解其他人以及他人所做的事情。"⑤

由于个人是以占有物显示自己的主体性，因此，个人就无视公共利益，成为自我利益的追求者，甚至侵犯他人的利益。为了防止个

---

① ［德］黑格尔：《法哲学原理》，范扬、张企泰译，商务印书馆 1961 年版，第 174 页。

② ［德］黑格尔：《法哲学原理》，范扬、张企泰译，商务印书馆 1961 年版，第 197 页。

③ 《马克思恩格斯文集》第 1 卷，人民出版社 2009 年版，第 46 页。

④ ［德］费迪南·滕尼斯：《共同体与社会》，林荣远译，北京大学出版社 2010 年版，第 77 页。

⑤ ［美］理查德·桑内特：《公共人的衰落》，上海译文出版社 2014 年版，第 9 页。

人对他人利益的侵犯，公平地分配社会资源，人与人之间就订立了契约。所以，在滕尼斯看来，"社会"不同于"共同体"，"共同体"是一种亲密无间、相互信任、守望相助的关系。在"社会"中，人们之间是基于个人的独立、个人理性及契约的关系。正是这样的差异，滕尼斯不把"社会"称为"共同体"。因为共同体是统一的整体，社会是松散的联合。但在鲍曼看来，"如果说在这个个体的世界上存在着共同体的话，那它只可能是（而且必须是）一个用相互的、共同的关心编制起来的共同体；只可能是一个由做人的平等权利，和对根据这一权利行动的平等能力的关注与责任编制起来的共同体"①。在鲍曼看来，现代共同体区别于滕尼斯所说的传统共同体，它是以公民平等的权利和责任为基础的。在共同体中，个体不是依附于共同体，而是作为一个独立主体存在于共同体中，人与人之间是一种平等关系，具有平等的权利和相互责任。② 现代共同体对应于人类发展的第二阶段，是资产阶级的公民共同体，强调公民的个体性而丧失了公共性。

（三）真正的共同体

马克思认为，资产阶级的公民共同体是"虚幻的共同体"，之所以是虚幻的，是因为它以制度和契约为中介，把单子式个人的机械联合起来，缺少共同体的凝聚力。这种机械的联合，表面是联合的，实质上是人与人之间的分离。马克思指出："由于他们作为个人是相互分离的，是由于分工使他们有了一种必然的联系，而这种联合又因为

---

① ［英］齐格蒙特·鲍曼：《共同体》，欧阳景根译，江苏人民出版社 2003 年版，第 186 页。

② 崔丽娜：《良序的公共生活何以可能》，中国社会科学出版社 2019 年版，第 180 页。

他们的相互分离而成了一种对他们来说是异己的关系"。^①在这种共同体中，个人利益至上，社会不过是实现个人利益的手段，他人是实现我的利益的手段，因此，人与人之间的关系是异化的关系，是"虚假的共同体"。

作为独立的个体，把自己作为目的，他人作为手段。每个人都这样处理自我与他人的关系，人人都成了自己的目的、他人的手段，无法实现自我的自由。个人的自由，不是孤立的自由，是社会共同体中的自由，因此，加入共同体是个人自愿的行为。只能在共同体中实现个人的自由。马克思指出："在真正的共同体的条件下，各个人在自己的联合中并通过这种联合获得自己的自由"。"只有在共同体中，个人才能获得全面发展其才能的手段，也就是说，只有在共同体中才可能有个人自由"。^②

总之，共同体具有双重的特征：个体性与公共性。只有公共性，没有个体性，只能是原始的未分化的共同体。只有个体性，缺少公共性，是虚幻的共同体。"真正的共同体"是基于个体性基础上的"自由人的联合体"。个人不是共同体的附属物，而是共同体的成员，既具有个体性，又具有公共性，是有着自由平等权利和公共性的负责任的公民。

在现代社会，传统的、脉脉温情的共同体已经日益成为"我们无法再栖息其中的天堂"^③，市场经济把人从传统共同体中解放出来，成为一个有独立人格和权利的公民。但社会只能靠外力约束，失去了整体性和公共性。现代社会既要走出传统的自然共同体，又要克服公民自我中心，以共同体的公共性为引导，增强个人的共同体的身份认

---

① 《马克思恩格斯选集》第 1 卷，人民出版社 2012 年版，第 202 页。

② 《马克思恩格斯选集》第 1 卷，人民出版社 2012 年版，第 199 页。

③ ［英］齐格蒙特·鲍曼：《共同体》，欧阳景根译，江苏人民出版社 2003 年版，第 5 页。

同，使个人成为共同体的践行者、推动者。

二、作为公民共同体的学校

学校是社会的一部分，师生关系是社会关系的反映。学校作为一个社会组织，在性质上与社会共同体具有一致性。古代的学校与现代的学校不同。古代的学校对应于自然共同体，师生关系具有亲密性，"一日为师终身为父"，师徒如父子，师徒之间具有拟血缘化关系。师道尊严，教师对学生具有权威性，学生对教师具有依附性，失去了独立性与自由。近代的学校，师生关系逐渐趋于平等，每个学生作为独立的主体，教师对所有的学生一视同仁、平等对待。因此，现代学校在性质上属于公民共同体。

（一）学校共同体是充满理性、友爱的公民共同体

虽然古代学校有孔子的"有教无类"，但总体上看，古代学校具有鲜明的等级性。这种等级性一方面表现为受教育是统治阶级和贵族阶级的特权，劳动人民没有受教育权利；另一方面表现为师道尊严，师生关系极端不平等，学生始终处于被控制、被支配的地位。古代学校的师生关系是古代社会人的依赖关系的反映。现代社会，随着生产力的发展，市场经济解放了人，使个体具有了独立性，现代社会由此从自然共同体走向公民共同体，师生关系也由此从师道尊严转变为公民的平等关系。

现代学校应该定位为公民共同体，这不仅是因为公民教育的需要，而且符合现代社会的要求。"公民共同体的首要特征是成员之间的公民身份的平等共享"①。学校作为公民共同体，师生及其之间的关

---

① 叶飞：《学校公民共同体与公民品质的培育》，《教育学术月刊》2016 年第 9 期。

系表现为：第一，学校是面向所有人的学校。公民不分民族、种族、性别、职业、财产状况、宗教信仰等，都具有平等的入学权利和机会，义务教育阶段是普遍的人权。随着社会的发展，义务教育年限会更长，教育普及程度会不断提高，教育会越来越从权利、机会的形式平等走向实质性的平等。学校公共生活是开放性的，关注全体学生而不是少数"精英"，吸引全体学生真正成为公共生活的主体。第二，师生作为公民都是平等的。虽然学生年龄小，身心正处于发展时期，不够成熟，但在公民意义上，他们与教师具有平等的公民身份。所谓公民身份，就是有独立的人格、平等的权利、义务和自由，既包括公民的一般权利、义务和自由，也包括作为教师和学生特定的权利、义务和自由。教师的教学活动以尊重和保障学生的基本权利为前提，不能侵犯学生的公民权利，包括学生的隐私权、表达权、人身自由权、健康权等。当然，学生也不能侵犯教师的权利，包括教育教学权利、批评教育学生的权利等。第三，师生关系是一种陌生人之间的关系。公民共同体相对于传统自然共同体而言，传统共同体是一个熟人社会，人与人之间的关系具有非平等性、非平衡性的"差序格局"，但人与人之间也充满了温情和关爱。公民共同体中，公民作为独立主体，公民之间是一种陌生人的关系。陌生人之间的关系不是基于特殊的关系，而是基于人性的普遍性。我们都是作为人，作为公民，人与人之间具有普遍的平等性。陌生不一定是不认识，而是把每个人作为陌生人，平等对待。罗尔斯正义论中的"无知之幕"就是为了寻求这种陌生人关系。公民共同体不是熟人关系，而是陌生人的关系，这种关系使人与人充满了平等和独立，但也失去了温情与关爱。

教育过程中的师生交流离不开爱，没有爱，就不会有心灵的真正的交流。所以，学校共同体不完全等同于政治的公民共同体，它基于公民共同体的平等，还要强调教育的爱，使学校共同体成为一个有理性又有爱心的共同体。

（二）学校共同体是交往共同体

传统自然共同体之所以不是现代意义上的共同体，就在于其依附性和同质性，消除了独立个体的存在。公民共同体以尊重个人的主体性为前提，每个人都作为独立的主体，人与人之间具有主体间性。因此，公民共同体不是单一的共同体，而是多元主体的共同体。多元主体的共同体强调强调主体间的平等，这种平等，既有基于人性的统一平等，也有基于个人差异的平等。前者把人看作同样的人，人与人平等；后者把人看作一个具体的、独特的人，尊重人的独特性，使每个人都能够得到平等的对待。

教师和学生，一方面作为公民身份，具有平等性；另一方面，作为生命个体，具有差异性。师生作为现实的人，差异性是绝对的。因此，师生成为学校共同体中的共主体。教师是主体，学生也是主体，师生之间是一种交往关系。这种交往，有两个层次的体现：一是形式上"公共"交往，二是实质上的"公共"交往。

形式上的"公共"交往，强调公共交往是一种平等的交往、理性的交往。这是公共交往与私人交往的区别。传统自然共同体是熟人社会的私人交往关系，中国传统社会的"五伦"，即君臣、父子、夫妇、兄弟、朋友，都是对于熟人关系而言的。熟人关系是特定的人与人之间的关系，我与他人如何交往，取决于他与我的关系，因此，私人交往在表现形式上是特殊主义的。公共交往之"公共"，不是取决于个人，而是取决于公共性，即所有人都具有的普遍性、共同性。在表现形式上，公共交往是普遍主义的，即对所有人一视同仁，标准适用于所有人。交往对所有人来说，都是普遍的、共同的，因此也是平等的，没有亲疏远近之分。公共交往还是理性的交往。理性交往区别于私人生活中的情感交往，正因为情感关系，才会出现亲疏远近。公共交往是陌生人间的交往，因此不存在与某个人的特定人际情感关系，而是理性的关系。理性表现在交往中，交往者对谁都一视同仁，且为了避免交往中可能存在的"人情"关系，交往以规则、契约和制度为中介。陌生人之间的交往是在规则、契约、制度引导下的交往。因此，遵守公共规则成为公共交往的典型表征。正是这样的交往，使公共生活成为制度生活，公民社会成为法治社会。规则、制度在于约束个人的交往行为，保持人与人之间的平等。也正是契约、规则的出现，使得人与人之间获得理性的信任。

意义上的"公共"交往，旨在生成意义的"公共性"。人与人之间的交往，借助于话语来完成，话语不只是言说的工具，更包含着言说的意义。公共交往形成公共性，就是要在意义上达成一致，即形成共识。因此，意义交往是借助于公共话语进行的对话与协商。在公共生活中，每个人都是多元的，具有自由的选择权，公民共同体的公共生活不是以压制的手段取得公共性，这种公共性是"虚假的公共性"。真正的公共性，是多元中的统一。多元主体要在价值上达成统一，唯一的方法是保持一种开放、宽容的伦理态度，尊重多元和差异，在自由选择的基础上，展开交流、对话、协商，寻求"重叠共识"。学校作为公民共同体，为教师与学生、学生与学生之间的交流、协商、对话提供条件。交流、对话、协商的目的不是说服对方，而是理解对方，走进对方的意义世界，在相互尊重对方的基础上，进行合理的妥协，达成一种能够反映各方利益和意志的公共协定。这一协定在最大程度上保护和平衡每个人的权利，也在最大程度上保护共同体的公共性。

（三）学校共同体是彰显公共性的共同体

公共性是共同体的本质属性。没有公共性，即便是一些人组合在一起，有可能也只是机械的、松散的联合体。虽有联合的形式，但无公共的内涵，只是一种虚假的共同体。真正的共同体是基于公共性，通过公共性，为了公共性的共同体。公共性不是先验的，也不是自在的，作为一种价值追求，它有现实的基础、实践的机制。有学者提出了公共性的三个层面：在现实层面，公共性表现为共在性—平等性—共有性；在价值层面，公共性表现为公正性—和谐性—共享性；在实践层面，公共性表现为公理性—公益性—公责性。[①] 公共性就是基于公共性的现实，通过公共性的实践，实现公共性的价值目标。

"人的本质不是单个人所固有的抽象物，在其现实性上，它是一切社会关系的总和"[②] 马克思对人的本质的揭示，既基于现实的基础，又赋予其价值规定。每个人都是一个社会人，一个人不可能离开社会，正如他不可能拔着头发离开地球一样。社会是共同体的基础。社会赋予人的共在性，但人与人之间怎样共在，公民共同体要求人与人之间平等共在，平等就是一视同仁，平等对待。平等对待不是平均主义，个体的差异性与平等对待是不矛盾的，正因为个体之间是有差异的，所以，才更需要平等对待。共有对于社会来说，既是事实，又是一种价值追求。作为事实，我们每个人都共有这个世界，世界不单独属于某个人，只能属于所有的人。作为价值，世界的有些物品并没有为所有人所共有，或者说没有为所有人平等地共有。我们需要改变这种没有共有或者不平等共有的现实，实现平等地共有。对于学校教育而言，从古代社会的统治阶级的特权到今天义务教育的普及，教育正在成为一种公共产品，走向为所有公民所公有。

公共性存在的现实基础，为价值的公共性提供了客观前提，价值的公共性是公共性的灵魂。在价值层面，公共性追求公正性、和谐与共享。世界总体上是为所有人共有的，但共同体需要通过公正的制度，才能实现每个人公平地共有公共的财富。学校作为共同体，教育

① 胡群英：《社会共同体公共性建构》，知识产权出版社 2013 年版，第 202—259 页。

② 《马克思恩格斯选集》第 1 卷，人民出版社 2012 年版，第 135 页。

资源为学生所共有，但需要公平地分配，公平分配不是平均主义，而是基于个体需要的差异性分配，满足每个人个体发展的需要，使其得其应得。只有公正地分配，人与人之间才能和谐地相处，社会才能和谐，否则就会因利益分配不公而产生冲突。和谐是多元主体的和谐，是差异性的和谐，是共生的和谐。和谐意味着对每个人独特个体的尊重、宽容。共享是共同体所有成员对于共享对象的非自利性、非独占性、非交换性和非垄断性地拥有。共同体之所以是共同体，就在于实现共享，这种共享是通过公平的分配实现的共享。共享既有财富的共享，也有意义的共享。学校作为公民共同体，要通过合理的制度保证学生共享教育资源，同时，也通过交流、对话、协商机制，共享学校的规则、文化、精神，实现多元主体间意义的共通、公意和共识。

价值的公共性是一种追求，要实现价值的公共性，在实践中，就是要通过公理性、公益性和公责性表现出来，使公共性成为人的行动实践。虽然每个人都是一个自由主体，具有自己的价值偏好，但共同体还需要公理。公理是共同体的公共之理，是共同体的价值共识，是共同体成员所普遍遵循的公共规则、公共制度和公共伦理。共同体中存在个人利益，也存在公共利益。没有个人利益，就不可能有公共利益，公共利益建立在对个人利益承认的基础上，但它更顾及共同体利益。我们每个人不仅是自己，也是共同体成员。公共利益属于共同体，也属于每个人自己。所以公共利益具有共享性和非排他性。我们生活在共同体中，既要对自己负责，也要对他人负责，对社会负责，对世界负责。我们不能为了自己的利益，侵犯他人利益，侵占公共利益，以至盘剥自然，最后失去了人类共同的家园。公共责任使公民超越了自我利益，超越了人与人之间的公平竞争，具有更多对他人、社会和世界的责任。这样的共同体是有温度的共同体。在鲍曼看来，这是一个传统社会"失去的天堂"，恰又是一个我们热切希望栖息、希望重新拥有的世界。①

公共性是学校共同体建设的目标。学校公共性体现在学校公共生活中，通过过一种公共生活，促进学生公共品格的形成。从培育公民品格的角度来说，学校应该建设成为理性的、友爱的公民共同体，成为师生交往的共同体，一个具有公共性的共同体。但现实中的学校，不尽如此。有的还没有对学校共同体的意识，更多的是没有公民共同体的意识。我们按照学校共同体的性质，建构学校共同体，包括班级共同体、课堂共同体、社团共同体等学校的亚共同体。

三、学校共同体的建构

共同体不是抽象的，而是具体的，体现在历史发展的过程中。学校共同体作为社会共同体的组成部分和缩影，不可能超越历史发展的阶段性。就现阶段而言，社会的发展为学校共同体的形成提供了客观条件，但我们不是消极等待公民共同体的自发形成，而是积极建构学校公民共同体。

（一）共同确定学校的发展目标

共同体不是一个松散的、自发的联合体，是一个由个人和组织组成的有机整体。作为一个整体，都要有一个共同的目标。目标是共同体的旗帜，也是共同体的凝聚力所在。目标能够把共同体所有成员在认识上、行动上有机统一起来，劲往一处使，才能把个体组成一个共同体。没有共同目标，所有的人，各打各的小算盘，就不可能构成一个共同体。所以，共同体的建设，要把确立目标放在第一位。

---

① ［英］齐格蒙特·鲍曼：《共同体》，欧阳景根译，江苏人民出版社 2003 年版，第 4—5 页。

共同体是大家的共同体，目标也是共同体所有成员的目标。因此，共同体目标的确立，应该是经过共同体成员的讨论来确定，而不是部分成员（领导）确定后，让其他成员认同。学校是每个人的，每个人要积极参与目标的讨论，使目标充分反映每个人发展的需要，为每个人的发展提供服务。学校在制定目标时候，尤其要吸收学生的参与，听取学生的意见和建议，尤其是班级、课堂、宿舍等直接与学生利益相关的亚共同体，更应该以学生为主体，教师和班主任作为课堂、班级的一员，对学生的发展具有引导作用，但也绝不能越俎代庖。当然，学校的发展目标，还要反映党和国家对教育的要求，符合教育的规律，符合学校的实际。

学校作为一个正式的组织，不仅有发展的目标和愿景，而且还有健全的组织结构。组织结构是学校实现共同目标的保障。学校作为共同体要反映每个师生的利益，因此，需要每个人的参与，尤其是吸收学生参与学校的公共生活。班级和课堂等学生的共同体，更要反映每个人的利益，使每个人参与其中。只有每个人都参与其中，共同体才能真正成为每个人的共同体，每个人才能在其中找到自己的归宿和价值。

有的学校，虽然也确定了目标，但目标只是部分人确定的目标，没有全体师生的参与。但他们在确定目标后，通过宣传教育，让师生认同这一发展目标，虽然在理性上对于促进师生的认同也起到了一定的作用，但在情感上，师生总觉得这一目标，是外在于他的，与自己有着一定的隔阂。师生对学校共同体目标的认同，不是基于外在的要求，而是基于他们内在的愿望，每个人作为共同体的一员，就是学校的主人。作为学校主人，建设好学校共同体，是义不容辞的责任。

（二）学校共同体建构的原则：公正制度与道德关爱的双重要求

有目标的学校共同体，不是自发地形成的，需要有意识地组织建构。如何组织建构学校共同体，这取决于对学校共同体性质的认识。现代学校不同于古代私塾，不是私人领域，而是公共领域。因此，学校在总体上是公民共同体。但学校又是一个教育共同体。这就决定了学校共同体建设要反映双重的诉求。

第一，公正的制度是建构学校公民共同体的需求。

虽然学校的学生具有一定的地缘性，学校规模相对较小，同学之间的交往相对固定，使学校里人与人之间具有较为密切的关系，而且受传统文化的影响，师徒如父子，同学之间亲如兄弟姐妹，使学校成为似"家庭"的"熟人"社会，但这不能改变学校作为公民共同体的性质。因为家庭属于私人领域，家庭生活属于私人生活；而学校属于公共领域，学校生活属于公共生活。现代学校是一个公共机构，是公共领域的一个组成部分。公共性是现代学校的根本属性。所谓学校的公共性，是指教育作为公共的事业，要平等地对待每个人，为每个人的发展服务，为社会的公共利益服务。

虽然师生之间、学生之间具有熟悉和亲密的关系，但作为公民共同体，不能按照熟人社会构建，必须按照陌生人社会来构建。熟人社会是一个具有人情味的社会，维系熟人社会的主要是亲情和人情，虽然我们在熟人社会能够感受到家的温暖，但熟人社会是一个不讲公正的社会，人际交往和公共生活具有人格化、德性化特征。陌生人社会源于人与人交往的不确定性、陌生性，我们对待陌生人的态度，不可能像对待熟人一样。熟人社会是亲情维系的社会，因此，是一个充满人情味的社会；陌生人社会是制度维系的社会，因此，是一个冷冰冰的理性社会。

通常，一个组织良好有序的共同体都会有一套完善的制度，制度是共同体运行的框架。制度的意义在于维护公共利益，保护个人的自由和权利。因此，共同体的制度以公正为首要原则。学校作为公共领域，学校共同体应该"具有为每一个学校成员共享的公正原则；每一个学校成员都能在肯认共享一种公正原则的前提下，开展良好有序的公共活动，既追求符合公正原则的共同善，也追求符合公正原则和不损害共同善的个人的善，从而学会过一种以公正为根本原则的民主、平等的公共生活，为最终成为一个民主社会的合格公民奠定基础"。[①]没有公正的制度，一个组织良好有序的学校共同体就不可能得以建立，学校成员就不可能共享学校资源，学校就不可能成为面向所有学生的公共领域。

学校成员之间虽然熟悉，具有一定的人情关系，但学校对待每一个成员都不能按照熟人社会的亲疏有别对待，校长对待教师、教师对待学生都不能按照熟人社会的原则行事，必须一视同仁，制度面前人人平等，包括具有平等的受教育权利、均等的教育机会和公平地享受教育过程中的资源，保证教育结果的公平正当。公正分配教育资源，是对学校作为公共领域的基本要求。公正的制度是公平合理分配教育资源的保证。学校共同体以公正的制度来建构，这样的学校才能成为体现每个人利益的共同体。

第二，爱是学校教育共同体的需要。

学校是公民教育的主阵地，必须按照公民共同体的要求加强公正制度的建设，但学校具有特殊性，其特殊性主要表现为师生之间不是纯粹的利益关系，因此，不能以纯粹的公正制度处理师生关系。教师虽然不是父母，但教师在学校中还充当了照顾和关心学生的角色；师生关系虽然不是亲人关系，但不否认爱在师生关系中的重要性；学校虽然不是家庭，但学校可以给学生家庭般的温暖。"爱生如子、爱校如家"，是中国教师的传统美德。当然，传统的个别教育相对简单，一个老师"替代父母"照应一个或几个学生，师生关系直接，容易产

[①] 余维武：《爱抑或公正——论班级共同体经营的两种路向》，《教育理论与实践》2018 年第 7 期。

生亲密的关系。现代学校以班级集体教学为主，一个老师面对多个学生，多个老师面对一个学生，形成了多师多生的复杂格局，教师面对班级进行集体教学，一个个教师与一个个学生之间的关系相对疏远。但无论是传统教育，还是现代教育，都不能否定教育的本质是人与人之间生命的影响、心灵的交流。没有师生的爱，就不会有真正的生命影响、心灵的交流。爱是教育的基础和动力。爱使教师的灵魂与学生的灵魂相遇，教师对学生的爱，是教育关系发生的先决条件。没有爱，就没有心灵的交流，就没有教育。因此，教师对学生必须心中有爱，把学生视为自己的孩子，如同父母一样，关爱学生，为学生的成长无私地付出。爱、责任和付出，超越了教师作为公民的权利和对学生的义务，超出了师生的利益关系，但正是这种师爱和奉献，才是教师高尚师德的体现。但教师对学生的爱与父母对孩子的爱，在性质上有所不同。父母之爱，是私人情感，可以只爱自己的孩子。但教师的爱，不能成为私人之爱，不能只爱自己喜欢的学生，或者与自己有亲密关系的学生，而是要把爱沐浴在每一个学生身上。

教育共同体中的爱，不仅有教师对学生的关爱，有学生对教师的尊爱，还有同学之间的友爱。一个学校、一个班级，同学朝夕相处，亲如手足，友爱之情油然而生。同学之爱，不是哥们儿义气，而是友情友爱。友爱是平等之爱，友爱是理性之爱。友爱中包含公正。因此，为了同学的友情友爱，不能意气用事，打抱不平。

爱是教育的特质，学校共同体是爱的共同体，因此，在学校中，能够得到老师父母般的关爱，能够感受到同学兄弟般的友爱，成为一个温暖的"大家庭"。这就是鲍曼所说的"失去的天堂"，但又热切盼望的共同体。学校作为爱的共同体，不是传统社会的血缘、地缘共同体，学校中的爱，无论是师爱，还是同学的友爱，都属于公民之间的爱。学校之爱矫正了公民共同体的冷漠而使学校充满了温暖，成为友爱的公民共同体。

第三，公正与爱是学校共同体的双重要求。

学校作为公民共同体依靠的是公正的制度，作为爱的教育共同体依靠的是情感关怀。公正视野下只有利益的纷争及其公平分配，没有爱的关怀；爱只有自愿的、无私的付出，没有利益的计较。传统的私塾是爱的共同体，现代学校是公民共同体。但必须意识到，即便是现代学校，因为师生交往固定、频繁，教师像父母一样关爱学生，学生如同尊敬自己的父母一样尊敬老师，学生之间则像兄弟姐妹一样团结友爱，学校成为类似于一个相亲相爱、和睦相处的"大家庭"，自然具有传统共同体的亲近感、安全感和归属感。"学校的分界线一般都被看做是家庭的亲密无间的安全感和外面的更为危险的社会开放性之间的过渡性空间"①。现代社会是一个开放的、流动的、陌生人的社会，但学校共同体不完全是陌生人共同体，而是处于亲情的家庭与陌生人社会之间的过渡，兼具有二者的共同因素。

亚里士多德指出："在每一种共同体中，都有某种公正，也有某种友爱。至少是，同船的旅伴、同伍的士兵，以及其他属于某种共同体的成员，都以朋友相称。"②学校共同体更符合亚里士多德所说的情况。所以，建立学校共同体，首先要完善公正的制度，依法治校，按照规章制度办事，做到规章制度面前人人平等，教师对待每个人学生不偏不倚，一视同仁，这些都是公民共同体制度的要求，也是现代学校的特征。学校作为教育共同体，爱是贯通师生生命的灵魂，教育是生命间爱的涌动，师生之爱、同学之爱是教育的必备要素，是师生双方价值升华的一个因素。因此，师生交往、同学的交往又要超越公正视野下

---

① ［加］马克斯·范梅南：《教学机智——教育智慧的意蕴》，李树英译，教育科学出版社 2001 年版，第 9 页。

② ［古希腊］亚里士多德：《尼各马可伦理学》，廖申白译注，商务印书馆 2003 年版，第 245 页。

的利益计较，更多以教师对学生的爱、学生对教师的尊敬、同学之间的友爱，处理公共生活的关系，使学校为爱所包围、所温暖，成为一个爱的共同体。雅斯贝尔斯批判"现行的教育本身越来越缺乏爱心，以至于不是以爱的活动——而是以机械的、冷冰冰的、僵死的方式去从事教育工作"[①]。如果我们只以公正的制度从事教育工作，就会成为雅斯贝尔斯所批判的状况。所以，学校共同体的建设，必须把公正制度与道德关爱结合起来。学校共同体在公民共同体的基础上反映教育爱的诉求，使学校不因此成为政治共同体、利益共同体，而是教育共同体。

（三）参与型民主：构建学校共同体的关键

共同体需要共同目标，需要公正制度，需要道德关爱，但这些都只有在活动中，才能真正成为共同体的一部分，否则，它们只是一个孤立的要素。共同体是公民共同参与的活动，共同体的活动在性质上属于民主的活动。

民主就是人民做主，但不同时代，人民做主的方式不同。古代社会，由于城邦人口规模较小，公民之间有高度的同质性，民主表现为公民直接参与公共事务，以公民大会的形式进行。古代的民主使每个公民（不是每个人，因为有的人不是公民）都具有平等的参与权利，都有权利参与公共事务、公共决策，但不问公民是否有能力参与。近代以来，随着民族国家的出现，人口数量、规模的增大，直接民主为代议制民主所取代。代议制民主是"全体人民或一大部分人民通过由他们定期选出的代表行使最后的控制权"[②]。代议制民主是一种间接民主，公民通过委托他的代表参与公共事务，参与公共决策。代议制民

---

① ［德］雅斯贝尔斯：《什么是教育》，邹进译，生活·读书·新知三联书店1991年版，第1页。

② ［英］J.S.密尔：《代议制政府》，汪瑄译，商务印书馆1982年版，第68页。

主解决了国家规模大、人口多，无法使每个公民直接参与公共事务的技术问题，也解决了公共事务中一些人无能力参与的问题。现代民主与古代民主不仅参与的形式不同，更重要的是参与的目的不同。古代社会公民具有高度的同质性，缺少自我的意识，公民参与是为了服务公共利益。现代民主充满着公民个人的异质性、独立性和自由性，公民参与更多是为了保护自我的权利和自由。古代民主中，公民是公共生活的积极参与者，是积极公民。现代民主建立在自由主义基础上，"更多关注个人自由，而不是保障公共正义，是增进利益，而不是发现善，将人们安全地隔离开来，而不是使他们富有成效地聚合在一起"①。在自由问题上，现代民主是强势的；在民主问题上，现代民主则是弱势的，最终使现代民主疏离了公共性。

现代民主对公共性的疏离，不利于建立共同体。反思现代民主的弱势性，当代民主强调强势民主。巴伯认为，"强势民主是参与型民主的一种独特的现代模式"②，强势民主的核心是参与，试图通过参与，唤醒公民的公共意识。密尔论证了公共参与对于公民公共性形成的作用："由公民参与社会任务，纵然只是偶然的参与，也会对其道德教育大有帮助。因为在从事这类社会任务时，他要衡量的不是他自己的利益；在遇到几种对立的主张时，他要根据个人偏好以外的准则去做决定；在每一场合都要运用那些依据共同利益为基础的准则，他会从心理感受到他是社会的一分子。"③公民在参与中生成了公共性，

---

① ［美］本杰明·巴伯：《强势民主》，彭斌、吴润洲译，吉林人民出版社2006年版，第5页。

② ［美］本杰明·巴伯：《强势民主》，彭斌、吴润洲译，吉林人民出版社2006年版，第145页。

③ 张建福：《参与和公民精神的养成》，载许纪霖主编：《公共性与公民观》，江苏人民出版社2006年版，第253页。

形成了共同体。

参与型民主试图克服现代民主公共性的缺失，强调公民对共同体的参与，但这又不同于古代民主。古代民主是一种缺失个人的同质性民主，实现的是共同体的同一性。当代民主建立在个人独立自由基础上，但又不同于现代民主，在于它强调共同体的公共性，是一种基于个体的非同质的公民共同体。当代民主关于公共生活不像古代民主那样完整和统一，但是，它却比现代自由主义民主更完整和积极。[①] 当代民主的参与，既要保护公民个人的利益，又要生成公共利益。这种公共利益的生成需要多元主体之间的协商。因此，当代民主是协商民主。在协商民主看来，民主不是简单的一人一票，而是一个协商的过程。协商既是个人的参与，又是一种对话、商讨、妥协，对话式使参与者的个人偏好转向公共利益，最终形成共识。公民之间因为共识而形成共同体。

学校作为一个共同体，是一个范围和人数都有限的共同体，因此，学校完全可以实行直接民主的共同参与，不需要实行间接民主的代表参与。学校领导、教师和学生都是学校共同体的成员，尤其是学生，更是学校的主体，没有学生也就没有学校。所以，建设学校共同体，必须使学校面向学生全面开放，最大限度地提高学生参与的广度，让学生有更多的机会参与到学校大大小小的公共事务之中，真正行使主人的权利。当然，学校不只是学生的参与，是师生共同的参与。参与是前提，参与的过程是一个以公共性为导向的民主协商的过程。所以，学校共同体也是一个民主共同体。学校的教学、管理等活动当以民主为价值追求，开展民主教学、民主管理、民主自治，构建民主的师生关系、同事关系，营造民主的生活氛围，使学校真正成为师生民主参与的共同体，以此来培养学生的民主意识和公共精神。

---

① 冯建军：《公民身份认同与学校公民教育》，人民出版社 2014 年版，第 328 页。

主要参考文献

《马克思恩格斯全集》（第 2 卷），人民出版社 1957 年版。

《马克思恩格斯全集》（第 3 卷），人民出版社 1960 年版。

《马克思恩格斯全集》（第 23 卷），人民出版社 1972 年版。

《马克思恩格斯全集》（第 42 卷），人民出版社 1972 年版。

《马克思恩格斯全集》（第 46 卷·上），人民出版社 1979 年版。

《马克思恩格斯文集》（第 1—10 卷），人民出版社 2009 年版。

《马克思恩格斯选集》（第 1—4 卷），人民出版社 2012 年版。

马克思：《1844 年经济学哲学手稿》，人民出版社 2014 年版。

《邓小平文选》（第二卷），人民出版社 1983 年版。

《习近平谈治国理政》（第一卷），外文出版社 2018 年版。

《习近平谈治国理政》（第二卷），外文出版社 2017 年版。

柏拉图：《理想国》，郭斌和、张竹明译，商务印书馆 1986 年版。

亚里士多德：《尼各马科伦理学》，苗力田译，中国人民大学出版社 2003 年版。

亚里士多德：《政治学》，颜一、秦典华译，中国人民大学出版社 2003 年版。

黑格尔：《法哲学原理》，范扬、张企泰译，商务印书馆 1961 年版。

黑格尔：《精神现象学》，贺麟、王玖兴译，商务印书馆 1979 年版。

康德：《历史理性批判文集》，何兆武译，商务印书馆 1990 年版。

约翰·罗尔斯：《正义论》，何怀宏等译，中国社会科学出版社

1988 年版。

约翰·罗尔斯：《作为公平的正义——正义新论》，姚大志译，上海三联书店 2002 年版。

诺齐克：《无政府、国家和乌托邦》，姚大志译，中国社会科学出版社 1988 年版。

麦金太尔：《追寻德性》，宋继杰译，译林出版社 2008 年版。

亚当·斯密：《道德情操论》，中国社会科学出版社 2003 年版。

海德格尔：《存在与时间》，陈嘉映译，生活·读书·新知三联书店 1987 年版。

哈贝马斯：《公共领域的结构转型》，曹卫东等译，学林出版社 1999 年版。

哈贝马斯：《交往与社会进化》，张博树译，重庆出版社 1989 年版。

哈贝马斯：《交往行为理论：行为合理性与社会合理性》，曹卫东译，上海人民出版社 2004 年版。

道格拉斯·C.诺斯：《经济史中的结构与变迁》，陈郁、罗华平，等译，上海三联出版社 1999 年版。

康芒斯：《制度经济学》（上册），于树生译，商务印书馆 1962 年版。

马克斯·舍勒：《价值的颠覆》，生活·读书·新知三联书店 1997 年版。

汉娜·阿伦特：《人的状况》，王寅丽译，上海世纪出版集团（上海人民出版社）2009 年版。

金里卡：《当代政治哲学》，上海三联书店 2004 年版。

杜威：《民主主义与教育》，王承绪译，人民教育出版社 2001 年版。

雅斯贝尔斯：《什么是教育》，邹进译，生活·读书·新知三联书店 1991 年版。

帕特丽夏·怀特：《公民品德与公共教育》，朱红文译，教育科学出版社 1998 年版。

威廉·戴蒙主编：《品格教育新纪元》，刘晨、康秀云译，人民出版社 2015 年版。

乔治·H.理查森、大卫·W.布莱兹著，《质疑公民教育的准则》，郭洋生、邓海译，教育科学出版社 2009 年版。

内尔·诺丁斯：《培养有道德的人：从品格教育到关怀伦理》，汪菊译，教育科学出版社 2017 年版。

乌尔里希·贝克，伊丽莎白贝克－格恩思海姆：《个体化》，李荣山，等译，北京大学出版社 2011 年版。

弗莱德·R.多迈尔：《主体性的黄昏》，万俊人译，广西师范大学出版社 2013 年版。

齐格蒙特·鲍曼：《共同体》，欧阳景根译，江苏人民出版社 2003 年版。

齐格蒙特·鲍曼：《后现代伦理学》，张成岗译，江苏人民出版社 2003 年版。

齐尔格特·鲍曼：《通过社会学去思考》，高华，吕东，等译，社会科学文献出版社 2002 年版。

齐格蒙·鲍曼：《后现代性及其缺憾》，郇建立，李静韬译，学林出版社 2002 年版。

斐迪南·滕尼斯：《共同体与社会》，张巍卓译，商务印书馆 2020 年版。

理查德·桑内特：《公共人的衰落》，李继宏译，上海译文出版社

2014 年版。

查尔斯·泰勒：《现代性之隐忧》，程炼译，中央编译出版社 2001 年版。

弗吉尼亚·赫尔德：《关怀伦理学》，苑莉均译，商务印书馆 2014 年版。

罗兰·罗伯逊：《全球化：社会理论与全球文化》，梁光严译，上海人民出版社 2000 年版。

马丁·布伯：《我与你》，陈维纲译，生活·读书·新知三联书店 2002 年版。

本杰明·巴伯：《强势民主》，彭斌、吴润洲译，吉林人民出版社 2006 年版。

詹姆斯·博曼：《公共协商：多元主义、复杂性与民主》，黄相怀译，中央编译出版社 2006 年版。

桑德尔：《自由主义与正义的局限》，译林出版社 2001 年版。

大卫·雷·格里芬：《后现代精神》，王成兵译，中央编译出版社 1998 年版。

德里克·希特：《何谓公民身份》，郭忠华译，吉林出版集团有限公司 2007 年版。

德里克·特纳：《公民身份——世界史、教育学和政治学中的公民理想》，郭台辉，等译，吉林出版集团有限公司 2010 年版。

乔·萨托利：《民主新论》，冯克利、闫克文译，东方出版社 1993 年版。

阿克塞尔·霍耐特：《为承认而斗争》，胡继华译，上海世纪出版集团 2005 年版。

弗雷泽、霍耐特：《再分配，还是承认》，上海人民出版社 2009年版。

阿克塞尔·霍耐特：《我们中的我：承认理论研究》，张曦，孙逸凡译，译林出版社 2021 年版。

勒维纳斯：《上帝·死亡和时间》，北京：生活·读书·新知三联书店 1997 年版。

列维纳斯：《塔木德四讲》，商务印书馆 2002 年版。

联合国教科文组织国际教育发展委员会：《学会生存》，教育科学出版社 1996 年版。

UNESCO：《一起重新构想我们的未来：为教育打造新的社会契约》，教育科学出版社 2022 年版。

梁启超：《新民说》，辽宁人民出版社 1994 年版。

梁漱溟：《中国文化要义》，学林出版社 1987 年版。

《陈独秀著作选》（第 1 卷），上海人民出版社 1993 年版。

《陶行知全集》，四川教育出版社 1991 年版。

费孝通：《乡土中国生育制度》，北京大学出版社 1998 年版。

袁贵仁：《马克思主义人学理论研究》，北京师范大学出版社 2012 年版。

郭湛：《主体性哲学：人的存在及其意义》，云南人民出版社 2002 年版。

焦国成、李萍：《公民道德论》，中国人民大学出版社 2004 年版。

廖申白、孙春晨：《伦理新视点》，中国社会科学出版社 1997 年版。

晏辉等：《公共生活与公民伦理》，北京师范大学出版社 2007 年版。

朱金瑞：《新中国成立以来公民道德建设的历史演进》，人民出版社 2016 年版。

李建华：《道德原理：道德学引论》，人民出版社 2021 年版。

郭湛：《主体性哲学——人的存在及其意义》，云南人民出版社 2002 年版。

郭湛等：《公共性哲学——人的共同体的发展》，中国社会科学出版社 2019 年版。

杨清荣：《公共生活伦理研究——以中国的社会转型为背景》，人民出版社 2016 年版。

陈付龙：《当代中国社会公共生活建设研究》，人民出版社 2017 年版。

高兆明：《制度伦理研究》，商务印书馆 2011 年版。

孙向晨：《面向他者：莱维纳斯哲学思想研究》，上海三联书店 2008 年版。

孙庆斌：《列维纳斯：为他人的伦理诉求》，黑龙江大学出版社 2009 年版。

杨仁忠：《公共领域论》，人民出版社 2009 年版。

胡群英：《社会共同体公共性建构》，知识产权出版社 2013 年版。

周国文：《公民伦理观的历史源流》，中央编译出版社 2008 年版。

徐贲：《通往尊严的公共生活》，新星出版社 2009 年版。

徐贲：《什么是好的公共生活》，吉林出版集团有限公司 2011 年版。

任平：《走向交往实践的唯物主义》，北京师范大学出版社 2017 年版。

崔丽娜：《良序的公共生活何以可能》，中国社会科学出版社 2019 年版。

檀传宝等：《公民教育引论》，人民出版社 2011 年版。

戚万学：《现代西方道德教育理论研究》，人民教育出版社 2020 年版。

杜时忠、张敏等：《重构学校制度生活培育现代公民精神》，华中师范大学出版社 2016 年版。

冯建军：《公民身份认同与学校公民教育》，人民出版社 2014 年版。

冯建军：《回归本真："教育与人"的哲学探索》，中国人民大学出版社 2019 年版。

叶飞：《公共交往与公民教育》，人民出版社 2014 年版。

扈中平等：《教育人学论纲》，高等教育出版社 2015 年版。

刘鑫淼：《当代中国公共精神的培育研究》，人民出版社 2010 年版。

金生鈜：《保卫教育的公共性》，福建教育出版社 2008 年版。

E.Levinas. *Collected Philosophical Paper*, The Hague: Martinus Nijhoff, 1987.

Levinas. *Totality and Infinity*, translated by Alphonso Lingis, Duquesne University Press, 1979.

E. Levinas, *Ethics and Infinity*, translated by Richard A Cohen, Duquesne University Press,1985.

Jurgen Habermas, *The Public Sphere//Chandra Mukerji & Michael Schudson*（eds.）, Rethinking Popular Culture: Contemporary Perspectives in Cultural Studies, University of California press, 1991

Charles Taylor. *The Ethics of Authenticity Cambridge*, Harvard University Press, 1991.

后　记

　　一个人除了人的身份，还有一个必不可少的身份，就是公民。什么是公民？可以从多个层面来解释。如果有人问你，"你是中国公民吗？"你会毫不迟疑地回答"当然是！"因为《中华人民共和国宪法》规定：凡具有中华人民共和国国籍的人都是中华人民共和国公民。国籍是确定公民身份和资格的前提条件。若进一步问，"你真是一个公民吗"？你可能就会迟疑下，想一想"公民有哪些基本权利和义务？我享有公民权利，尽了公民义务吗？"权利和义务是公民的"标配"，若享有公民的权利而没有履行公民的义务，则徒有公民的虚名。若再进一步问"你配做一个公民吗？"这就更需要想一想，"我的言行举止符合公民身份吗？我有公民的素养吗？"公民素养是公民的必备品格和关键能力。公民品格关系到"公民愿不愿做事""能不能做事""会不会做正确的事"的问题，是公民素养的核心。在笔者看来，成为一个公民，必须具备由外到内的三个因素：国籍、公民权利和义务、公民品格。国籍、公民权利和义务是成为公民的"硬件"，从外部保证公民的"合法性"。公民品格是成为公民的"软件"，从内部增强公民言行的自觉性，使之真正成为一个"积极公民"。

　　公民如何取得国籍？可以按照出生的方式取得国籍，也可以申请改变国籍。国籍的取得各个国家都有自己的规定。取得了国籍，也就获得了国家认可的公民，受到该国法律的保护，具有该国法律规定的公民权利和义务。国籍和公民权利、义务赋予了公民身份或公民资格。公民身份或资格是政治、法律规定的，教育无法改变公民身份或资格，但可以引导公民认识、认同进而热爱公民身份。我于 2014 年出版的《公民身份认同与学校公民教育》完成了公民身份认同教育的研究。这本《公民品格培育与公共生活建构》在上述基础上进一步完成公民品格教育的研究。

尽管不同国家的公民权利和义务不同，但作为公民的品格都具有相通性和共同性。公民的品格不是先验的、抽象的、永恒的，而是随着历史发展不断变化的。按照马克思提出的人类社会发展的三个阶段理论，总体上来说，发展方向是从个人主体到类主体，从个人主体性到公共性。如何实现从个人主体性到公共性，本文提出四个环节，即主体性—主体间性—他者性—公共性，分别对应公民的四种品格类型，在四个环节所展示的四种公民品格类型中，后者不是否定前者，而是建立在前者基础上。教育所做的一切都是使公民基于个人主体性，走向公共性。

公民不是用知识"教"出来的，而是在行动中"做"出来的。正如亚里士多德指出的，"做公正的事成为公正的人，通过节制成为节制的人，通过做事勇敢成为勇敢的人"。陶行知也指出，"做中学"（Learn by doing）。只有在学"做公民"中，才能成为公民。"做"就是生活。生活是动态的，是个体建构的。对于公民来说，不仅是过生活，而且是过公共生活。公共生活是培育公民品格的沃土，公民教育是引导公民建构公共生活的过程，即引导公民过一种公共生活。

本书按照公民品格的四种类型和公共生活的要素，构建了新时代背景下我国公民品格培育与公民道德建设的总体性框架，不仅深化了公民品格培育的理论研究，实现了对公民品格培育的整体性、系统性的认识，而且提出了适合我国公民教育实际与公民道德建设的实践策略，有助于推进公民道德建设的学校实施，具有重大的理论与实践价值。

本书是我主持的教育部人文社会科学重点研究基地重大项目"学校公共生活的建构与公民品格的教育"（17JJD880008）最终成果，也是国家社科基金项目"公民道德建设的学校实施机制研究"（20BZX204）阶段性成果，得到了项目组成员的帮助。本书第八章、第九章由我和研究生金羽西、商庆义合作完成，第十章由叶飞教授协助完成。本书的部分观点也先后在一些刊物发表，特此说明，并对原发刊物和编辑表示真诚感谢。最后还要特别感谢本书责任编辑宰艳红编审，宰老师也是我上一本公民教育著作的编辑，这些年来她一直关注、关心我的研究，再次推荐我在人民出版社出版该书，心存感激。她认真负责的编校态度，大大提升了本书的质量。

当前全国正在全面贯彻落实《新时代公民道德建设实施纲要》，党的二十大也特别提出，实施公民道德建设工程。希望该书的出版，能够为新时代公民道德建设的实施增砖添瓦，为推动我国公民道德水准和文明素养提升助一臂之力。

冯建军

2022 年 9 月 10 日

（中秋节、教师节暨南师大 120 周年校庆日）